COLLECTION LE FRANÇAIS RETROUVÉ

Les mots de la francophonie

Loïc Depecker

Préface d'Alain Rey

Illustrations de Jean Morin

BELIN 8, rue Férou, 75006 Paris

ISBN 2-7011-**1305**-9 ISSN 0291-7521

Préface

Nous appartenons au langage, bien plus qu'il ne nous appartient. Maternelle, notre langue nous berce, après nous avoir portés. Jolis parleurs ou mauvais entendeurs, les humains jouissent et souffrent ensemble, parce qu'ils sont aptes au *logos,* et qu'ils pratiquent tous un ou plusieurs idiomes.

Le français, du fait impérieux de l'histoire, a rayonné à partir d'un centre modeste et ancien : cette île de fertilité que délimitent quelques rivières et qui reçut le nom germanique de France. Ayant forcé sa voie et imposé sa voix aux quatre coins de la planète, la parole française s'est vue combattre et limiter par d'autres, envahissantes comme l'anglais ou, comme l'arabe, retrouvant leur lieu naturel. Cependant, elle forme encore un vaste archipel, de l'Atlantique nord à l'océan Indien, où les sons et les lettres, les mots et la grammaire garantissent une certaine communauté de pensée.

Cette communauté n'est pas l'unité, réductrice et inféconde, d'un code froid, mais, sur une analogie de sensibilité, d'expression et d'échanges, une ample variation, une richesse souple de différences que chaque locuteur, dans sa petite sphère, risque de négliger. Avec le respect de sa langue, dans un usage bien évalué, il convient d'inculquer aux francophones le sens de cette variété, source de richesse. Et d'abord aux Français, trop assurés dans leurs usages.

C'est ce à quoi Loïc Depecker s'emploie, répudiant toute sévérité didactique, en parcourant avec gaieté les terroirs et les crus d'une étonnante vendange. Car les mots ne sont pas seulement des sons et des graphies doués de sens, des instruments à signifier et à communiquer ; ils portent aussi des saveurs et des impressions, des émotions fixées, des énigmes ou des symboles. Voici donc un voyage sentimental au gré des façons de dire, dans cet espace langagier plus que millénaire, de source latine mais coloré de cent influences et aujourd'hui voué à l'expression de plusieurs identités sociales. Les différences entre l'Américain québécois, l'Africain « partiellement de langue française » et l'Européen occidental, héritier de cette langue depuis des générations, sont trop évidentes pour qu'on y insiste. En Europe, les parties de la Belgique et de la Suisse où l'on est wallon et romand se distinguent vivement entre elles et des communautés de France, elles-mêmes si diverses. La variété du français est un garant de sa vitalité, et les manières d'en user sont infiniment nombreuses, parfois plus voisines malgré une frontière qu'elles enjambent — du Valais à la Savoie, par exemple — qu'à l'intérieur d'une même entité politique.

La notion de régionalisme, qui mêle plusieurs réalités, a du moins le mérite de nous faire percevoir qu'il peut, qu'il doit y avoir plusieurs bonnes façons d'employer la langue commune, plusieurs normes, plusieurs bons usages du français.

Mais avant la défense de cette idée d'ouverture — et la répudiation des hiérarchies du préjugé : la capitale au-dessus des régions, la source historique au-dessus des nouveaux mondes… — nous requérons son illustration. Loïc Depecker l'a compris, le lexique est un bon terrain pour cet exercice. La variation des sons, des « accents », est difficile à décrire et se heurte à d'intimes préjugés ; celle des règles de la grammaire est subtile, et son acceptation est limitée par la nécessaire unification pédagogique. Celle des mots, en revanche, mieux acceptée, a l'immense avantage de donner sur les réalités humaines, telle une fenêtre grande ouverte sur la variété des paysages culturels.

Ainsi, l'impression d'un enrichissement, d'une aventure, d'une stimulation, l'emportera-t-elle (du moins Loïc Depecker et moi l'espérons) sur la crainte d'un foisonnement dangereux pour la belle unité d'un français d'ailleurs imaginaire.

Armé de ces options généreuses, l'auteur de ce recueil ne concurrence nullement d'autres tentatives d'ouverture. Les dictionnaires généraux du français, on ne le sait pas assez, ont discrètement répudié le dangereux monopole d'un usage parisien et celui d'un français confiné à son *Ile* et à sa Touraine précieuses. De Bretagne en Occitanie, d'Alsace au pays euskara, d'autres manières de dire enrichissent le français calibré de l'école ; surtout, elles expriment d'autres personnalités collectives, des traditions différentes, diverses sensibilités. Ceci est plus vrai encore lorsqu'on passe les frontières, voire les océans. Grâce à des usages inspirés de ces français d'ailleurs, ceux de l'Hexagone ont accédé, sans traduction, sans trahison, à la parole africaine, caraïbe, océanienne, nord-américaine et, plus proche, à celle du plat pays de Ghelderode et de Marie Gevers, à celle des vallées et des villes de Ramuz et de Chessex. Les noms des écrivains, des chanteurs, des conteurs, des artistes plasticiens même, garantissent la vitalité d'une vaste conspiration du talent — à laquelle se joignent d'immenses individus, Beckett, Ionesco, Cioran, aujourd'hui Kundera — visant à inspirer, à nourrir notre vieil idiome, à relayer Flaubert, Baudelaire et jusqu'à Chrétien de Troyes...

De franchir ses cours d'eau originels, puis les provinces, les frontières, enfin les mers, le français s'est enrichi et assoupli. Si, dans le même temps historique, il a pu se dégrader, se compromettre, c'est plutôt de l'intérieur, car les modulations lointaines ont fourni à notre langue les moyens de réagir contre les appauvrissements et les facilités.

Ce tour du monde lexical en français, sous la conduite sagace et vive de Loïc Depecker, aura la multiple vertu d'un échange d'informations : apprendre aux Français que leur langue n'est pas une propriété exclusive, qu'elle se module autrement que chez eux, et que cette modulation est une vraie manne, un appel, un remède aux provincialismes rengorgés de nos médias, aux modes bien parisiennes, à toutes les petitesses nées de la paresse, de l'habitude et du préjugé.

De la nécessaire fusion alphabétique, concession à la commodité de la lecture, naît ici l'impression d'un étonnant foisonnement : avec les mots, nous sautons, de Côte d'Ivoire en Suisse, du Québec à l'Ile Maurice ou de Guadeloupe en Belgique. Bien entendu, et comme dans les dictionnaires généraux, ce parcours sans contrainte ne propose pas une langue unique et commune, intégrant toutes différences. Au contraire, il souligne l'existence de communautés distinctes, de sensibilités et d'attitudes impossibles à confondre. D'ailleurs, toute description un peu fine des usages de l'Hexagone aboutit aux mêmes évidences : il y a certes une langue française — qui nous permet, par son terrain commun, d'apprécier les autres paysages langagiers — mais en outre de nombreux emplois de cette langue, dont la variété n'est pas seulement géographique. Car on trouvera ici du solennel, de l'administratif, du journalistique, et aussi du poétique et du populaire — ces deux adjectifs pouvant heureusement se marier — voire du grossier, toujours racheté par le pittoresque. Comme les lieux, les classes sociales et les domaines d'emploi se télescopent, soulignant non seulement la variété des produits lexicaux, mots, sens et expressions, mais aussi celle des procédés. Là, il semble que la santé des usagers du français hors de France soit une grande leçon pour notre parler hexagonal, quelque peu essouflé dans sa créativité — ce qui donne prise aux solutions paresseuses, et surtout à l'emprunt incontrôlé. La jolie métaphore des Cajuns de Louisiane (qui *s'amarrent* avec leur bonne amie), les dérivations africaines ou québécoises (*mémérer*, faire la mémère, qui est une commère) ou belges (*légumiers* et *verduriers*), les calques et transferts de sens (on *boit* sa cigarette au Bénin) sont autant de signes de santé que le français de France peut envier à ses bons cousins.

Autre objectif bien atteint : apprendre à toutes les communautés francophones la valeur des mots ou des locutions qui ne sont propres qu'à l'une d'elles. Africains, Québécois et Français seront bien aise de connaître le sens de *guindaille* (Belgique), celui de *mayen* (Suisse) ; Belges et Suisses celui de... *suisse* (Québec) ou de *sapeur* (Afrique, et notamment Côte d'Ivoire). Mais *ne rêvons pas en couleurs* (Québec) : la connaissance réciproque et généralisée des vocabulaires francophones n'est pas pour demain. Cependant, à côté des travaux généraux (les « dictionnaires français », non qualifiés) qui enfin s'ouvrent à la variation, à côté des descriptions spécifiques (tel le remarquable *Inventaire des particularités lexicales du français en Afrique noire*), Loïc Depecker, sans didactisme déplacé et d'une manière bien plaisante, montre la voie très sérieuse qui mène à cet idéal : la connaissance, la compréhension réciproques. Ce faisant, il s'inscrit dans le vivant sillage de la nouvelle histoire, de l'anthropologie croisée, de l'enrichissement culturel et se fait champion d'un combat sans cesse à recommencer. Lutte contre la Bête qui se nomme racisme, xénophobie, préjugé. Ce petit livre de mots est aussi un manifeste politique.

Alain Rey,
Directeur littéraire
des dictionnaires Le Robert
mars 1988

Avant-propos

Ce livre est conçu comme un parcours au travers des particularités lexicales du français parlé à travers le monde par des communautés d'origine, d'histoire et de statut différents.

Parcourant l'espace linguistique francophone, il convenait en premier lieu qu'il s'appuyât sur une définition de la francophonie qui fût la moins contestable possible. Celle qui a été retenue est celle-ci : est francophone qui adhère explicitement à la francophonie. Cette idée n'est pas vague, et commence à avoir une assise politique, représentée notamment par les sommets qui réunissent maintenant régulièrement les « pays ayant en commun l'usage du français ». Les sommets francophones, dont le premier se tint à Paris en février 1986, et le second à Québec en septembre 1987, ont en effet paru une base de référence acceptable pour répertorier les communautés susceptibles d'être représentées dans ce livre sans qu'on puisse soupçonner l'auteur d'irrédentisme linguistique[1]. Aussi trouvera-t-on la liste des pays participant à ces sommets en fin d'ouvrage. La référence ultime sur ce point a de plus été le second sommet, ce qui a exclu le Vanuatu, présent au premier mais non au second[2]. De la même façon n'ont pas été intégrées dans cet ouvrage des communautés francophones comme celle de Pondichéry (16 000 personnes dont il est vrai le tamoul est généralement la première langue), d'Afrique du Sud, ou les Chagos de l'Ile Maurice, qui ne sont pour l'instant pas représentées dans ces sommets. Il en est de même pour le Cameroun, pays où se développe pourtant une langue française très originale : le fourgon cellulaire y est ainsi le *gentil car*, la femme facile la *tu-viens*, l'homme avare le *chichard*, prendre de l'embonpoint s'y dit *grassir*, et ne pas être au courant s'y résume dans l'expression *être derrière* ou *être derrière comme les fesses*[3].

1. Se reporter sur ce point à la page 15.

2. Peut-être y eut-il un mauvais augure dans le fait que le Premier ministre du Vanuatu prononça, lors du premier sommet, son discours en anglais, sa langue maternelle.

3. Se reporter sur ce point à la page 15.

Parmi les pays francophones, on trouvera certes la France en bonne place (la francophonie étant assez paradoxalement tout ce qui n'est pas l'Hexagone), mais sous un aspect qu'on lui connaît assez peu : ses territoires d'outre-mer, qui n'ont pas, en général, leur mot à dire dans les dictionnaires élaborés par et à Paris. Absence préoccupante car ce que l'on a pressenti dans ce livre de richesses linguistiques aux Antilles françaises, à Saint-Pierre-et-Miquelon, ou à la Réunion par exemple, montre que l'inventaire raisonné de la langue française dans ces parties du monde reste encore à faire[4].

A leurs côtés figurent les pays limitrophes de la France, qui ont depuis des siècles partie liée avec elle : la Belgique et la Suisse fournissent ainsi des particularismes originaux et nombreux. N'ont pas été oubliés la Région autonome de la Vallée d'Aoste (où le français fut proclamé langue officielle deux ans avant qu'il ne le fût en France grâce à l'édit de Villers-Cotterêts), ni la République et Canton du Jura qui est le dernier territoire officiellement francophone apparu sur la planète (en 1977).

Mais deux continents retiendront particulièrement l'attention : l'Afrique et l'Amérique du Nord. Pour la première, il n'a, à notre sens, pas été suffisamment montré à quel point la langue française y est dynamique et créatrice, s'y dotant de ses plus inoubliables trouvailles et y développant bien des potentialités en germe dans le français dit central. Pour tenter de la souligner, nous avons largement puisé dans l'*Inventaire des particularités lexicales du français en Afrique noire* édité par l'AUPELF[5], qui est l'ouvrage le plus important publié à ce jour sur cette question. On remarquera en revanche que la créativité lexicale du français en Afrique du nord est très réduite : celui-ci y est en effet devenu essentiellement langue de culture (langue enseignée et langue d'enseignement), et par là même plus l'objet d'un savoir qu'une langue de la vie courante.

L'Amérique du Nord fournit quant à elle un important contingent de mots, particulièrement le Québec où le français est un français de souche ancienne. La multiplicité des

4. Voir cependant l'excellent ouvrage de Michel CARAYOL, *Particularités lexicales du français réunionnais*, Nathan, 1985, 389 p.

5. Association des universités partiellement ou entièrement de langue française, Bureau européen, 192, boulevard Saint-Germain, 75007 Paris.

inventaires que les Québécois ont fait de leur propre parler — qui pourrait faire croire à un véritable genre national —, et l'importance du Québec dans la francophonie, expliquent ce volume de termes et d'expressions. Pour le reste du Canada, la difficulté a été de trouver de véritables pancanadianismes, tel mot pouvant être localisé dans une ou deux provinces mais non forcément dans les autres.

Dans ce cadre, la question complexe de l'Acadie n'a pas été passée sous silence.

Enfin la Louisiane, constituée de multiples apports, particulièrement acadiens, clôt ce survol de la francophonie qui porte l'ensemble de ce petit « Trésor » de vocables et expressions francophones à un nombre d'environ 800 entrées, ce qui représente en fait une masse de près de 2 000 mots francophones abordés ou traités.

Ce qui frappe en premier lieu dans la réunion de chacun de ces mots ou expressions, est la particularité qu'ils ont de désigner une réalité commune à une ou plusieurs communautés francophones, et à laquelle on ne fait usuellement pas référence de cette façon dans l'Hexagone. En considération de cette propriété particulière, on peut proposer d'appeler ces mots ou expressions francophones des *francophonismes* : ainsi le *bourgmestre* belge, la *débarbouillette* canadienne, la *trottoire* congolaise, la *dodine* haïtienne, le *touloulou* antillais, le *clos d'huile* louisianais, le *fais-chier* malien, le *bureau de deuil* mauricien, le *chien chaud* québécois ou le *démarreur sexuel* ivoirien sont des francophonismes.

Des études complémentaires seraient à faire sur cette notion de francophonisme, néologisme proposé dans cet ouvrage et créé sur le modèle de *xénisme* (terme étranger figurant dans une langue à titre d'emprunt et désignant une notion étrangère intraduisible dans cette langue). On pourrait ainsi constater qu'il y a dans le *francophonisme* plusieurs niveaux : ce peut être en premier lieu un mot de langue française qui exprime une réalité inconnue en France : nous n'avons pas, par exemple, de *taxi-brousse* ; ce peut être également un mot de langue française qui a en fait valeur de synonyme par rapport à un mot du français central ; notre *couleuvre* se dit généralement *couresse* aux Antilles ; ce peut être encore un mot traduit d'une langue étrangère en français, et pour lequel existe également un équivalent en France : *ferry boat* se dit *traversier* au Québec et, officiellement, *transbordeur* en France (quoique souvent encore *ferry*) ; dans le fil de cet exemple, le francophonisme peut être aussi un mot de langue française donné en équivalent d'un mot étranger, sans équivalent dans le français de France : les Suisses disent assez souvent *cuissettes* pour *short*, alors que nous ne parlons généralement que de *short* ; enfin, le *francophonisme* peut être et c'est là sa limite, un mot d'une langue locale d'un pays francophone transcrit en alphabet latin : le *ksar* tunisien figure ainsi la limite entre le *francophonisme* et ce que le professeur Bernard Quemada appelle le *pérégrinisme*, mot étranger dans une langue mais qui tend à s'y implanter durablement en s'y acclimatant (cf. le *poncho* sud-américain).

Cette esquisse indique tout l'intérêt qu'il y a pour le français de France à créer des mots nouveaux « en tirant profit des richesses du français parlé hors de France », comme le dit si bien le décret français du 11 mars 1986 relatif à l'enrichissement de la langue française.

Pour ce qui est des questions de méthodologie afférentes au traitement de ces francophonismes, une des plus constantes a été, on le devine, celle de l'aire d'emploi d'un terme ou d'une expression ; ainsi le terme *deuxième bureau* (qui désigne la maîtresse amoureuse) est employé dans plusieurs pays d'Afrique : Zaïre, Rwanda, Centrafrique ; c'est de cette façon tout au moins qu'il se présente dans les inventaires disponibles, mais cela n'exclut pas qu'on le retrouve également au Bénin, ou encore au Congo, pays où le français parlé est assez proche de celui du Zaïre mais pour lequel manque encore à ce jour un inventaire rigoureux et accessible.

De manière semblable, on peut relever que la zone d'extension d'un terme comme *loque à reloqueter* va du Nord de la France à la Belgique, ou celle de *nonante* de la Belgique à la Suisse.

Dans ces deux cas, la solution retenue a été d'assortir la mention du pays accompagnant l'entrée du mot ou de l'expression dans ce dictionnaire de trois points de suspension qui indiquent que le pays mentionné n'est pas exclusif d'un ou de plusieurs autres.

Cette indexation par pays n'est pas en effet des plus commodes : outre le fait qu'une langue et l'usage d'une langue ne sont jamais tout à fait homogènes dans un pays ou à l'intérieur d'une communauté, le vocabuliste, même aidé par un important réseau de correspondants avisés, n'a lui-même jamais la compétence voulue pour dire que tel mot est employé à coup sûr ici, et là non.

Aussi est-il sûr qu'en lisant ce livre tel Louisianais, Valdôtain, Sénégalais ou Malien se découvrira une parenté de langue qu'il ne soupçonnait pas avec tel Québécois, Suisse, Béninois ou Français d'outre-mer.

D'autres études seraient sans doute à faire dans le prolongement de cet ouvrage qui ne fait que suggérer des perspectives de recherche : en comparant la langue française à elle-même à travers les pays et les siècles, on s'aperçoit que nombre de mots que nous n'avons plus, parce que notre littérature — et les dictionnaires — ne les ont pas retenus, continuent de subsister hors de France. Ayant la chance de disposer, comme peu de langues en ont, d'une sorte de vaste atlas historique et vivant du français sous la forme de sa dispersion actuelle sur les cinq continents (la synchronie déploie ici la diachronie de la langue), il serait utile de mener une étude comparative *des* langues françaises parlées à travers le monde : ce serait nous rendre à nous-même l'histoire non écrite de notre langue, comme cela a pu être fait, par exemple, en linguistique comparée des langues anciennes. Ainsi a-t-on relevé depuis longtemps la parenté des Créoles des Antilles françaises et de l'océan Indien, sans qu'une étude complète ait encore été faite sur l'ensemble des éléments de comparaison dont nous pourrions disposer sur cette question.

En dernier lieu, qu'il soit ici possible d'exprimer deux bonheurs d'auteur. Le premier a été de constater au fil des mots traités et abordés que c'était une nouvelle image de la langue française qui s'inventait progressivement : non pas un français monolithique, orgueilleux et royal, drapé dans son immobilisme comme le donnent à considérer les représentations culturelles que nous en avons, et que nous avons souvent transmises à d'autres. L'intérêt porté *aux* francophonies et à *leurs* langues est un exercice salutaire, car il inscrit le relativisme dans l'image que nous pouvons avoir de notre langue, forçant à réagir plus sereinement devant la nouveauté ou la trouvaille que représente le néologisme.

Le second bonheur fut celui de constater à l'issue de l'ouvrage que les deux grandes lignes de force de la néologie — la dérivation sémantique (un *avocat* devient au Zaïre un *pot de vin*), et la dérivation morphologique (*campus* donne *campusard*) — s'étaient inscrites en ligne de force et comme subrepticement dans tout le cours de l'ouvrage : ce qui peut contribuer à montrer que ce genre d'étude faite sur des centaines de cas particuliers d'une seule langue rejoint à sa façon les principes universels dégagés par l'examen des langues du monde. On trouvera dans la *liste des faits grammaticaux notables*, figurant en annexe, un certain nombre de phénomènes susceptibles de servir d'exemples, ou d'illustrer certaines tendances actuelles de la langue française, que l'on perçoit en France de manière souvent indistincte, mais qui sont clairement à l'œuvre dans notre langue, en France, et particulièrement à l'extérieur de ses frontières.

Qu'il nous soit, dans cette conclusion, permis de remercier les chercheurs, linguistes, et amis issus des quatre coins du monde qui ont bien voulu m'aider de leurs remarques et de leurs conseils, notamment : Clorette de Bayser, Jean-Claude Boulanger, John C. Broussard, Josseline Bruchet, Souleymane Bachir Diagne, Sidiky Coulibaly, Jean-Yves Dugas, Raphaël Elkricff, Maïté Genevoix, Edwige Grandet, Jean-Marie Klinkenberg, Steve Koffi, Gina Mamavi, Mwata Ngalasso, Célestin Ntsadi, Pravina Nuckcheddy, Jean Marcellus Paul, Albert Pen, Edmond Pidoux, Pierre Sammy, Gérard Snow, et Auguste Viatte. En outre, la disponibilité d'Alain Rey qui a bien voulu préfacer ce livre, et le trait alerte du Québécois Jean Morin, l'illustrateur de l'ouvrage, méritent une mention particulière.

Je remercie enfin tout spécialement le Commissariat général de la langue française, le Haut Conseil de la francophonie, le centre de documentation du Commissariat général de la langue française, la librairie Larousse, l'Association France-Lousiane, et le Muséum national d'histoire naturelle pour leur disponibilité généreuse et intelligente.

Loïc Depecker.

Pourquoi une seconde édition

L'accueil chaleureux fait à cet ouvrage a été une surprise. Alors qu'on pouvait croire que l'opinion n'était pas disposée à reconnaître spontanément à la langue française une certaine exubérance, l'adhésion d'un nombreux public à « ce petit livre de mots » a démontré l'inverse. L'Académie française l'a également fêté en lui attribuant en 1989 le prix Saintour au titre des « sciences philosophiques, sociologiques et morales » révélant par là, outre une compréhension vive du sens profond du livre, un changement considérable dans les mentalités.

Cette situation a incité à élaborer une seconde édition, mise à jour et enrichie. D'autant plus que le troisième « sommet des pays ayant en commun l'usage du français », tenu à Dakar en mai 1989, a vu adhérer à la francophonie trois nouveaux pays, le Cameroun, le Cap-Vert et la Guinée équatoriale. Certains francophonismes de ces États ont ainsi pu être intégrés dans le corps du livre, et tout particulièrement ceux du Cameroun, pays qui révèle en la matière une veine inépuisable et joyeuse. La seule exception à la règle que nous nous étions fixée de ne faire figurer ici que les pays adhérant explicitement à la francophonie (c'est-à-dire participant aux sommets francophones) est constituée par l'Algérie : les réactions qui ont accueilli l'absence d'algérianismes dans ce livre nous ont conduit à en faire figurer trois, regroupés sous l'entrée *taxieur* (le chauffeur de taxi), mot vivant et éminemment inscrit dans le sens de la langue.

Cette édition s'enrichit également des remarques et compléments dont m'ont fait part de nombreux lecteurs, parmi lesquels je tiens à remercier ici tout particulièrement Geneviève Bouffartigue, Christine Hermitte, Blanche Heusch, Nada Kerpan, Pierre Maes, Gina Mamavi, M. Millet, André Patris, Jean-Pierre Péroncel-Hugoz, Michel Voirol, et Lady Noah Hazoume Apolline Havérie.

De son côté, le dessinateur québécois Jean Morin, grand francophonographe devant l'Éternel, a bien voulu reprendre sa plume pour agrémenter cette édition de quelques nouveaux dessins.

Ce livre peut se lire de multiples façons. Un commentateur y a même vu « une histoire d'amour avec la France ».

L.D.
mars 1990.

abacos, n. m.

Zaïre... ; habillement. Veston de tissu léger pour homme, à manches courtes ou longues, se portant sans chemise ni cravate.

Aux côtés des vêtements traditionnels, les habits européens comme le ***costume cravaté*** sont peu à peu apparus en Afrique. En réaction se sont créées de nouvelles tenues tel l'***abacos***, mot valise qui repose sur un slogan zaïrois des années 1970 : « A bas le costume », sous-entendu « européen ».

abbaye, n. f.

Suisse ; réunion. Confrérie, qui réunit le plus souvent des tireurs.

Curieuse association que celle d'une *abbaye*, avec, par exemple, une société de tireurs à l'arc ! Le chef de cette société ne fait d'ailleurs pas croire à un malentendu, car il a titre d'***abbé-président***. Il est vrai qu'on peut, depuis Rabelais au moins, concevoir un soupçon de festivités dans tout cela ; notre Moyen Age fournit d'ailleurs une acception du mot *abbé* qui tirerait dans ce sens : « chef de certaines confréries de jeunes gens qui organisent les fêtes du village ». Indépendamment de cet indice, on relève aussi à l'époque moderne *abbé* comme le chef de certaines confréries d'artisans dans le Midi de la France, avec *abbaye* donné comme nom au local où ils se réunissent : témoignage dont la Suisse se fait la fidèle messagère, en laissant apparaître qu'***abbé*** et ***abbaye*** durent avoir, aux côtés de leur sens religieux, une acception profane et joyeuse.

abbé, n. m.

Centrafrique... ; religion. Prêtre ou religieux africain de race noire.

Entre le mot ***père*** et le mot ***abbé,*** la différence est assez tranchée en Afrique : on utilise généralement le premier pour désigner le religieux de race blanche, et le second pour celui de race noire ; héritage des temps coloniaux où les religieux autochtones étaient le plus souvent abbés, et les prêtres étrangers pères missionnaires (et souvent Pères Blancs).

abominer, v.

Nouveau-Brunswick ; sentiment. Avoir quelqu'un en abomination.

Très répandu jadis dans les prêches et sermons, ce mot d'église a fait souche en Acadie dans la langue du petit peuple. Les ***Acadiens*** du Nouveau-Brunswick le conservent encore aujourd'hui, communiant en cela avec le Berry, ou plus loin dans notre tradition, avec Nicolas Oresme, Montaigne, Calvin et Bossuet. « Ah lui ! je l'abomine ! »

absenter, v.

Côte d'Ivoire ; action. Causer ou constater l'absence de quelqu'un.

Notre verbe uniquement pronominal *s'absenter* manque d'agilité face à son cousin africain ***absenter*** qui peut signifier par exemple qu'un événement a provoqué l'absence de quelqu'un : « Il n'est pas là, le mauvais temps l'a absenté » ; ou que l'on n'a pas trouvé la personne qu'on voulait voir : « Je suis passé chez lui, mais je l'ai absenté. » Cela n'empêche cependant pas ***s'absenter*** d'avoir le sens que nous lui connaissons, avec en plus au Sénégal celui de ne pas se rendre à une convocation.

académicien, n. m.

Luxembourg ; personnages. Titre répandu, notamment pour désigner l'étudiant d'université.

Le Grand Duché de Luxembourg évoque en songe un pays de forêts mordorées parsemé de châteaux aux toits d'ardoise grise. Noblesse qui n'est pas sans rejaillir sur ses habitants, dont le nom est, avec *Luxembourgeois*, ***Grands Ducaux.***
Ce ne sont cependant pas ces vestiges princiers qui ont donné à *académicien* une extension de sens qui laisse croire à un outrepassement : à l'exception de nos membres de l'Institut et de quelques grandes académies littéraires, comme l'Académie Goncourt, *académicien* ne s'attribue en effet à personne. Mais, évoluant dans un pays qui est au carrefour des langues — allemand, luxembourgeois et bien sûr français, langue officielle — le mot a subi l'influence de l'allemand *Akademiker* qui désigne toute personne ayant un titre d'université, débordant ainsi les limites imposées par le français de France.

Acadien, n. m. ou adj. ; **Acadienne**, n. f. ou adj.

Nouveau-Brunswick... ; peuples. Habitant de l'Acadie, ancienne colonie française fondée en 1604 et cédée à l'Angleterre par le traité d'Utrecht en 1713.

L'Acadie est moins un pays que le souvenir d'un pays, d'un territoire situé en bordure de l'Atlantique, et formé approximativement par les ***Provinces maritimes*** de l'actuel Canada : Nouveau-Brunswick, Nouvelle-Écosse et Ile-du-Prince-Édouard. Celui qui en est originaire est à ce point marqué par la mer qu'aujourd'hui encore il ***se grée*** (attache ses vêtements, ses ***hardes***) avant de sortir, ***amarre*** ses chaussures (en noue les lacets) et ***embarque*** dans son auto. Mais marin, paysan, Français et catholique n'étaient pas des vertus qui dussent plaire aux Britanniques occupés à étendre leur emprise jusqu'aux avant-gardes de la colonisation française dans le Nouveau Monde : aussi

l'Angleterre décida-t-elle en 1755 la déportation des Acadiens, qui furent dispersés sur tout le territoire américain.
Ce « ***Grand dérangement*** » fut l'amorce du mythe de l'Acadie perdue, et de la question de l'***acadianité***, de l'appartenance historique à cette région que soulèvent encore les Acadiens du Canada, des États-Unis ou de Louisiane. Pays de souvenirs et de rêves douloureux que résume ainsi la grande romancière acadienne Antonine Maillet :

> C'est un pays qui n'a pas de lieu, mais qui a du temps. Nous n'avons pas de géographie. Être Acadien c'est être descendant de quelqu'un, ce n'est pas occuper un territoire.

accoté, n. m. ; **accotée,** n. f.

Québec ; amours. Concubin ou concubine.

Avec le coude on s'accoude, avec le dos on s'adosse, et avec le côté : *on s'accote.* On peut *s'accoter* sur du dur, contre une paroi, une cloison, un mur ; mais aussi sur plus fragile et mouvant, *s'accoter* sur l'âme chère, l'autre soi, son double familier, sans vouloir nécessairement en faire son mari ou sa femme. Afin peut-être que l'***accoté(e)*** ne devienne pas un à côté : toutes nuances poétiques pulvérisées par la terrible résonance de *concubin.*

accrocher ses patins, loc. verbale.

Québec ; travail. Cesser d'exercer une activité, notamment sportive, professionnelle ou politique.

Pour qui n'a jamais patiné sur les lacs canadiens, poussé par mégarde, le samedi soir, la porte d'une patinoire de Montréal en croyant entrer dans un cinéma, ou assisté aux débordements d'une partie de hockey, pour celui-là, l'expression ***accrocher ses patins*** aura bien peu de force. Mais celui qui aura cédé à la griserie d'une partie de hockey québécoise, participé à la passion des joueurs et des foules en entendant commenter les mouvements de la ***rondelle*** (le *palet*) et du ***bâton*** (la *canne* ou la *crosse*), celui-là, devenu souverainement québécois, pourra un jour prétendre dans le chaos des affaires qu'il a, pour telle ou telle d'entre elles, « accroché ses patins ».

achaler, v.

Québec ; ennui. Déranger, importuner.

Achaler a plusieurs sens, dont celui de « ranimer un feu », ou d'« incommoder » (à l'origine en parlant de la *chaleur*, mot que l'on retrouve avec son radical dans *achaler*). Il les tient des parlers provinciaux de France, notamment de l'Ouest, du Nord-Ouest et du Centre.

Le *Trésor de la langue française au Québec*, qui prolonge pour le français de là-bas l'œuvre entreprise en France par le *Trésor de la langue française*, en donne de multiples exemples :

> Va jouer, là. Achale pas le grand monde (...). T'es trop p'tite pour être icitte.
>
> Marc Tremblay,
> *La grosse femme d'à côté est enceinte.*

Toute une famille prospère ainsi autour d'***achaler***, les embarras et les importuns étant légions : ***achalant*** (« les reporters photographes (sont) aussi achalants que des mouches noires en plein été dans le nord du Québec »), adjectif qui peut se dire aussi ***collant, bâdrant, fâchant*** ou ***ennuyant***.
Achalanterie n'est pas loin, qui est une chose ***achalante***, ***achalement, achalerie*** et enfin ***achalage*** : « Arrête tes achalages pis tes minoucheries ; c'est décidé, je sors pas à soir. »

adodoler, v.

Suisse ; action. Bercer pour endormir.

Amener doucement à dormir, à faire dodo, comment ne serait-ce pas ***adodoler*** ?

affairé, n. m. ou adj.

Zaïre ; commerce. Affairiste.

Être ***affairé*** revient au Zaïre à s'occuper vraiment trop d'affaires pour être honnête : « Il a de l'argent en ce moment, il doit être très affairé. »

affreux, adv.

Louisiane ; intensité. Extrêmement.

Pour marquer l'intensité, le français de Louisiane ne se privera pas d'ajouter ***affreux*** à certains détours de phrases ; d'où la grande beauté de cette personne exprimée de façon surprenante : « Elle est jolie affreux. »

afro, n. m.

Burkina Faso... ; coiffure. Type de coiffure masculine ou féminine formant une épaisse toison autour de la tête.

Afro, élément qui se retrouve notamment dans *afro-cubain* ou *afro-américain*, a représenté plus qu'une mode : un mouvement né dans les années soixante aux États-Unis et dont un des thèmes porteurs était « Black is beautiful ». Malgré l'envie que l'on peut avoir de se ***faire un afro*** ou toute autre coiffure (« mode ordinaire », « Jimmy Carter mode » ou « Platini mode... »), on peut toutefois hésiter à entrer, pour ce faire, dans un salon qui annoncerait, comme ici en Côte d'Ivoire : « Spécialiste des modes. Coiffeur... Dieu le fera. »

agace, n. f.

Belgique... ; faune. Un des noms de la pie.

Dans maintes régions de France, et plus au nord en Wallonie, on entend encore parfois **agace** pour désigner la *pie* : concurrence qui remonte à l'ancienne rivalité entre le latin *pica*, qui fait naturellement *pie*, et le germanique *agaza* qui suscita *agace* ; on trouve ce dernier dès le XIe siècle dans des gloses de Bruxelles, qui font au passage allusion, comme dans cet extrait, au fâcheux caractère du volatile :

> Et tout aussi comme l'agache
> Par son crier et agachier
> Nul oisel ne laisse anichier
> Près de li ; ains le fait fuir.

Rien d'étonnant alors à nous voir, sur **agace**, former notre verbe *agacer*.

agace-pissette, n. f.

Québec ; amours. Aguicheuse.

Une allumeuse est au Québec une ***agace-pissette*** ; on peut y voir l'équivalent imagé de la *call-girl.*

âge cochon, n. m.

Ile Maurice ; âge. Age ingrat.

L'adolescence, qu'on dit l'âge ingrat, est l'âge sans doute où à quelques exceptions près, on fait ordinairement sa tête de cochon.

âge d'or, n. m.

Québec ; âge. Personnes âgées.

Ah ! l'âge d'or évoqué dans les mythologies ! Époque heureuse située généralement aux débuts de l'huma-

nité, l'***âge d'or*** représente aussi au Québec la dernière période de la vie : et du même coup, celle-ci apparaît par comparaison comme le meilleur des âges...
On retrouve ce processus d'euphémisation dans l'autre désignation québécoise des personnes âgées : les ***aînés***. Avec leur ***carte d'âge d'or*** (équivalent de notre *carte vermeille*), ils peuvent bénéficier d'un certain nombre d'avantages dus à leur âge, dont celui de voyager à prix réduits voire, à certaines heures, gratuitement. En voyant les ***aînés*** descendre en nombre de l'autobus, on peut ainsi s'écrier : « C'est l'âge d'or ! »
En France, la commission ministérielle de terminologie des personnes âgées créée en 1984 est ainsi passée à côté de ces belles expressions ; son souci premier était pourtant d'éliminer le terme *troisième âge*, qui a le défaut d'inscrire la vieillesse dans une série qui la pousse vers la tombe : il y aurait entre l'hypothétique deuxième âge et le troisième, tout simplement la vie, tandis que le quatrième âge serait une ultime catastrophe. Cette commission n'a pu hélas que rendre obligatoire dans les textes administratifs — c'est déjà beaucoup — l'expression de *personnes âgées* à la place de *troisième âge*. Faire homologuer ***âge d'or*** par le Journal officiel avec la définition suivante : « Ensemble des aînés », aurait pourtant donné à l'austère journal une touche d'humanité et un éclat poétique inattendus.

aiguise-crayon, n. m.

Québec ; objets. Taille-crayon.

Notre inoffensif *taille-crayon* devient au Québec, telle une arme blanche, un ***affile-crayon***, un ***aiguise-crayon***, ou, froidement, un ***aiguisoir***.
Aiguise-crayon a cependant l'originalité sur ses congénères de se tailler parfois une place au sein du genre féminin : une ***aiguise-crayon*** : « Tu m'prêtes-tu ton aiguise-crayon ? — A condition qu'tu m'prêtes ton ***efface*** (ta gomme). »

ajoupa, n. m.

Guadeloupe... ; maison. Petite hutte.

Ce mot d'origine caraïbe est répertorié en Guadeloupe dès le début du XVIIe siècle et reste aujourd'hui courant dans les Antilles et en Guyane. Il s'y rencontre auprès d'un nom d'origine tupi guarani semble-t-il, le ***carbet***, maison faite de pieux et de feuillages. Blaise Cendrars, grand aventurier, s'avoue expert en la matière :

> A l'aide de quelques branchages et de palmes, nous avions transformé notre chaloupe en carbet.

Le mot n'est pas inconnu non plus en métropole, où il a été introduit par les gens de mer pour désigner un hangar à bateaux fait d'une toiture sommaire.
Enfin, c'est aux Antilles la ***case,*** dite ***caye*** en créole, qui reste la forme d'habitat la plus répandue pour nommer une modeste cabane ou une maison de construction légère.

alaska, n. m.

Cameroun ; alimentation. Bâton glacé, esquimau.

Notre *esquimau* n'est pas dépaysé auprès de l'***alaska.*** Cela ne laisse pas moins de glace ses autres variantes africaines, le ***bonbon glacé*** nigérien, le ***babi*** malien ou l'ivoirien ***frigolo***.

s'aligner, v.

Tchad ; action. Faire la queue.

Au sens de faire la queue, on dit en Algérie ***faire la chaîne*** et au Tchad ***s'aligner***, ***faire la ligne*** ou ***faire le rang*** : « Eh ! Fais la ligne comme tout l'monde ! »

aller à la commode, loc. verbale.

Haïti... ; nature. Faire ses besoins naturels.

Sans doute y a-t-il un lien entre les *commodités* qui désignaient jadis, comme l'indique un dictionnaire de l'époque classique, « le lieu où l'on se retire pour se décharger le ventre », voire peut-être la *commode*, meuble de toilette, et l'expression somme toute élégante d'***aller à la commode*** que l'on retrouve aujourd'hui aux Antilles et dans l'océan Indien.

aller au bord, loc. verbale.

Côte d'Ivoire ; nature. Faire ses besoins dans la nature.

Aller au bord se disant surtout en zone lagunaire, on doit comprendre qu'il s'agit d'aller au bord de l'eau : ce que confirme l'expression centrafricaine ***aller au fleuve***. Les Sénégalais marquent en la matière une préférence pour la brousse en disant qu'ils ***vont en brousse***, tandis que les Burkinais, parant au plus pressé, déclareront quant à eux qu'ils ***vont aux besoins.***

aller aux oranges, loc. verbale.

Sénégal ; sport. Être à la mi-temps d'une rencontre.

Moins que l'instant qui sépare deux périodes, la mi-temps est au Sénégal surtout l'heure d'***aller aux oranges***, moment où les joueurs reprennent des forces en mangeant des oranges ; en France, cette pratique s'est inscrite en revanche dans l'expression qui désigne quelquefois la mi-temps : *les citrons.*

aller au paradis avec ses souliers, loc. verbale.

Val d'Aoste ; mort. Passer soudainement de vie à trépas.

Mourir sans même avoir le temps d'ôter ses chaussures est une des images fréquentes de la mort soudaine, voire violente : à la classique (y) *laisser les bottes* a chez nous succédé la plus bourgeoise *mourir dans ses souliers*, qui est l'exact contraire de *mourir dans son lit*. Toute empreinte d'humble paysannerie et touchante de religiosité, l'expression valdôtaine ***aller au paradis avec ses souliers*** a pour elle la délicatesse d'indiquer au moins où l'on va : « I s'est pas vu mourir, il est allé tout droit au paradis avec ses souliers. »

aller en ville, loc. verbale.

Maurice ; voyage. Se rendre à Port-Louis.

Même s'il y a quelques villes à l'Ile Maurice, ***aller en ville*** s'y dit presque invariablement pour désigner un déplacement à Port-Louis, la capitale.

aloco, n. m.

Côte d'Ivoire... ; cuisine. Plat de rondelles de banane plantains frites et pimentées.

La banane revêt en Afrique toutes sortes de formes, couleurs et saveurs, et reste très présente dans l'alimentation. L'***aloco*** (ou ***aloko***) en est une des variantes culinaires, plat de rondelles de bananes plantain frites et souvent pimentées. On peut en déguster notamment dans l'***alocodrome***, qui n'est pas, malgré son nom, un lieu où se déroulent des courses de bananes, mais l'endroit du marché où se rassemblent plus particulièrement les petits marchands et les vendeuses d'aloco. *Aloco* vient du baoulé, langue répandue en Côte d'Ivoire et au Mali. Au Bénin et au Togo lui correspondra ***amadam-toto***, issu, lui, de l'éwé.

à l'ouïe de, loc.

Suisse ; conversation. En entendant telle ou telle chose.

A l'ouïe de est une expression venue en Suisse au XVIIe siècle sur la langue des Huguenots chassés par la révocation de l'Édit de Nantes ; c'est ce qu'avance Littré en précisant qu'elle est « propre à Genève et au style réfugié ». J.-J. Rousseau en a usé, comme le rapporte encore Littré :

> « Je suis persuadé qu'à l'ouïe de cette nouvelle, vous commencerez par interroger celui qui l'atteste », *Lett. à M. de Beaumont.*

qui ajoute :

> Cette locution est bonne et mérite d'être employée.

alphabète, n.

Burkina Faso... ; école. Personne qui a appris à lire et à écrire.

L'alphabète a cessé, le plus souvent à l'âge adulte, d'être analphabète, grâce aux leçons de ***l'alphabétiseur.*** De celui qui a appris à lire et à écrire, on dira également au Sénégal que c'est un ***démerdeur***. « T'es alphabète et tu veux rester ***planton*** ! »

s'amarrer, v.

Louisiane ; amours. Se mettre à vivre en concubinage.

Terme de mer bien présent chez les ***Acadiens*** du Canada ou de Louisiane, ***s'amarrer*** ne signifie pas seulement attacher son embarcation avec une amarre. Il se dit aussi du temps qui se gâte (« V'là ben l'temps qui s'amarre ») et, coïncidence troublante, du couple qui se met en ménage. Poussant la logique jusqu'au bout, se remettre en ménage se dit tout aussi bien ***se ramarrer*** : « I s'sont ramarrés au dernier ***fais-dodo***. »

ambassade, n. f.

Zaïre ; amours. Lieu de rencontres galantes.

La diplomatie semble évoquer beaucoup de choses au Zaïre. Soupçon étayé par le deuxième sens d'***ambassade***, celui de « maîtresse », et par son troisième : « vagin », dit aussi ***Bas-Zaïre*** ou ***Pays-Bas.***
Comble de diplomatie et conforme à ces manifestations d'ambassade, le sexe de l'homme y reçoit, comme il convient, titre d'***ambassadeur***.

ambiance, n. f.

Sénégal ; fête. Soirée dansante.

Pas de fête sans ambiance, c'est-à-dire sans atmosphère joyeuse. Par métonymie, ce sens un peu abstrait d'ambiance fournit dans nombre de pays d'Afrique le nom plutôt concret de la fête, particulièrement de la soirée dansante. On dit souvent : « Je vais à une ambiance » ou, lorsqu'on en est l'initiateur « Je fais une ambiance ce soir, tu viens ? » On va même plus loin en lui adjoignant son verbe, ***ambiancer***, et l'on dit : « Ça va ambiancer » pour signifier « Ça va être la fête. » Enfin, qui fréquente assidûment les ***ambiances*** a droit comme le ***boumeur*** zaïrois — l'homme de toutes les boums — au nom d'***ambianceur.***

amérindianisme, n. m.

Canada ; langues. Emprunt aux langues amérindiennes.

En rencontrant sur le sol nord-américain les langues des Indiens, de la Louisiane au grand Nord canadien,

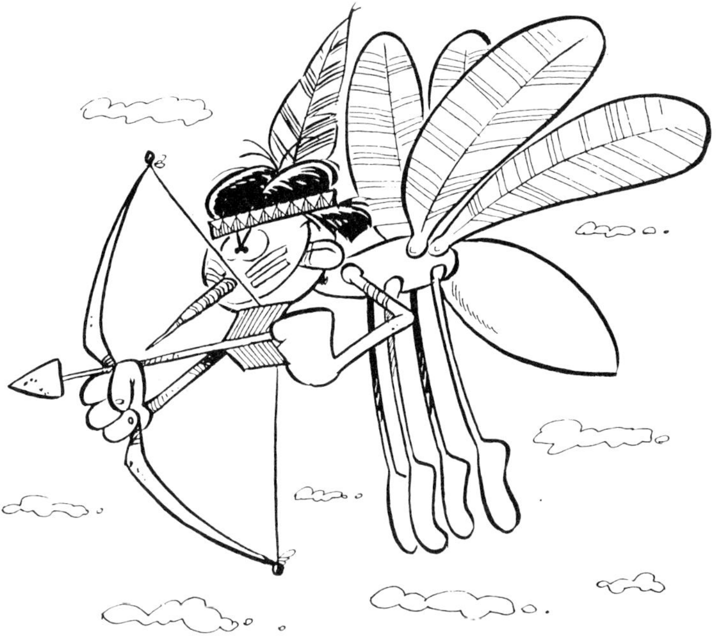

le français s'est paré de quelques animaux rares : la ***ouananiche***, saumon d'eau douce, l'***achigan***, variété de perche, le ***ouaouaron,*** grosse grenouille, le ***maskinongé***, poisson d'eau douce de la famille du brochet, ou enfin le ***maringouin***, gros moustique célèbre car des plus désagréables.

amoureux, n.

Tchad ; amours. Personne ardente, très portée sur le sexe opposé.

Les belles images de l'amour courtois pâlissent un peu devant les assauts de l'***amoureux*** tchadien. Et craquent devant d'autres rudesses quoique, paraît-il, non argotiques au Tchad, telles ***monter*** une femme et même, mais moins spécifiquement tchadienne : la ***couiller.***

anolis, n. m.

<u>Guadeloupe</u> ; *faune.* Variété de petit lézard de couleur verte.

L'*Anolis marmoratus*, appelé communément ***anolis*** ou ***anoli***, est un petit lézard vert qui court partout aux Antilles sur les murs de pierre, la pierraille, autour des maisons, et qui s'apprivoise très bien.

anti, n.

<u>Cameroun</u> ; *sport.* Personne qui ne pratique aucun sport.

On peut aimer le sport sans en faire. Mais cela semble tellement paradoxal aux Camerounais qu'ils ont donné le nom non moins paradoxal d'***anti*** (pour ***anti-sport***) à cette espèce particulière de supporters : « Les antis, i sont très forts pour crier dans les gradins, mais balle au pied y a plus personne ! »

apatamer, v.

<u>Togo</u> ; *maison.* Passer la journée sous un apatam.

Construction légère sur pilotis à toit de paille ou de feuilles de palmier tressées, l'***apatam*** sert particulièrement à protéger du soleil lors de diverses cérémonies. Mais ce peut être aussi un cabanon de plage, et s'y rendre en villégiature se dit, avec une légère nuance de plaisanterie, ***apatamer*** : « Tu viens apatamer avec nous dimanche ? »

apollo, n. m.

<u>Zaïre</u> ; *santé.* Conjonctivite.

Lorsqu'Apollo II se désintégra dans l'atmosphère, on ne put déterminer avec exactitude où retomberaient ses débris. Ce qui fit par plaisanterie associer, en Afrique, ces retombées hasardeuses à l'épidémie de conjonctivite qui sévissait alors, chaque malade étant déclaré avoir reçu quelque éclat apollinien dans l'œil : « Ça va pas, j'ai l'apollo depuis deux semaines. »

A.P.S., sigle.

Québec ; temps. De toute urgence.

Faire une chose ***au plus sacrant***, autrement dit ***A.P.S.***, signifie s'en charger sur l'heure, s'y atteler de la façon la plus instante comme pressé par l'urgence d'une situation cataclysmique qui nécessiterait qu'on poussât force jurons, sacres et jurements. On pourra dire aussi, mais l'urgence s'y dessine moins vivement : « Faites-moi ça ***en criant ciseau.*** »

araignon, n. m.

Côte d'Ivoire ; faune. Petit de l'araignée.

Il est mignon l'***araignon,*** le petit de l'araignée qui, dans les contes africains, tire la barbe des lions. A la différence de l'*araignée* son père, qui « tisse sa toile derrière les cases », hypocrite, pervers, aux ruses un peu grosses au point d'aller même dans un conte baoulé — mal lui en prend — jusqu'à dérober aux génies leurs ignames.

arbre-caca, n. m.

Guyane ; flore. Variété d'arbre qui, une fois abattu et gisant au sol, répand une odeur nauséabonde.

Dans l'immensité verte du plus grand des départements français, on reconnaîtra certes, parmi les innombrables variétés d'arbres, l'***arbre-cathédrale*** au long tronc ajouré, ou le cèdre vert ; mais aussi, à son odeur lorsqu'il vient à se décomposer : l'***arbre-caca.***

argent-braguette, n. m.

Martinique... ; argent. Allocations familiales.

Les allocations familiales, argent que l'on touche pour entretenir sa nombreuse famille, sont appelés aux Antilles, moins administrativement, ***argent-braguette*** ou à la Réunion ***argent-z'enfants.***

argent-z'enfants, n. m.

Réunion ; argent. Allocations familiales.

Voir le précédent.

aronde, n. f.

Belgique ; faune. Un des noms de l'hirondelle.

Aronde, forme dialectale qui désigne l'hirondelle de cheminée, est le mot que l'on retrouve dans *queue d'aronde* par exemple, ouvrage de charpente qui évoque la queue de l'hirondelle.
Comme souvent, le mot technique a vécu de sa vie propre tandis que le nom commun tombait en désuétude, et ce n'est plus que par *queue d'aronde* qu'*aronde* nous dit encore quelque chose.
Sauf dans quelques régions de Wallonie, de Picardie, du Nord et du Sud de la France, ***aronde*** n'est en effet plus employée, mais l'extension de ce qui est devenu un dialectalisme, et la famille qu'il a suscitée — *Arondelle* est un patronyme connu — montrent que le mot fut naguère très courant.

d'arrache-poil, loc.

Québec ; intensité. D'arrache-pied.

Travailler dur, donc d'arrache-pied, est plutôt au Québec travailler ***d'arrache-poil***, c'est-à-dire : à s'en arracher le poil : « I travaille ***en maudit*** d'puis ç'matin, i fait tout d'arrache-poil. »

arriérer, v.

Sénégal ; action. Aller en arrière.

« — Arrière, arrière ! » « — Ah bon, tu veux qu'j'arrière ! Fallait l'dire. »

article quinze, n. m.

Zaïre ; action. Système qui consiste à se débrouiller tout seul en recourant à des solutions improvisées.

Appliquer l'article quinze fait à première vue solennel. Rien de tel pourtant car ce n'est autre que notre *système D,* système de la débrouille et du chacun pour soi. Cet ***article quinze*** est cependant bien sorti d'un texte de loi, à savoir de la constitution de l'État séparatiste du Sud-Kasaï, dont une interprétation libre semble être « débrouillez-vous ». Ce qui pourrait se dire aussi au Zaïre ***tirer son plan*** comme en Belgique, ou ***se démerder***, comme en France, et cela sans nuance péjorative.

assainir, v.

Zaïre ; politique. Retirer des attributions et des avantages à quelqu'un.

Au Zaïre le verbe ***assainir*** garde certes le sens qu'il a dans le domaine de l'agriculture ou des sciences de la vie. Mais il peut s'appliquer aussi à l'endroit de quelqu'un avec qui on a des comptes à régler, et à qui l'on souhaite retirer quelques fonctions dont le cumul est jugé abusif. ***Être assaini*** signifie alors plaisamment « faire l'objet d'une mesure d'assainissement » : « Qu'est-ce qui lui est arrivé, il est moins fier ? — Il a été assaini. »

assez, adv.

Belgique ; conversation. Très, extrêmement, particulièrement.

Parmi les signes auxquels un Belge se fait remarquer (le naturel, l'humour, une spontanéité souvent originale), figure la façon dont il use de l'adverbe ***assez***. Ainsi dira-t-il facilement de quelqu'un de très ennuyeux : « Il est ennuyeux assez. » Notre ancienne langue avait ce tour dont on retrouve la trace aujourd'hui, notamment en italien où *assai* a un sens intensif prononcé.

assiette profonde, n. f.

Belgique ; ménage. Assiette creuse.

Le noble adjectif de *profond* accolé à la commune assiette peut surprendre. Il est cependant vrai que celle-ci possède, utile au mangeur de soupe, un *fond* propre, ce que le français martiniquais souligne aussi de son côté en nommant ***assiette fond*** notre classique *assiette creuse* : « J'mets les assiettes fonds pour la soupe ? »

asso, n.

Cameroun... ; personnages. Ami.

Asso, forme abrégée d'*associé*, s'entend çà et là en Afrique : au Mali par exemple, pour désigner l'ami des bons et des mauvais jours, ou au Cameroun l'ami de rencontre et éventuellement le ou la petit(e) ami(e). C'est aussi une formule d'adresse très courante, notamment chez les vendeuses de légumes de Yaoundé qui l'emploient pour accrocher le client qui passe au cri de : « Asso ! Asso ! »

attraper le black, loc. verbale.

Saint-Pierre-et-Miquelon ; humeur. Attraper le cafard.

On peut ne pas apprécier particulièrement le franglais ; ***attraper le black*** n'est pourtant pas sans charme. S'y croisent sans doute, avant que l'anglais ne les percute, au moins deux expressions bien françaises : *attraper le cafard*, et *avoir les idées noires*, et cette autre, du Sud de la France : *avoir le noir.* « J'ai attrapé l'black l'autre jour, j'ai cru pas m'en sortir ! »

A.T.Z., sigle.

Congo ; amours. Prostitution.

L'***A.T.Z.*** désigne curieusement, au Congo, la prostitution. Ce sigle comporte en fait une méchanceté puisqu'il signifie « Assistance Technique Zaïroise » : les Zaïrois ne sont en effet pas toujours bien vus par leurs voisins congolais, ce qui porte ces derniers à leur attribuer quelques défauts.

aubette, n. f.

Belgique... ; transport. Abri servant de lieu d'attente d'un véhicule de transport routier.

Aubette est encore en France le guichet de renseignement placé à l'entrée d'un établissement de la marine nationale : le mot, signifiant à sa création au XVe siècle « cabane », est en effet resté presque constamment cantonné au domaine militaire.
Mais ***aubette*** sera plutôt en Belgique soit un abri sous lequel on attend l'autobus, soit dans une acception tout aussi courante, un kiosque à journaux. Un usage de l'Ouest de la France dont Julien Gracq se fait l'écho dans *Lettrines* confirme le premier sens :

> Le cœur de Nantes battra toujours pour moi avec les coups de timbres métalliques des vieux tramways jaunes virant devant l'aubette de la place du Commerce dans le soleil du dimanche matin de mes sorties.

A la vue de ces lettrines de noblesse, le français de France ne serait sans doute pas mal venu d'asseoir

aubette dans sa fonction, à la place de l'*abribus*, marque déposée, dont la signification est de plus restrictive, puisqu'on peut également mettre des ***aubettes*** à la disposition des usagers du taxi.

au félé, loc.

Congo ; argent. Gratuitement, sans payer.

Il y a au moins deux façons d'assister à un spectacle : en payant son entrée, ou aux frais de quelqu'un d'autre c'est-à-dire, par abréviation, ***au félé*** (qui s'écrit aussi ***ofélé***). Et à voir ainsi bien des choses ***au félé***, on devient un parfait ***guembo*** — littéralement « chauve-souris » — car toujours perché quelque part à regarder le spectacle tête en bas. Trait de débrouillardise qu'évoque dans un de ses romans Henri Lopes plusieurs fois ministre de la République Populaire du Congo :

> Pour mes loisirs, j'appris très tôt comment pénétrer dans une salle ou assister à un match au félé, et devenir un guembo de qualité...
>
> *Sans Tam-Tam.*

aune, n. f.

Haïti... ; quantité. Unité de mesure correspondant à un mètre vingt.

Les unités de mesure de l'ancienne France sont encore parfois utilisées hors de France, notamment en Haïti. Des mesures comme le ***pied*** (0,33 m), l'***aune*** ou le ***carreau*** (1,29 ha) subsistent ainsi aux côtés de diverses unités créées et employées par les paysans, la ***marmite*** par exemple, la ***charge***, ou la ***macoute*** — récipient ou sac en fibre de latanier que l'on retrouve dans ***tonton-macoute***, homme de main recruté à l'origine dans la paysannerie dont ce sac est précisément l'un des emblèmes.
Quant à la ***gourde***, l'actuelle monnaie d'Haïti, elle provient de l'ancienne *piastre gourde* (en espagnol *gordo*), pièce d'argent de l'époque classique qui eut cours dans les deux Amériques.

autogare, n. f.

Niger ; transport. Gare routière.

L'endroit où viennent stationner les véhicules automobiles peut légitimement s'appeler ***autogare*** ; les automobiles qui viennent y stationner sont cependant assez typées : des ***mille-kilos*** plutôt, et des ***taxis-brousses*** : « J'vais r'trouver mon ***graisseur*** à l'autogare. »

avalasse, n. f.

Louisiane ; climat. Déluge de pluie.

Une ***avalasse*** est une avalanche de pluie. Et c'est beau si elle ne s'accompagne d'un déluge cyclonique qui renverse, arrache, extirpe tout sur son passage.
De ces intempéries le parler louisianais est plein : la tornade y est la ***colonne,*** la tempête le ***coup de temps***, l'éclair est l'***éloise*** (mot que l'on trouve encore aujourd'hui en Vendée), la petite tornade le ***tourbillon***, les gros vents de printemps sont ***vents de carême***, et le ***temps bleu***, empli du style de la vieille France, y désigne l'orage : « T'f'rais mieux d'te dépêcher ! Tu'ois l'temps bleu qui s'in vient ? »

avant-jour, n. m.

Haïti... ; temps. Moment d'avant le jour.

Le moment qui précède le jour peut-il se dire mieux qu'***avant-jour***, et ***avant-nuit*** celui qui précède la nuit ? « J's'rai au bureau de vote demain à l'avant-jour. »

avant-midi, n.

Belgique... ; temps. Matinée.

Avant-midi fait normalement pendant à *après-midi*, et cela au moins en Belgique, Suisse et Canada. Et comme *après-midi*, son genre reste indéterminé, avec cette nuance qu'il est un peu plus féminin au Canada et, en Belgique, du masculin : « Viendrez-vous nous rejoindre à l'avant-midi ? »

avant-plan, n. m.

Belgique ; relief. Premier plan.

Quand les Français disent presque systématiquement *premier plan,* les Belges disent ***avant-plan,*** et très rarement le précédent. Ainsi dans le grand quotidien belge *Le Soir* :

> Le Landru londonien est renvoyé devant les assises d'Old Bailey. Le procès Evans revient à l'avant-plan.
> (8 mai 1953)

avocat, n. m.

Zaïre ; argent. Récompense en espèce donnée à quelqu'un en échange d'un service ou d'un avantage, légal ou non.

Le mot *avocat* subit au Zaïre une certaine déviation de sens (qui n'est peut-être pas fortuite). ***Avocat*** y désigne en effet non seulement le magistrat drapé dans sa toge, mais le bénéficiaire d'un pot-de-vin ; ***payer un avocat*** ne signifie donc généralement là-bas rien d'autre que « corrompre ».

AH!

Par extension, ***avocat*** s'applique aussi au pot-de-vin lui-même : « On l'a fait taire en lui donnant un avocat. » Récompense faite le plus souvent d'espèces sonnantes et trébuchantes, l'***avocat*** tire d'embarras sans prêter à débats, ce qui lui vaut aussi le surnom sans réplique de ***tais-toi***. Plus imposant que le ***matabiche***, qui n'est en regard qu'un simple pourboire donné après le service rendu, l'***avocat*** reçoit également le nom de ***bière*** ou, effet de son importance, de ***sac de ciment***.

avoir déjà, loc. verbale.

Sénégal ; mort. Être mort.

« Il ***a d'jà*** » est une expression qui dit tout : il a déjà aimé, souffert, vécu ; puis il est mort.

avoir de la grande visite, loc. verbale.

Québec ; réunion. Recevoir des personnes qui ne sont pas venues en visite depuis longtemps.

Avoir de la visite, que nous dirions facilement, prend une noble allure avec ***avoir de la grande visite*** qui s'inscrit entre le parler des grands-mères et la haute poé-

sie. Elle signifie accueillir des visiteurs — souvent de la famille éloignée — venus en grand nombre. Son synonyme ***avoir de la visite rare*** complète sa signification : c'est recevoir des visiteurs qu'on n'a pas vus depuis longtemps, des personnes qui se sont faites rares : « I yont ben d'la grande visite à soir ! »

avoir de la jasette, loc. verbale.

Québec ; conversation. Avoir la langue bien pendue.

A entendre toutes les façons qu'ils ont de désigner l'action de parler, on ne peut croire que les Québécois soient un peuple de muets : ils seraient même, comme ils disent, plutôt ***jasants***, offrant dans ce registre maintes combinaisons : ***jaser***, mais aussi ***piquer une jase*** ou ***une jasette, faire la jasette***, ce qui mène à l'expression aggravante ***avoir de la jasette.*** Tout cela encore lorsqu'ils ne ***babinent***, ne ***mémèrent***, ni ne ***placotent.***

avoir du front tout l'tour de la tête, loc. verbale.

Québec ; caractère. Avoir du culot.

Entendue également dans les campagnes de l'ouest de la France, dont les Québécois restent très proches, de cœur, de langue, et d'origine : « Il a sacrément du front tout l'tour de la tête à ***babiner*** toujours sur mon dos ! »

avoir la baboune, loc. verbale.

Québec ; caractère. Être mécontent, bouder.

L'ancien français avait *baboue* pour dire « moue », qui semble mimer le mouvement ou la forme des lèvres comme dans la grande famille de *babil, babine, babouin,* etc. Quant à la terminaison *-oune* de ***baboune***, elle est omniprésente dans les parlers populaires du Québec et comme le signe d'appartenance d'un mot à la Belle Province (une ***dindoune*** étant par exemple une femme prétentieuse). Ainsi ***avoir la***

baboune, faire la baboune ou leur verbe suppléant ***babouner*** n'ont-ils d'extraordinaire que la belle expressivité avec laquelle ils miment la tête du boudeur, cet entêté ***babouneux*** auquel on lance, exaspéré : « Maudite ***baboune*** ! »

avoir la bouche sucrée, loc. verbale.

Bénin ; conversation. Aimer parler.

On conçoit facilement qu'il peut s'agir aussi d'aimer les sucreries, ce que l'usage béninois ne récuse d'ailleurs pas : « Il a bien la bouche sucrée, on l'arrête plus ! »

avoir la colère, loc. verbale.

Rwanda ; humeur. Être en colère.

Les deux langues officielles du Rwanda, le français et le kinyarwanda, se rencontrent dans ***avoir la colère*** qui est un calque français d'une expression kinyarwandaise. « Après ç' qu'elle lui a dit, il a la colère ! »

avoir la picote, loc. verbale.

Québec ; santé. Avoir des boutons.

Dans la famille de *picoter* au sens de démanger, il y a *picotement*, mais aussi *picote*, l'ancien nom populaire de la variole. Le terme a subsisté au Québec pour désigner toute espèce de bouton : « Arrête don de t'gratter ! — Ben j'peux pas, j'ai la picote ! »

avoir la route, loc. verbale.

Togo... ; convenances. Obtenir de son hôte l'autorisation de se retirer.

Les lois de l'hospitalité obligent, il convient de ***demander la route*** et d'attendre de son amphitryon qu'il la donne pour prendre congé. « Dès qu'j'ai la route on part. »

avoir les balles, loc. verbale.

Mali... ; argent. Être riche, avoir sur soi de l'argent à dépenser.

Balle est un des mots par lesquels notre argot désigne l'argent : « T'as pas cent balles ? » D'où certainement l'expression ***avoir les balles*** — qui se dit également ***avoir l'argent*** — que l'on retrouve au Mali, et au Sénégal : « J'peux même pas aller à l'***indiennat***, j'ai pas les balles. »

avoir les bleus, loc. verbale.

Québec ; humeur. Avoir le cafard.

L'anglais trop proche, *to have the blues*, donne une teinte d'irréalité à la transposition ***avoir les bleus*** : expression idéale pour chansons folk ou blues chantés en français, talent que les Québécois ne laissent à nul autre.

avoir les deux pieds dans la même bottine, loc. verbale.

Québec ; caractère. Être empêtré, embarrassé.

Prenant l'expression à contrepied, nous disons au contraire de quelqu'un de débrouillard et sûr de lui : « Il n'a pas les deux pieds dans le même sabot. »

avoir les pieds ronds, loc. verbale.

Québec ; ivresse. Être ivre.

A n'en pas douter, l'ivresse est associée à la rondeur : *rond comme une bûche, une futaille, une barrique* rejoignent ces *pieds ronds* québécois, pieds soudain déliés par l'ivresse et l'esprit du vin. D'autant que *se rondir* ou *s'arrondir*, que nous connaissons, ne veulent dans ce registre rien dire d'autre qu'***avoir les pieds ronds***.

avoir le va-va, loc. verbale.

Suisse ; *comportement.* Ne pas tenir en place.

Il va, il vient, il ***a le va-va*** ; la variante féminine de l'expression existe également : « Il a la va-va aujourd'hui, qu'est-ce qui lui arrive ? »

avoir l'oreille dure, loc. verbale.

Mali ; caractère. Être têtu et désobéissant.

Ne pas confondre ***avoir l'oreille dure***, qui signifie ne pas vouloir entendre, avec notre banal *être dur d'oreille*, qui veut plutôt dire ne pas pouvoir entendre, être sourd : « Y a pas moyen d'en venir à bout, il a l'oreille trop dure. »

avoir son voyage, loc. verbale.

Québec... ; humeur. En avoir assez.

De toutes les expressions pour dire la lassitude et le dégoût, on en trouve peu qui soient aussi élégantes que cette québécoise-ci : « J'ai mon voyage de toutes ces histoires ! »

avoir un coup de soleil pour quelqu'un, loc. verbale.

Haïti ; sentiment. Avoir une forte attirance pour quelqu'un.

Le pays du soleil ne saurait invoquer, pour les transports amoureux, que l'astre solaire. Des puissances du ciel nous évoquerions davantage quant à nous, non le coup de soleil, mais le coup de foudre. « J'ai un coup d'soleil pour ***Jean-Philippe Nestor***. Pas toi ? »

avoir une grande bouche, loc. verbale.

Niger ; conversation. Être enclin à beaucoup parler.

Dans nombre de langues africaines, c'est moins la langue que la bouche qui symbolise l'organe de la parole, ce qui n'est pas sans conséquence sur le français qui se parle en Afrique. Ainsi, où nous dirions de quelqu'un qu'il *a la langue bien pendue* , le Nigérien dira qu'il ***a une grande bouche*** et le Centrafricain qu'il ***a la bouche qui marche beaucoup***, ce qui doit se prendre aussi dans le sens d'« avoir une méchante langue ».

avoir une mémoire de poule, loc. verbale.

Mali ; caractère. Ne pas avoir de mémoire, être tête en l'air.

A l'expression ***avoir une mémoire de poule*** correspond pour nous *avoir une tête de linotte,* qui est assurément moins claire ; même si la linotte, petit oiseau au plumage gris et au chant mélodieux, reste plus charmante que la poule.

babi, n. f.

Côte d'Ivoire... ; transport. Citroën de petite cylindrée.

Prononcé « bébi » car non sans rapport sans doute avec l'anglais *baby*, ***babi*** désigne surtout, en langue familière, la 2 CV : « Avec sa babi il arrête pas d'***faire le ronron***. »

babillard, n. m.

Canada ; information. Tableau d'affichage.

L'incessant babil que suggère ***babillard*** n'est fait ni de murmures, ni de chants d'oiseau ; mais d'incessantes paperolles clouées sur un tableau d'affichage, annonçant la date des prochains concerts, le programme des séjours à la montagne ou la mise en vente d'une cuisinière ou d'un ***char***. Exposé à tous les vents d'une inspiration pirate, le ***babillard*** diffère des ***valves***, son homologue de Belgique, soigneusement fermées quant à elles par deux vantaux de verre.

babillard électronique, n. m.

Québec ; information. Messagerie électronique.

Auprès de leur classique ***babillard*** — simple tableau de petites annonces — les Québécois ont peu à peu découvert, venues de France, les messageries électroniques grand public auxquelles le surnom de ***babillard électronique*** va à merveille : c'est vrai que ça babille dans le poste, et il faut gager que les dialogues amoureux que les Français font par ce canal ne tarderont pas à faire là-bas quelques émules.

babine de velours, n. f.

Québec ; personnages. Flatteur, enjôleur, hypocrite.

Particulièrement attesté en Beauce, région située au sud de la province du Québec, et plus précisément dans un petit village au nom zézayant : Saint-Zacharie.

babiner, v.

Québec ; conversation. Bavarder.

Babiner, comment le dire autrement, c'est « faire marcher ses babines » : gesticulation oratoire qui rejoint le panthéon québécois des mots du bavardage, comme ***placoter, avoir de la jasette***, et bien sûr ***mémérer***.

bacchanal, n. m.

Suisse... ; son. Grand bruit, vacarme.

D'être soudain du masculin, ***bacchanal***, que nous connaissons aussi, semble faire tout à coup plus de bruit : « Quel bacchanal ils font quand ils ***pintochent*** ! »

bâchée, n. f.

Burkina Faso... ; transport. Véhicule de transport à moteur dont la partie arrière est recouverte d'une bâche amovible.

Moyen de locomotion très répandu en Afrique, la ***bâchée*** est souvent une Peugeot, 403 ou 404, caractérisée moins par sa bâche, qu'elle n'a pas toujours, que par sa plateforme arrière. Elle se nomme aussi, lorsqu'elle fait fonction de taxi, ***taxi-bâché*** et, en bambara souvent, ***dourouni*** ou ***douroudourouni***.

bacoulou, n. m.

Haïti ; personnages. Homme rusé, volontiers Don Juan.

Du ***bacoulou*** trop assidu et entreprenant, l'Haïtienne ne dira pas qu'il est importun, mais qu'il est ***fréquent*** ou ***rase***. Se révélerait-il par-dessus le marché fanfaron, c'est en plus un ***farandoleur***, charmant petit nom issu de notre provençal. Et la moindre effronterie qui la ***dérespecterait***, lui arrachera ce cri : « C'est une ***insolenceté*** ! »

badaud, n. m.

Niger... ; personnages. Personne sans profession fixe, qui traîne de rue en bar.

Notre *badaud* est plutôt un promeneur oisif, alors qu'au Niger le ***badaud*** s'adonne moins au badaudage qu'au vagabondage : « Ne va pas par là c'est rempli de badauds ! »

bailler, v.

Guadeloupe... ; action. Donner.

Bailler est demeuré dans notre langue depuis le Moyen Age jusqu'au milieu du XXe siècle, où des écrivains en usent encore pour faire parler certains de leurs personnages, petites gens chez qui ce verbe est une survivance. Nous connaissons mieux *bail* et *bailleur de fonds,* qui sont de sa famille.
Aux Antilles en revanche, ***bailler*** s'utilise encore très couramment en créole, langue qui a intégré et permis la conservation de maintes formes de notre ancien parler ; on dit ainsi, pour « donne-moi un baiser » : *« **Ba** moin en ti **bo doudou** ! »*

bain démarré, n. m.

Guadeloupe... ; merveilleux. Bain destiné à chasser le mauvais sort.

La magie antillaise chasse le mauvais sort par toute sorte de moyens, dont les ***protègements*** — prescriptions et recettes — et les bains : ***bains démarrés***, ou ***démarrés***, à la composition mystérieuse d'herbes et de feuillages qui ***démarrent*** une malchance persistante c'est-à-dire la font cesser, ***marrer*** signifiant en effet aux Antilles « lier », sens anciennement attesté dans certains parlers de la métropole. Sur ces bains, appelés également ***bains de chance***, veine et déveine sont censées rebondir en retournant au jeteur de sort l'imprécation qu'il a lancée.

baiser, n. m.

Suisse ; cuisine. Partie d'une miche de pain par laquelle celle-ci s'est attachée à une autre en cuisant.

Ce ***baiser*** furtif échangé dans le four du boulanger s'appelle plutôt en France une *baisure*.

baisser les pieds, loc. verbale.

Sénégal ; comportement. Baisser les bras.

Baisser les bras signifie de manière usuelle pour nous « abandonner, se décourager, renoncer » : ***baisser les pieds*** n'est pas moins éloquent, mais il fallait y penser : « Baisse pas les pieds on va t'aider ! »

balle, n. f.

Sénégal ; commerce. Paquet de taille quelconque.

Balle, qui est dans *ballot, ballotin, emballer, ballotter,* désigne encore en France un gros paquet de marchandises enveloppé généralement de toile assujettie par des fils ou des cordes. Mais ***balle*** disparaît progressivement au profit d'autres emballages tels que le conteneur, et on n'aperçoit plus que rarement sur le quai des ports des balles de coton, de peau ou de feuilles de tabac. Faisant abstraction de sa taille, le français du Sénégal lui délivre toutefois une extension de sens qui la sauve relativement de l'oubli.

balle perdue, n. f.

Togo ; amours. Enfant fait hors mariage par un jeune homme qui ne souhaite ni n'a la possibilité de fonder un foyer.

C'est un humour guerrier teinté de mauvaise surprise qui paraît dans l'argot des étudiants togolais pour désigner l'enfant né par un malencontreux hasard : ***balle perdue, zorro*** ou ***rebelle***. Ce qu'on nommerait en argot sénégalais un ***hors-jeu*** ou un ***cow-boy.***

banabana, n. m.

Sénégal... ; commerce. Marchand ambulant.

Le ***banabana*** est un marchand sans patente qui vend toutes sortes d'objets au détail, dans la rue, à domicile, sur les marchés : cigarettes à l'unité, illustrés, vêtements, bracelets, amulettes et même médicaments, ce qui est strictement interdit. Mais sa caisse est petite et il peut, à la première apparition d'un képi, plier bagage pour réapparaître l'instant d'après. Quant à son génie pour la discussion, il est immense, au point que ***banabana*** est devenu synonyme de marchandage. Enfin ***banabana*** a un dernier sens, qui désigne l'activité même du ***banabana***, qui se dit cependant plus souvent ***banabanisme***.

banane douce, n. f.

Centrafrique... ; alimentation. Banane sucrée.

La ***banane sucrée***, dite aussi au Zaïre ***petite banane***, s'oppose à la ***banane plantain*** de grande taille, peu sucrée et consommable cuite, de préférence : « Va m'acheter de la banane douce et du ***zognon***. »

bandicon, n. m.

Mali... ; personnages. Imbécile.

Bandicon est la déformation de « bande de cons », mais à l'adresse d'un seul homme. Moins vulgaire, on l'aura deviné, que de traiter quelqu'un de ***fais-chier***.

banquier, n. m.

Terre-Neuve ; navigation. Pêcheur dont la campagne de pêche se déroule essentiellement sur des bancs de poissons.

Le ***banquier***, terme des Iles de la Madeleine, (on dit ***banquais*** à Saint-Pierre-et-Miquelon) est le pêcheur qui vient jeter ses filets sur les *bancs*, collectivité de poissons qui se déplacent, mais aussi hauts-fonds sur lesquels s'installent ces poissons, notamment les morues, qui louvoient par bancs immenses et viennent se prendre dans la panse ajourée des chaluts jetés par les navires ***banqués***, c'est-à-dire installés au-dessus des *bancs*.

DOUGOU DOUGOU DOUG
...IL NE NOUS A PAS VUS!

barachois, n. m.

Saint-Pierre-et-Miquelon... ; navigation. Havre.

De Terre-Neuve aux côtes de Gaspésie, le ***barachois***, anse peu profonde parfois séparée de la mer par un banc de sable, est sans doute un mot d'origine basque. De conserve avec Bretons et Normands, les Basques ont en effet croisé dans ces eaux dès le XVIe siècle au point d'y laisser des traces de leur présence, sur les stèles funéraires mais aussi dans certaines expressions comme ***tomber des bérets basques***, qui signifie là-bas « neiger à gros flocons ».

barguigner, v.

Canada ; commerce. Marchander.

Barguigner est allé se coincer en France dans la locution un peu vieillotte de *sans barguigner* (« sans hésiter »), et rien n'est venu sortir le mot de cette enclave. A l'origine pourtant ses sens n'étaient pas minces : notamment « faire commerce » et « débattre d'un article pour l'avoir au meilleur compte », qui sont du XVIe siècle, d'où progressivement « biaiser, hésiter ». Au Canada cependant, l'influence de l'anglais *to bargain* (« négocier, marchander ») issu de l'ancien français *bargaigner,* a contribué par un juste retour des choses à la conservation de notre vieille langue : de sorte que ***barguignage*** (« marchandage ») et ***barguigneur*** (« marchandeur ») continuent, auprès de ***barguigner***, à s'y faire entendre.

barquettes, n. f. plur.

Belgique ; physique. Grands pieds ou grands souliers.

Barquettes s'emploie encore quelquefois à Bruxelles : petites barques que nous appellerions plutôt, dans ce sens imagé, des *péniches*.

barreau, n. m.

Réunion ; objets. Portail.

Par métonymie, un barreau du portail est pris pour le portail tout entier : « Ferme le barreau derrière moi, j'm'en vais ***ouvrir*** le linge. »

barrer, v.

Québec ; action. Fermer un loquet, au verrou, au cadenas ou à clé.

Barrer devrait s'utiliser, au sens strict, pour désigner l'action de fermer au moyen d'une barre une porte, une fenêtre ou un volet. Pourtant, même dans ces cas précis, nous utilisons *fermer,* non *barrer*. A l'inverse, le Québec a pour sa part gardé l'usage de ***barrer***, même pour les cas où il s'agit de fermer avec une clé : « As-tu barré l'auto ? »

barrière, n. f.

Québec ; transport. Grille installée à l'entrée des quais d'une gare et commandant l'accès aux quais.

Après s'être assuré au guichet de la gare de Montréal qu'il y a de l'***espace*** dans le train, c'est-à-dire de la place, il suffit d'attendre que le train soit annoncé : « Les voyageurs en direction de Vancouver sont priés de se rendre à la barrière numéro quatre. » Non qu'il faille un passeport pour rejoindre le Canada anglais, mais les usagers du train ne pénètrent sur le quai que quelques minutes avant le départ et doivent attendre devant la ***barrière***, qui reste fermée jusqu'à ce moment. L'aventure commence alors au long d'un voyage qui déroule — ou plutôt enroule, car on remonte le temps — ses fuseaux horaires jusqu'au Pacifique.

bas-culotte, n. m. plur.

Canada ; habillement. Collant.

Celui qui eut l'idée de terminer le haut des bas par une culotte en intégrant celle-ci à ceux-là, avait plus certainement inventé les ***bas-culotte*** que les *collants :* « La tempête est pas prêt d'finir, j'mets mes bas-culotte pour sortir. »

bastos, adj. ou n.

Cameroun ; personnages. [Se dit d'une] Personne d'âge mûr, à l'allure toujours jeune par son élégance.

Si quelqu'un est ***bastos*** ce n'est pas qu'il fume forcément des Bastos, mais on peut, par plaisanterie, qualifier ainsi la personne qui affiche une maturité allègre, « Toujours jeune » ayant été l'une des devises de la firme de cigarettes Bastos. A défaut, on parlera aussi, au Cameroun, d'un ***vieux capable***.

battre le beurre, loc. verbale.

Belgique ; conversation. Être à côté de la question.

A qui parle hors de propos, on dira facilement en Belgique : « Vous battez l'beurre. »

bayou, n. m.

Louisiane ; relief. Étendue d'eau profonde, stagnante ou à faible courant, formée par un bras secondaire du Mississippi ou par un lac établi dans un méandre abandonné.

Chateaubriand appelait le Mississippi comme les Indiens : le *Meschacébé* ; des Indiens, les explorateurs français recevront au XVIIe siècle le mot ***bayou***, pour nommer cette sorte de Camargue subtropicale au climat lourd et changeant, cotonneux et lumineux, faite de lagunes, étangs et forêts humides poussant en pleine eau. ***Bayous*** aux noms français baptisés par les découvreurs et colons, les *Cavelier de la Salle, d'Hauterive, de Clouet, de Vezin, Marquette, Joliet, Gonsoulin, Olivier, Pellerin,* etc., petite noblesse et peuple mêlés. D'eux et des **Acadiens** ont surgi ces noms de lieux qui fondent la Louisiane américaine dans la campagne française : *Jeanerette, Morbihan, Mamou, Chataigné, Grand-Coteau,* puis *Bayou Bœuf, Bayou Creux, Bayou Lafourche, Bayou Vermillon, Bayou Plaquemine, Bayou du Large, Bayou Chef-menteur...* Le Texas, presque antinomique, est pourtant tout proche de cette Louisiane, pays du roi Louis, aujourd'hui *Bayou State* et dix-huitième État de l'Union.

bazardier, n. m.

Maurice ; commerce. Commerçant d'un marché.

En créole mauricien ou, tout proche, réunionnais, le marché se dit ***bazar***. D'où le nom de ***bazardier*** donné au marchand qui a ses tréteaux au bazar.

beaux, n. m. plur.

Burkina Faso ; famille. Ensemble des membres de la famille du conjoint.

Ce terme de parenté est familier, comme le cas est fréquent s'agissant d'une abréviation : ici de *beaux parents,* qui désignent au Burkina Faso l'ensemble de la famille du conjoint, alors que nous userions plutôt du féminin en nommant ce beau monde *belle famille* : « Je pars demain chez mes beaux. »
Le ***beau***, en revanche, s'y emploie au singulier pour le beau-frère ou le beau-père uniquement.

becqueter, v.

Burkina Faso ; humeur. Adresser la parole à quelqu'un de façon agressive.

A l'image des combats de coqs, avoir une prise de bec avec quelqu'un, c'est le ***becqueter*** : « J' l'ai becqueté assez fort, il ne prend plus ses airs de ***grand quelqu'un*** avec moi ! »

béguer, v.

Burkina Faso... ; conversation. Être bègue.

Le bègue *bégaie*, mais être bègue est ***béguer***.

beignerie, n. f.

Québec ; commerce. Établissement de restauration où l'on vend, et généralement fabrique, des beignes et des beignets.

Massée sur un éperon rocheux qui surplombe le Saint-Laurent, la ville de Québec laisse voir en contrebas son prolongement suburbain — la ***basse ville*** — et, au loin, le massif des Laurentides. Dans le prolongement des monuments du vieux Québec, les effluves d'huile des ***casse-croûtes*** (le terme québécois pour *snack*) parcourent les rues, et en quête de dessert on ne peut que se laisser guider par le plus doux de ces souffles jusqu'à une ***beignerie*** : pâtisserie à la québécoise, la ***beignerie*** offre les ***breuvages*** sans alcool, les beignets faits comme en Europe, et bien sûr la ***beigne***, équivalent francisé du *donut* américain. S'il gèle à pierre fendre comme il sait faire là-bas, ce lourd réconfort vaut mieux qu'une promenade en plein vent.

Béké, n. m.

Guadeloupe... ; peuple. Blanc né aux îles.

De multiples races et métissages se côtoient aux Antilles : ***Mulâtres*** et ***Mulâtresses*** chez qui se sont mêlées race blanche et race noire, ***Chabins*** et ***Chabines*** à la peau claire, ***Capres*** et ***Capresses*** à la peau foncée et aux traits fins, etc. Aux deux extrémités de ces métissages se situent les Noirs, et les Blancs nés dans les Iles d'une famille y vivant depuis des générations, les ***Béké***. Le Blanc de métropole sera quant à lui appelé, en créole antillais ou en celui de l'océan Indien, ***Métropolitain*** ou ***Zoreil***.

bénéficier, v.

Niger... ; commerce. Faire des bénéfices.

Bénéficier de quelque chose s'applique assez rarement au domaine de l'argent, alors que *bénéfice* souvent. Ce ***bénéficier*** africain remet un peu de logique dans tout cela : « J'ai bénéficié en vendant mon ***vélo poum-poum***. »

Béninoise, n. f.

Bénin ; nom d'habitants. Femme originaire du Bénin.

Une Béninoise est bien sûr une femme qui habite le Bénin ou qui en est originaire. Mais c'est aussi une marque de bière, ce qui amène certains hommes à chanter les mérites de la Béninoise en pagne (la femme de chair et d'os) et ceux de ***La Béninoise*** en bouteille, pour affirmer que l'on n'est vraiment heureux... que si l'on a les deux.

berçante, n. f.

Québec... ; mobilier. Chaise ou fauteuil à bascule.

Que l'on se laisse mener au soleil par la berceuse, chanson d'enfance ; ou que l'on cède à la rêverie, dans la ***berce, berceuse*** ou ***berçante*** de Québec ou Louisiane, le rythme s'insinue de tout autre façon que sous la forme d'un rock dur. Impression doucement prolongée par cette pensée de Richard Millet dans *Le Sentiment de la langue :* « Au mot *rocking-chair*, je préfère celui-ci (du créole haïtien), rencontré dans un roman de Jean Métellus, et qui nous restera, non exotique, beau, précis, sinon français, à la mémoire : une *dodine.* »

berceuse, n. f.

Burkina Faso ; travail. Bonne d'enfant.

Tandis que les Burkinais appellent élégamment ***berceuse*** la bonne d'enfant, ou bien encore ***fille***, les Européens qui séjournent là-bas la nomment moins noblement ***nounou*** ou ***boyesse***.

besoin, n. m.

Tchad ; nature. Lieu d'aisance.

« Où allez-vous ? — Au besoin. »

bête à patate, n. f.

Québec ; faune. Doryphore.

Doryphore, nom savant qui désigne l'insecte parasite de la pomme de terre, est plus savant que ***bête à patate***, mais moins clair. A prononcer le plus souvent, sinon à écrire, ***bébite*** ou ***bibite à patate***.

bête-longue, n. f.

Martinique... ; faune. Serpent.

Bête longue est des plus descriptifs. Ce que laisse entendre le poète martiniquais Édouard Glissant :

> *Bête longue :* Reconnu, à cette croisée des eaux, le sillage innommable du serpent.
>
> *Pays rêvé, pays réel.*

bétiser, v.

Haïti ; conversation. Raconter des bêtises.

« Pas ***bétiso*** ave moin ! » est la formule du créole haïtien pour faire comprendre à son interlocuteur, parfois vivement, qu'il doit cesser de raconter des sornettes.

beuiller, v.

Canton du Jura ; action. Guigner avec indiscrétion, reluquer.

« Qu'est-ce qu'il a à m'beuiller comme ça ? »

biche-cochon, n. f.

Centrafrique ; faune. Petite antilope de la famille des céphalophinés.

Cette ***biche-cochon*** n'est ni une biche ni un cochon. Mais une antilope à forme de cochon rondelet.

biguine, n. f.

Guadeloupe ; fête. Danse traditionnelle des Antilles.

« A cinq mille milles derrière la mer », comme dit la chanson, voici l'envoûtante ***biguine*** : dansée sur des airs créoles, au son d'orchestres traditionnels antillais (clarinette, trombone, banjo, tambours et maracas), c'est une sorte de valse qui se danse de façon plus ou moins rapprochée, notamment ***collé serré*** ou ***collé collé***. En marge de la douce biguine, on peut aussi s'essayer, aux Antilles, à la ***bamboula***, au ***bombé serré*** (qui est une danse du ventre), au ***blouse*** — mélange de biguine et de ***bombé serré*** —, ou au ***bélè*** (bel air), plus lent et romantique. Chemin faisant on découvrira aussi la ***polka***, ou la ***haute taille***, sorte de quadrille, et bien sûr la ***mazurka***, ou ***mazouk***, qui sont les interprétations tropicales des anciennes danses de l'Europe. Sur ***mazouk*** s'est en outre récemment créé le mot ***zouk*** qui est un style musical fait de différents apports, jazz, reggae et rythmes antillais : « Le groupe Kassav joue ce soir. — Chouette, on va ***zouker*** (danser sur du zouk) ! »

bilaneur, n. m.

Burkina Faso ; personnages. Personne qui raconte des histoires.

Le ***bilaneur*** devrait normalement être celui qui dresse des bilans. Mais ***bilan*** désigne au Burkina Faso une rumeur ou un faux bruit ; ainsi dira-t-on : « Le bilan court qu'il se ***bigre*** » (se soûle). Le ***bilaneur*** est donc plutôt un lanceur de rumeurs, volontiers menteur et mauvaise langue, ce que son synonyme de ***bourreur*** (littéralement celui qui bourre le crâne des autres) ne vient pas démentir. Fonction si bien reconnue qu'on peut également dire de quelqu'un qu'il ***bilane*** ; un degré de plus dans la médisance donnera le ***faux bilaneur***, qui désigne carrément celui-là, le calomniateur.

bisser, v.

Burkina Faso ; action. Faire une action pour la deuxième fois.

S'extrayant du domaine artistique où nous le connaissons au sens de rappeler un artiste après le baisser du rideau, ***bisser*** s'applique au Burkina Faso à toutes sortes d'actions : ***bisser*** une course, une danse (la recommencer), ou ***bisser*** un journal, à savoir : le relire.

bistouri, n. m.

Guyane ; relief. Bras d'un cours d'eau que l'on détourne à proximité d'un rapide de façon à éviter la passe principale.

Le ***bistouri*** permet aux bateaux, notamment aux agiles pirogues — appelées en Guyane ***canots*** — de franchir sans encombres des rapides dangereux, et particulièrement la passe principale, la ***maman-saut*** : « On va voir les obstacles sur la maman-saut et on r'vient. »

blâmage, n. m.

Luxembourg ; convenances. Gaffe, impair.

Au Luxembourg, les journaux sont couramment en trois langues : la même page d'un quotidien peut ainsi compter un article en allemand, un autre en français — langue qui s'écrit là-bas plus qu'elle ne se parle — un autre encore en luxembourgeois, la langue nationale. Dans un tel concert, il n'est pas extraordinaire de relever quelques échanges : c'est par exemple l'allemand *sich blamieren* (se compromettre) qui joue sous le verbe pronominal ***se blâmer*** dont le sens est « commettre un impair ». ***Blâmage*** s'adjoint en outre naturellement à lui pour désigner à son tour la gaffe, l'impair, le pas de clerc.

blanchon, n. m.

Canada ; animaux. Petit du phoque.

Figurine privilégiée de l'art inuit, presque emblème national, le ***blanchon*** — ce *bébé phoque* — possède l'une des frimousses les plus attachantes de la création. Être frêle des grands froids, sans défense sinon sa touchante maladresse, il est, en période de ***mouvée***, l'âme principale de la banquise ; blanc sur fond de glaces, c'est à n'en pas douter la vivante couleur de son pelage qui l'a désigné à porter ce nom de ***blanchon*** dont la syllabe terminale, pleine de tendresse comme dans *bichon*, est un signe qui fait reconnaître dès l'abord un petit d'animal, comme chaton, caneton, girafon ou chamelon.

blaser, v.

Sénégal ; comportement. Se montrer délibérément indiférent à l'égard de quelqu'un.

Si, à propos des plaisirs usants, notre langue classique connaissait *blaser* dans le sens de « rendre à la longue le cœur insensible à ce qui devrait le toucher », nous n'avons plus de lui que *blasé*, qui qualifie la personne dégoûtée de tout. C'est sans doute de l'idée de « faire le blasé » que le français sénégalais s'est inspiré pour donner à ***blaser*** le sens de snober quelqu'un. On dira sans ménagement : « J'le blase, ça lui apprendra. »

blédard, n. m.

Maroc ; personnages. Habitant d'un bled.

Du sens de « ville », conféré par l'arabe *bilâd,* ***bled*** a passé à celui de « petite ville », de « bourg » puis enfin de « ferme ». On dit ainsi au Maroc : « Je vais au bled », sans nuance péjorative le plus souvent, alors que notre argot s'est approprié *bled* pour désigner un « endroit perdu et loin de tout ». En revanche ***blédard***, attribué aux paysans des ***bleds*** dont l'allure tranche dans les souks avec celle des citadins, n'est pas dénué d'arrière-pensées, voire de moqueries. Au point que soupçonné de naïveté, on s'entendra répondre : « Mais t'es blédard, toi ! ».

blé d'Inde, n. m.

Québec ; agriculture. Maïs.

La dérive linguistique des continents jouant, ***blé d'Inde***, qui était synonyme de maïs dans la France du XVIIIe siècle, ne perdure plus qu'au Québec.
Baptisé par les découvreurs du Nouveau Monde qui

pensaient avoir abordé en Inde, le ***blé d'Inde*** se nomma aussi jadis *blé d'Espagne* — les Espagnols l'ayant introduit en Europe — voire *blé de Turquie* dont on l'a aussi cru originaire, ou *turquet*. Autant de noms vulgaires du maïs employés encore récemment dans certaines régions du Canada (et de France, ***blé de Turquie*** étant notamment attesté dans l'Orléanais), avant d'être progressivement supplantés par *maïs*, le mot caraïbe.
Blé d'Inde subsiste cependant, et reste d'un emploi courant ; on peut l'entendre notamment lorsqu'on convie les gens à la fête de l'***épluchette*** qui a lieu à la fin de l'été et durant laquelle on déguste des épis de maïs grillés : « Ce soir fête de l'***épluchette de blé d'Inde***, v'nez tous en nombre. Et vous brûlez pas les doigts ! »

bleuet, n. m.

Canada ; flore. Variété d'airelle des bois.

Pour les Français qui ne connaissent que la *myrtille,* le ***bleuet*** du Canada a un air mystérieux ; le nom seul pourtant diffère, non la chose. A la belle saison, on en peut admirer le bleu intense dans la région du Saguenay et du lac Saint-Jean par exemple, parmi les sous-bois et les ***bleuetières***, lieux où on les cultive tout spécialement ; leur passage en usine de transformation, la ***bleuetterie***, en fait de délicats produits, essentiellement ***confiture*** et ***vin de bleuet***. « T's'veux-ti du bleuet sur ta ***beigne*** (sorte de beignet) ? »

blonde, n. f.

Québec ; amours. Petite amie.

A l'article ***blonde***, le *Trésor de la langue française* indique, avec une parenthèse qui évite toute méprise : « Maîtresse (même à propos d'une brune) ».
De fait, ***blonde*** peut s'appliquer dans ce sens à une brune, à une rousse, et ainsi de suite... On trouve

même attesté dans l'Ouest de la France le verbe *blonder* qui signifie, cela va de soi, sortir avec sa ***blonde***. Cette acception de ***blonde*** vient du Moyen Age, et une chanson du XIXe siècle la célèbre avec tendresse : « Auprès de ma blonde, il fait bon dormir... »
Le Québec a conservé le mot et lui a donné un pendant masculin : le ***chum*** (« petit ami », à prononcer comme un éternuement : « tchom »).Ces questions d'hommes et de femmes prêtent toujours à développements, dont celui-ci recueilli dans *Les Plouffe*, célèbre roman québécois de l'après-guerre :

> Les femmes ! Les femmes ! Je connais quelque chose de bien mieux qu'une blonde. Ça dure plus longtemps et on le conduit : un bon bicycle de course. Une blonde, ça dure deux ans au plus. Ensuite le mariage. Le plus drôle, c'est qu'on peut jamais croire que notre femme, ça a pu être notre blonde.
>
> R. Lemelin, cité dans le *Trésor de la langue française au Québec*.

bloque, n. f. ou n. m.

Belgique ; école. Période qui précède les examens et pendant laquelle le travail de révision est intense.

Le système d'enseignement belge est rempli d'arcanes : ***athénée*** s'y dit pour désigner le lycée de garçons, devenu parfois mixte aujourd'hui, ***année académique*** pour l'année universitaire, ***préfet*** pour proviseur, sorti tout droit, celui-ci, de notre Premier Empire, et ainsi de suite.
S'y promène en outre une foule estudiantine qui forme avec son langage comme des sociétés secrètes : on y côtoie le ***brosseur*** (le fugueur), la ***raccusette*** (le cafteur), ou encore le ***mofleur***, professeur inflexible aux examens ; et face au terrible ***mofleur*** une seule issue : ***bloquer*** assidûment avant l'épreuve, autrement dit travailler chez soi sans se laisser divertir ni déranger par quiconque.

bœuf à bosse, n. m.

Mali... ; faune. Zébu.

Le zébu, n'est-ce pas le bœuf qui a une bosse ?

boire une cigarette, loc. verbale.

Bénin... ; tabac. Fumer une cigarette.

Boire une cigarette est un calque d'une des langues du Bénin, le fon : par cette expression, l'arrondi des joues, geste qui caractérise si bien le rêve du fumeur, n'en ressort que mieux.

bois de cul, n. m.

Réunion ; mobilier. Tabouret de cuisine.

Les mots disent plus ou moins bien ce qu'ils veulent dire : si *tabouret* n'évoque à peu près rien, ***bois de cul*** est en revanche bien une chose en bois où l'on assoit la partie la plus auguste de sa personne.

boîte à chanson, n. f.

Québec ; fête. Cabaret.

Cabaret chantant et parfois salle pour chansonniers, la ***boîte à chanson*** a au moins deux avantages : la bière y est peu chère, et l'on peut y entendre encore parfois du ***joual***, patois québécois dans lequel ont fusionné le français et l'anglais, les rendant tous deux méconnaissables. Mais aussi, chose rare, du folk ou du blues chanté en français, ce qui est d'un dépaysement certain.

bolé,-ée, adj.

Québec ; caractère. Qualifie une personne intelligente.

De celui qui est doué, qui « en a dans le bol », c'est-à-dire dans la tête, on dira au Québec, qu'il est ***bolé***.

bombe, n. f.

Guadeloupe ; transport. Petit car rapide.

De l'argot *bomber* (« aller à toute vitesse ») aussi présent aux Antilles qu'en France, se détache ***bombe***, qui tient autant du bolide que du miracle. Car parmi sinuosités, virages, déclivités à couper le souffle, la ***bombe*** trace sa route au gré de l'imagination d'un pilote tout occupé à déjouer les troncs, crevasses et nids de poule. D'autres encombrantes chicanes — chèvres, ânes, chiens ou zébus — ne sont cependant rien en face de la toujours possible mauvaise rencontre, au détour d'un virage, avec un autre de ces engins, lancé, lui aussi, *à toute bombe.*

bomber quelqu'un, v.

Burkina Faso ; action. Casser la figure à quelqu'un.

On se bat ferme au Burkina Faso : car on peut indifféremment ***bomber, botter, cirer, mater, taper*** ou ***yoper*** son adversaire : le ***limer*** aussi, qui précise qu'on le frappe plus sèchement.

bonbon-fesses, n. m.

Martinique ; santé. Suppositoire.

« Prends un bonbon-fesses avant de te coucher. »

bonhomme, n.m.

Maurice ; famille. Mari.

Dire ***bonhomme*** pour mari n'a rien de péjoratif à l'Ile Maurice ; c'en est même l'appellation courante, comme ***bonne femme*** l'est pour désigner l'épouse. Par contrecoup, parler de sa *femme*, plutôt que de sa ***bonne femme***, fait vraiment trop sérieux. « J'vous présente mon bonhomme. »

bonjour, interj.

Québec ; conversation. Au revoir.

Bonjour veut dire *bonjour* au Québec, mais aussi, comme encore parfois en France, *au revoir* ; et se passe le plus souvent de poignée de mains.
Cela semble simple, mais tellement à contre-pied, voire à contre-main, de nos habitudes, qu'il est dur de s'y

faire ; au point qu'on encourt facilement le ridicule de dire au revoir lorsque quelqu'un vous dit ***bonjour***, ou de rester main tendue.
Cela n'est guère moins compliqué avec le ***déjeuner, dîner*** ou ***souper*** québécois qui sont respectivement notre *petit-déjeuner, déjeuner et dîner*. Si bien que le moindre de nos réflexes devient vite là-bas de réfléchir avant de parler.

bonjour-bonsoir, n. f.

Bénin... ; flore. Nom d'une variété de pervenche qui se fane très rapidement.

Bonjour-bonsoir parce que sitôt venue sitôt repartie, la ***pervenche de Madagascar*** porte aussi un nom savant : *Catharanthus roseus.*

bonne arrivée, n. f.

Bénin ; conversation. Formule de bienvenue.

Les formules de politesse paraissent tellement immuables qu'après avoir dit *merci*, on s'attend à la réponse habituelle : *je vous en prie*, ou *de rien*. Mais le Belge répondra ***s'il vous plaît***, et le Québécois ***bienvenue*** (par analogie avec l'anglais *you're welcome*). Pour souhaiter la bienvenue, le Béninois dira ***bonne arrivée*** et, dans l'allégresse d'être assis en compagnie d'amis venus le voir : ***bonne assise***. Se quitte-t-on quelque temps, on se dit *à bientôt* ; mais au Sénégal, Côte d'Ivoire ou Burkina Faso, on entendra ***à toute*** ou ***à plus***, formules abrégées de *à tout à l'heure* et de *à plus tard*. Tandis que le Québécois, encore lui, dira ***à tantôt*** ; ou pour *au revoir* : ***bonjour***. De quoi ne plus trop savoir quoi dire pour être poli.

bordel, n. m.

Mali ; personnages. Dragueur.

Le *bordel*, pour nous maison de prostitution, n'a généralement pas ce sens en Afrique, mais celui de séduc-

teur, dragueur et coureur de jupons. Cette acception a suscité une forme féminine, la ***bordelle***, qui désigne la femme volage — une ***fille bordel(le)*** — mais aussi, très couramment, la prostituée.
Dans ce sillage sans doute est né ***border*** qui, en pareille matière, signifie faire commerce de son corps ; l'idée que la prostituée déambule ordinairement sur le *bord* du trottoir n'est par ailleurs certainement pas étrangère à la chose.

bordier, n. m.

Suisse ; personnages. Personne dont la propriété est située en bordure d'une rue ou d'une route.

Bordier signifie d'abord en français central « qui est sur le bord » ; et en droit foncier plus précisément, « qui borde, sépare deux terrains limitrophes ».

Mais au bord des routes suisses c'est l'inscription ***bordiers autorisés*** qu'on trouve pour indiquer, précisément, qu'un lieu est accessible uniquement aux *riverains*, c'est-à-dire aux ***bordiers***.
Ce que nous signalons en apposant sous l'austère panneau de sens interdit la mention d'exception : *sauf riverains*.

borgnette, n. f.

Suisse ; maison. Lucarne, petite fenêtre.

Le borgne et l'aveugle hantent nos maisons : ce que soulignent des expressions comme *fenêtre borgne* — une fenêtre qui laisse passer du jour mais ne donne aucune vue — ou *pièce aveugle*, qui est une pièce sans fenêtre. La ***borgnette*** suisse semble aller dans le même sens, ainsi que ***caborgnon*** : en Suisse, petit réduit doté d'une lucarne, une ***borgnette*** précisément : « Ferme la borgnette, il va neiger d'dans. »

bottine de ski, n. f.

Québec ; habillement. Chaussure de ski.

A la place de nos *chaussures de ski*, les Québécois enfilent, c'est moins banal, des ***bottines de ski.***

boucane, n. f.

Canada ; éléments. Fumée.

Nous connaissons *boucaner*, construit sur ***boucan***, gril de bois qui servait à l'origine aux anciens habitants de l'Amérique du Nord pour fumer de la viande. Mais ***boucane***, très courant au Canada (« Ça fait d'la boucane ton feu »), reste inconnu pour nous. Ce mot est sans doute né là-bas, même si l'attestation de *boucane* en Saintonge, région de l'Ouest de la France qui a donné nombre d'émigrants au Canada, pourrait témoigner qu'il a migré de France vers le Nouveau Monde.

AU FEU !
TEUHEUH ! KOF ! KOF !

bouche à bouche, loc. adverbiale.

Tchad ; conversation. De vive voix.

Certaines explications ne peuvent certes se faire que ***bouche à bouche*** : nous employons dans ce cas l'expression *de vive voix*, le bouche à bouche étant plutôt pour nous une technique de réanimation.

bouffement, n. m.

Côte d'Ivoire ; alimentation. Nourriture.

Où *gagner sa croûte* se dit ***gagner son bouffement*** : « Je n'te veux plus ici, va gagner ton bouffement ! »

bouffer l'argent, loc. verbale.

Côte d'Ivoire ; argent. Dilapider de l'argent.

Bouffer l'argent a un sens large : « dilapider de l'argent », et un autre plus restreint, mais répandu : « dilapider, en le détournant, l'argent public » : « Avec l'argent qu'il a bouffé, il va pouvoir changer sa ***babi*** ! »

bouffon, n. m.

Québec ; personnages. Clown.

On dit *clown* au Québec, mais aussi, en pur québécois, ***bouffon***. « M'man, on va voir le bouffon ? »

boule, n. f.

Zaïre... ; alimentation. Morceau de pâte roulée en boule qui est à la base de l'alimentation traditionnelle.

La ***boule***, dite aussi ***pâte*** ou ***boule de pâte***, est si particulière à l'Afrique que l'expression ***manger la boule et la sauce***, c'est-à-dire en trempant sa boule de pâte dans de la sauce, signifie « manger à l'africaine ». Ce peut être une boule de maïs comme l'***abolo*** béninois, une boule de manioc comme le ***foufou*** ou le ***loukou*** zaïrois, ou une boule de farine de mil comme on en fait au Niger.

boule à mites, n. f.

Québec ; ménage. Boule de naphtaline destinée à tuer les mites.

Expressif et descriptif, le français québécois nomme ***boule à mites*** ce que nous appellerions *naphtaline, boules antimites,* ou couramment aujourd'hui *antimite.*
De même pour ***gomme à mâcher*** (le *chewing-gum*) ou pour ***machine à boule*** (le *flipper*), le québécois met sous les yeux ce que nous avons tendance à exprimer de façon plus abstraite, ou à importer d'une autre langue.

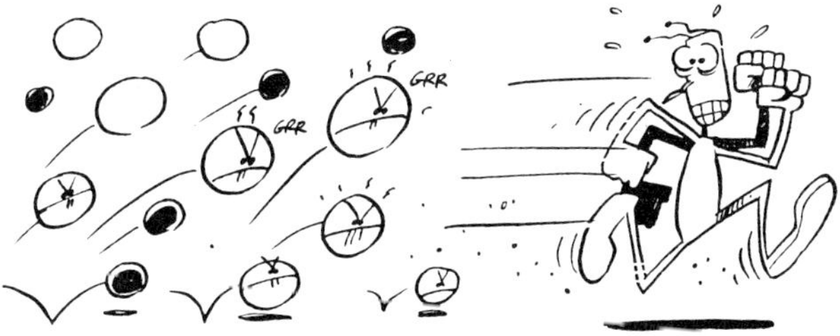

boule de neige, n. f.

Sénégal ; alimentation. Chou-fleur.

De quoi rappeler un peu la neige là où elle ne tombe guère.

boumer, v.

Zaïre... ; fête. Danser.

La réunion dansante appelée *boum* a fait école au Zaïre avec ***boumer***, qui signifie certes « participer à une boum », mais aussi, par voie de conséquence,

« danser ». Le personnage assidu de ces boums, qui se dirait ***vibreur*** au Sénégal et chez nous plutôt *noceur*, est bien plus spontanément au Zaïre un ***boumeur*** : « Y a qu'des boumeurs ici, quelle ***ambiance*** ! »

se bouquer , v.

Québec... ; humeur. Bouder.

Se bouquer c'est faire comme le bouc qui s'arc-boute sur son entêtement ; verbe encore usuel dans l'Ouest de la France, particulièrement en Charentes, jadis terre de partance de nombreux émigrants pour la Nouvelle France : « I s'est bouqué et y a rien eu à faire. »

bourgeois, n. m.

Suisse ; administration. Personne qui a droit de cité dans une commune.

André Siegfried l'annonce d'emblée : « On devine qu'il faut entendre ce terme dans un sens spécial n'ayant rien de commun avec le bourgeois de Flaubert » (*La Suisse démocratie témoin*). Et de fait, le ***bourgeois*** est dans la commune suisse un descendant de la communauté municipale initiale ; honneur qui donne des prérogatives, comme le bénéfice du revenu de certains biens possédés et administrés collectivement, bois, eaux, vignes, etc. mais qui ne va cependant pas sans conflits ni arbitrages : ainsi du Cervin déclaré par le Tribunal fédéral propriété de la commune de Zermatt, non de sa ***bourgeoisie***.

bourgmestre, n. m.

Belgique ; administration. Titre donné au premier magistrat des villes, dont les fonctions sont analogues à celles du maire en France.

Personnage qu'on n'imagine que bien en chair, entouré des ***échevins***, ses adjoints, et de son ***conseil***

communal, le **bourgmestre** reste très vivant dans les marches romandes au contact des langues germaniques, particulièrement en Belgique : c'est le maître des bourgeois, le *Burgmeister* allemand. Son synonyme intermittent est en revanche romand : c'est ***mayeur*** ou ***maïeur*** (fait sur le latin *major* « plus grand », d'où vient également notre *maire*) qui a l'avantage de dériver en ***mayorat*** pour désigner le mandat même de ***mayeur***. ***Bourgmestre*** n'en garde pas moins la prééminence, offrant en plus quelques lettres de noblesse, dont celles-ci chez Verhaeren :

> Et maintenant voici,
> A l'heure de midi,
> Le jovial bourgmestre
> Qui vient, s'arrête, et longuement salue
> La demoiselle à sa fenêtre.
>
> *Toute la Flandre.*

bourgmestre, n. m.

Rwanda ; faune. Beau phacochère mâle solitaire.

Voir un maire belge — le ***bourgmestre*** — ainsi associé à un beau phacochère ne peut surprendre que celui qui ne saurait que le Rwanda fit naguère partie de l'Empire belge.

boursac, n. m.

Réunion ; objet. Bourse, petit sac.

Une bourse qui est un petit sac, c'est un ***boursac***.

bout-à-bouter, v.

Québec ; action. Mettre bout à bout.

Mettre bout à bout c'est, de façon plus synthétique, ***bout-à-bouter*** : « C'est toi qui m'as bout-à-bouté mes p'lotes de laine ? »

boutiquette, n. f.

Saint-Pierre-et-Miquelon ; commerce. Petite boutique.

On ne peut dire ni plus ni moins : une petite boutique est une ***boutiquette***.

boutre, n. m.

Djibouti ; navigation. Petit voilier élevé à l'arrière et effilé à l'avant, utilisé pour le cabotage ou la pêche perlière.

Tant de langues se sont côtoyées en mer Rouge, particulièrement celles des empires qui s'y affrontèrent, qu'à bien des mots s'en sont superposés d'autres : c'est ainsi l'anglais *boat* (« navire ») emprunté par l'arabe, puis à celui-ci par le français, qui miroite subrepticement dans le mot ***boutre*** : « J'vais au ***port aux boutres*** et j'reviens. »

braillé, adj.

Sénégal ; habillement. Se dit d'une personne qui porte la chemise dans son pantalon.

A l'égard de la chemise et du pantalon, deux attitudes au moins existent, surtout en pays chaud : porter la chemise hors du pantalon, ou la ***fourrer*** dans celui-ci, c'est-à-dire aller ***braillé***. Ce très vieux mot de France, que l'on retrouve aujourd'hui uniquement dans *débraillé*, existait encore il y a peu dans certaines de nos régions, notamment dans le Nord. On peut certes se demander s'il a été importé tel quel en Afrique, ou s'il y a surgi de lui-même, par troncation précisément de *débraillé*. Quoi qu'il en soit, le second sens sénégalais de ***braillé***, à savoir « bien habillé », est, lui, purement africain : « Ce ***J.P.*** est drôlement braillé ! »

brassière, n. f.

Québec ; habillement. Soutien-gorge.

Si l'on trouve un peu austère le mot *soutien-gorge*, on peut aimer la ***brassière*** québécoise au travers de laquelle pointe l'ancien sens de « corsage à manches destiné à maintenir la poitrine ».

brette, n. f.

Belgique ; humeur. Querelle, dispute.

Le mot *bretteur* est bien connu du lecteur des *Trois Mousquetaires* : c'est un personnage qui aime à chercher querelle et ferraille aisément à coups de *brette*, longue épée dont le nom est sans doute issu d'expressions comme *lame* ou *espée brette*, autrement dit « bretonne ». Héritage que la Belgique a soigneusement gardé — conservatisme, trait de caractère ou fort tempérament, on ne sait — en l'appuyant de l'expression : ***avoir une brette avec quelqu'un :*** « J'ai eu une brette avec le ***légumier***, j'suis toute retournée. »

breuvage, n. m.

Canada ; boisson. Boisson.

« Et comme breuvage ? » est la question rituelle qui est posée dans les restaurants canadiens pour prendre commande de la boisson. ***Breuvage*** y désigne bien une boisson, alcoolisée ou non, mais n'a pas comme pour

nous le sens de « boisson médicamenteuse ou frelatée », ni ne comporte à plus forte raison de connotation vieillotte (« Qui te rend si hardi de troubler mon breuvage ? » fait dire La Fontaine au loup de sa fable, en teintant son langage de ce qui est à l'époque déjà un léger archaïsme).
Sans doute, si ***breuvage*** a si bien perduré au Canada, c'est que l'anglais *beverage* (boisson) était tout proche et lui servait d'appui. Ironie du sort et bel exemple de la courte échelle que ne cessent de se faire les deux langues, *beverage* est précisément la forme française du XIIe siècle, que l'anglais nous a jadis empruntée.

broche à linge, n. f.

Québec ; ménage. Pince à linge.

Notre *pince à linge* sert aussi au Québec à suspendre le linge, mais s'y nomme plutôt ***épingle*** ou ***broche à linge***.

broche piquante, n. f.

Québec ; objets. Fil de fer barbelé.

Le *fil de fer*, même non torsadé, se dit ***broche*** au Québec. D'où, pour caractériser le fil hérissé de barbes, notre *fil de fer barbelé* ou nos *barbelés*, l'association, à *broche*, de *piquante*. « Baisse-toi, ts'vois pas la broche piquante ? »

brosse, n. f.

Québec ; ivresse. Cuite.

Brosse se dresse au Québec dans maintes expressions comme ***aller sur une brosse, être sur la brosse***, ou ***prendre une brosse***, qui reviennent à ***partir sur la baloune***, c'est-à-dire à « s'enivrer ». Comme le définit de son côté un glossaire québécois sans pour cela éprouver le besoin de passer par notre français dit central, ***être en brosse*** c'est « ***être dans une soûlade*** ».

brosseur, n. m.

Belgique ; école. Étudiant qui s'absente souvent des cours.

C'est parce que *brosse* signifie à l'origine *broussaille* que *brosser* veut dire en termes de chasse « courir à cheval ou à pied au travers des bois les plus épais ». La langue des gentilshommes n'y répugnait pas car aussi bien le duc de Saint-Simon que Ronsard en usaient, souvent dans l'emploi figuré de « s'échapper, s'esquiver ». Ainsi, le premier :

> Je vis avec surprise sortir le duc d'Orléans, qui brossa la chambre et disparut ;

et le second :

> Le fer au poing je brossai par le bois.

De ce *brosser* a sans doute dérivé le ***brosseur*** belge qui a le charme de laisser pointer non loin de lui l'*école buissonnière*.

broussard, n. m. ; **broussarde,** n. f.

Sénégal... ; personnages. Habitant(e) de la province.

La distinction entre la ville et la campagne passe, en Afrique notamment, entre la ville et la ***brousse***. La première est, comme souvent, prise pour point de référence des élégances, et la seconde comme tout ce que n'est pas la première. D'où sous ***broussard*** le sens de « celui qui vient de la ***brousse*** », mais aussi celui de « demeuré » ; cette exclusion est fréquente, à considérer notre français *campagnard* ou, au Maghreb, le mot ***blédard*** qui désigne, avec mépris souvent, l'homme qui vient du bled : « Tous les broussards sont en ville à r'garder le Paris-Dakar arriver ! »

bûchette, n. f.

Côte d'Ivoire... ; ménage. Allumette.

Bûchette, quoique menu morceau de bois, reste tout de même un peu gros pour désigner l'allumette ordinaire. Ainsi peut-elle s'appeler au Sénégal ***brin*** ou ***brin d'allumette*** (et même dans un autre ordre d'idée, ***phosphore***). A moins qu'on ne la précise au Tchad en ***bûchette d'allumette*** ; ou différemment, au Rwanda, en ***flèche***, mot que l'on retrouve dans l'expression calquée du kinyarwanda ***tirer une flèche*** dont le sens est « frotter une allumette » : « Tire-moi une flèche que j'allume mon gaz. »

bureau de deuil, n. m.

Maurice ; mort. Entreprise de pompes funèbres.

Le ***bureau de deuil*** est plus ténébreux et sobre que notre claironnante *entreprise de pompes funèbres* qui semble, à l'entendre, faire déjà surgir les cuivres des fanfares mortuaires.

buser, v.

Rwanda... ; école. Infliger à quelqu'un un échec à un examen.

Le parler des étudiants belges a fait souche au Rwanda et au Zaïre, anciennes colonies belges, comme le montrent ***buser*** et sa famille : ***busé***, élève qui a échoué à un examen, ***buseur***, professeur qui recale facilement aux épreuves, et ***buse***, échec subi ou infligé.
On doit en outre ajouter au verbe ***buser*** une extension de sens, ironique et typiquement africaine, celle d'éblouir par la pertinence de ses réponses un professeur sévère : « Comment s'est passé ton examen ? Super, j'ai busé l'prof. »

cabanon, n. m.

Maroc... ; maison. Maison de plaisance construite sur la plage.

Ce ***cabanon***, à l'origine petite cabane, et en Provence encore pied-à-terre à la campagne ou à la mer, n'est pas au Maroc forcément fragile, précaire ou léger comme un vêtement d'été : le plus souvent véritable maison faite en dur, c'est uniquement son emplacement sur la plage qui l'a maintenu dans cette désignation de ***cabanon***.
On dira donc sans difficulté, au lieu de partir en villégiature, ***aller au cabanon*** : « Où tu vas en vacances ? — Au cabanon comme d'habitude. »

cabaret, n. m.

Guadeloupe... ; ménage. Plateau.

On dit encore *cabaret* en métropole, mais surtout chez les antiquaires pour qui celui-ci désigne un plateau, en général ornementé, sur lequel on expose des objets en verre — service à liqueur, tasses ou flacons.
La légère surprise que représente pour nous ce sens de *cabaret*, mot qui évoque bien davantage un lieu où l'on s'attable en regardant un spectacle, disparaît aux Antilles où ***cabaret*** s'entend pour désigner le simple plateau.

cabiner, v.

Sénégal... ; nature. Faire ses besoins.

A l'écart des tabous un peu cérémonieux des dictionnaires, le Sénégal et avec lui Bénin, Niger, Togo et Côte d'Ivoire usent en toute insouciance de ce verbe incongru. Qu'il ait partie liée avec *cabinet*, nul doute, : celui-ci désigne bien en France, depuis cinq siècles, le lieu où l'on se retranche pour faire ses besoins, quoique la vogue anglophile du début du siècle lui ait substitué *WC*, et la modernité *toilettes*. Nullement en Afrique où ce lieu, moins institué en petite chapelle, reste éminemment variable, ainsi que le montrent des expressions comme : ***aller au marigot, aller en brousse***, ou ***descendre au fleuve***, qui ne sont pas sans rappeler notre *aller au fond du jardin*.

cabiner le ballon, loc. verbale.

Sénégal ; sport. Laisser le ballon passer entre les jambes.

On dit du gardien de but qu'il ***cabine le ballon***, quand, au football particulièrement, le ballon lui file entre les jambes : sens qui n'est sans doute pas sans rapport avec le verbe ***cabiner*** (voir ci-dessus).

cabrouet, n. m.

Guadeloupe ; transport. Petite charrette à deux roues employée notamment pour transporter les cannes à sucre.

Si on entend dire ***bailler*** pour *donner ;* ***caloge*** pour *clapier;* ***couloir*** pour *passoire,* ***cabrouet*** pour *charrette*, on peut se demander si c'est bien aux Antilles que l'on est, et non en Normandie d'où ces mots sont venus. Les cannes à sucre chargées sur le ***cabrouet*** (terme qui garde dans ses syllabes la savoureuse tonalité de *brouette* dont il est issu), l'âne assoupi qui le tire et, tout de même, le soleil tropical, arrivent tout juste à convaincre qu'on est nulle part ailleurs qu'aux Antilles.

cacassements, n. m. plur.

Québec ; conversation. Cancans.

« On en a par d'sus la têite d'ces sots cancans, cancanages et cacassements. »

cachemaille, n. f.

Suisse ; argent. Tirelire.

Apparue dans les Lois de Guillaume le Conquérant, *maille* y représente dès l'origine une pièce de peu de valeur : un demi-denier, signification correspondant à son latin fondateur — *medius* — qui fait bien de *maille* la moitié d'une unité. D'où *sans sous ni maille* (« dénué de tout argent »), ou encore *avoir maille à partir avec quelqu'un* : « avoir un différend aussi insurmontable que de devoir partager avec lui une maille ». ***Cachemaille***, également relevé en Belgique par Littré, a donc tout d'un passé ancien, voire moyenâgeux. Moins chargé d'histoire mais fleurant bon le terroir, son synonyme également suisse ***crousille*** n'en gagne pas moins peu à peu sur lui.

cache-pinotte, n. m.

Québec ; sport. Coquille protectrice des organes génitaux, utilisée dans la pratique de sports violents.

Cet instrument est précieux, notamment en hockey sur glace, sport national du Canada. Il s'y nomme bien sûr *coquille*, comme chez nous, mais aussi par abréviation ***coq***, et en langue moins soutenue, celle du vestiaire notamment, ***cache-pinotte*** ; dans ce dernier se dissimule sans doute, sous *pinotte*, l'américain *peanuts*, « cacahuètes » prises ici dans un sens sexuel. « I m'a donné un d'ces coups, heureusement qu'j'avais mon cache-pinotte ! »

cadeauter, v.

Sénégal ; action. Faire un cadeau.

Faire est notre verbe à tout faire : on dit *faire un cadeau, faire une belote, faire une compétition, faire des commissions, faire des bénéfices,* etc., locutions qui se simplifient couramment en Afrique sous la

forme de ***cadeauter, beloter, compétir, commissionner*** ou ***bénéficier***. Cette tendance se dessine également pour d'autres verbes : *mettre de la confiture, mettre de l'ambiance ou mettre une amende*, reviennent ainsi sans détours à ***confiturer, ambiancer*** ou ***amender***.
« Mon ***chéri-coco*** m'a cadeauté un ***boubou*** pour mon anniversaire, que j'suis heureuse ! »

Cadjin, adj. ou n. m. ; **Cadjine**, adj. ou n. f.

Louisiane ; peuple. Louisianais(e) de langue française.

Les formes ***Cadjin, Cadien***, ou en anglais *Cadjun*, sont issues d'une troncation d'***Acadien***, nom de l'ancien habitant de la Nouvelle France. Les Acadiens vinrent en effet s'installer massivement en Louisiane au XVIIIe siècle après leur expulsion du Canada français par les Anglais. Mais aujourd'hui ***Cadjin*** désigne plus largement le francophone de Louisiane, qu'il soit de souche acadienne, allemande, française, africaine ou indienne ; et l'on se reconnait ***cadjin*** par un sentiment d'identité, par, comme le dirait un ***Cadjin***, « acceptance de la culture, des coutumes et de la langue française ». Bien des chansons le proclament fièrement :

> « A Grand Mamou, on est Cadjin
> Cadjin on va êt' toute not' vie... »

cadonner, v.

Tchad... ; action. Donner en prime, offrir.

Cadonner, c'est de manière usuelle en Afrique, « donner en cadeau » : « Il m'a cadonné une ***caisse-popote***. »

cadran, n. m.

Canada ; temps. Réveille-matin.

« Hof ! Il est qu'sept heures au cadran, on peut dormir encore. »

café maure, n. m.

Tunisie... ; boisson. Café servi avec son marc.

Café maure, café particulièrement fort avec son parfum d'aube, chez Albert Memmi :

> Et bientôt l'odeur du café maure débordait de la cuisine et parfumait la chambre. Mes matins d'espoir doivent embaumer le café maure.
>
> *La Statue de sel.*

Cafre, n.

Réunion ; peuple. Personne de race noire.

On parle rarement d'un Noir ou d'une Noire à la Réunion, mais d'un ou d'une ***Cafre***. De même, la personne de race indienne est un ***Malabar*** (prononcé « malbar »), mot qui désignait en français classique un matelot d'origine indienne, issu précisément de la côte Malabar : notre argot a d'ailleurs gardé ce mot avec le sens d'un homme robuste et fort (un « malabar »). Le ***Zarab*** est tout aussi bien un Indien, mais il s'agit d'un Indien mulsulman.
Quant à la désignation de Blanc, elle indique moins une race qu'un niveau social, comme l'illustrent les expressions ***Grand Blanc*** (riche propriétaire) ou ***Petit Blanc*** (paysan des Hauts de l'île).
Au-delà de ces distinctions, tous se disent néanmoins ***Créoles***, c'est-à-dire originaires de la Réunion, en opposition au ***Métropolitain*** ou ***Zoreil*** qui vient, lui, de la France métropolitaine.

cahier de roulement, n. m.

Cameroun ; amours. Fille volage.

Le ***cahier de roulement*** est certes le cahier qui circule dans les classes primaires et dans lequel les élèves font à tour de rôle un devoir. Mais par extension, c'est aussi la fille avec laquelle on fait d'un peu près ses devoirs, la fille légère qui passe de main en main : « Te frotte pas trop à elle, c'est un vrai cahier de roulement. »

caillasse, n. f.

Niger... ; argent. Argent de poche, monnaie.

Niger, Mali et Cameroun disent ***caillasse*** pour *argent de poche,* comme s'il s'agissait de menus cailloux. Le Cameroun ajoute dans le même sens du ***ntchass***, ou du ***do,*** abréviation de dollar, l'argent roi : « T'as d'la caillasse pour prendre le ***mille-kilo ?*** »

caisse-popote, n. f.

Tchad ; ménage. Caisse ou malle contenant les ustensiles et les vivres nécessaires aux tournées en brousse.

La ***caisse-popote*** est au Tchad la caisse qui contient les vivres et les ustensiles servant à la préparation des repas. *Popote* ne nous est pas inconnu, le mot s'employant en langue très familière et dans le jargon des militaires pour désigner la cuisine : « T'as mis d'la ***sardine*** dans la caisse-popote, on peut partir ? »

calculer quelqu'un, v.

Rwanda... ; humeur. Attendre quelqu'un au tournant.

Au lieu de calculer son coup puis d'appliquer celui-ci à son adversaire, on va droit sur lui : « J'vais t'calculer, t'auras compris après ! »

calebassée, n. f.

Sénégal... ; quantité. Contenu d'une calebasse.

La ***calebasse*** sert à d'innombrables usages en Afrique : récipients, plats, couverts, mais aussi instruments de musique, ornements ou objets religieux, décorés souvent avec beaucoup d'art. Pour ce qui est de la calebasse de ménage, son contenu est la ***calebassée***, qui peut se prendre comme unité de mesure : « Trois calebassées de mil chacun aujourd'hui, pas plus » ; mais aussi faire volontiers image, notamment dans les contes : « Bouki la hyène se prit ce jour-là une de ces calebassées de coups sur l'échine ! »

caluger, v.

Suisse... ; transport. Déraper.

« Il a calugé dans le fossé » peut se dire en Suisse de tout véhicule, chariot, bus ou traîneau, et bien sûr d'une luge puisque, dans ***caluger***, c'est *luge* qu'on retrouve. On dit d'ailleurs aussi là-bas ***se luger*** au sens de « faire de la luge » : « Où sont les enfants ? » — « I s'lugent, ils reviendront pour midi. »

camembérer, v.

Sénégal ; action. Sentir affreusement, et tout particulièrement des pieds.

Il n'y a pas beaucoup de camemberts au Sénégal, mais juste assez sans doute pour permettre la métaphore.

campanilisme, n. m.

Val d'Aoste ; caractère. Esprit de clocher.

Lorsque les clochers ont la forme de campaniles, l'esprit partisan qui s'y attache se change tout naturellement en ***campanilisme***. L'italien, langue officielle — à parité théorique avec le français — de la région autonome de la Vallée d'Aoste, ouvre sur ce point la voie en usant de *campanilismo*, mot que Don Camillo n'aurait certainement pas renié.

campusard, n. m. ; **campusarde**, n. f.

Zaïre ; école. Étudiant ou étudiante qui habite le campus universitaire.

L'étudiant qui n'a pas le privilège d'avoir sa chambre en ville est, avec une terminaison un peu dépréciative, un ***campusard*** : « C'est samedi, les campusards sont de sortie ! »

canot, n. m.

Canada ; navigation. Embarcation légère de type amérindien, non pontée, mue à la pagaie, et utilisée comme embarcation de randonnée.

Là où nous disons *canoë*, les Canadiens disent ***canot*** (qu'ils prononcent le plus souvent « canote », comme on l'entend encore dans l'Ouest de la France) ; la série coule alors de source : d'un fleuve, d'un cours d'eau, d'un lac on dit ainsi qu'ils sont ***canotables***, que l'on peut y venir ***canoter*** ou ***faire du canotage*** parmi les ***canoteurs***. On trouve cependant, aux côtés de ce ***canot***, son synonyme ***canoé canadien***, dont l'accent est aigu, comme sa poupe et sa proue. Quant à ***canoé***, il représente au Canada le *canoë de compétition*, qui est utilisé uniquement pour des manifestations sportives : « Où qu't'su vas ç't'été ? J'm'en vas faire du canot du côté d'lac Saint-Jean. »

canton, n. m.

Suisse ; administration. Chacun des États de la Confédération suisse.

Loin d'être comme en France une entité administrative somme toute modeste, comme au Canada une simple unité cadastrale, ou aux Iles de la Madeleine un groupe d'au moins trois maisons, le ***canton*** est en Suisse un véritable État qui se dit même République, comme y insistent Jurassiens ou Genevois en parlant de la *République et canton du Jura*, ou de la *République et canton de Genève.*

Doté d'un ***Grand Conseil*** qui dispose du pouvoir de délibération et de contrôle de l'administration et, pour l'exécutif, d'un ***Conseil d'État*** (réunis au sein d'une ***Chancellerie***), le ***canton*** joue un rôle déterminant entre les institutions de la commune et celles du pouvoir fédéral.

Cap-Chatien, n. m. ; **Cap-Chatienne**, n. f.

Québec ; noms d'habitants. Habitant de Cap-Chat, en Gaspésie.

Les noms d'habitants ou gentilés, tels *Audomarois* nom de l'habitant de Saint-Omer, ou *Clodoaldien* — celui de Saint-Cloud — peuvent surprendre voire paraître facétieux ; mais rarement ils résistent à la poésie.
Le Québec est sur ce point d'une richesse prodigieuse : l'habitant du ***comté*** de Bellechasse y est le ***Beauchasseur*** ou la ***Bellechasseresse***, et celui de Bonaventure le ***Bonaventurien*** ou la ***Bonaventurienne*** ; l'habitant de Cap-Chap le ***Cap-Chatien*** ou la ***Cap-Chatienne***, de Contrecœur le ***Contrecœurois*** ou la ***Contrecœuroise***, de Pointe-aux-Trembles le ***Pointelier*** ou la ***Pointelière*** et de Grand-Mère, le ***Grand-Mérois*** ou la ***Grand-Méroise***.
Moins immédiats mais tout aussi chantants, les gentilés formés sur base anglaise tels ***Buckinois*** pour Buckingham ou ***Forestois*** pour Rock-Forest ; voire sur base amérindienne, et plus précisément inuit : l'habitant d'Akuliviq ne sera nommé autrement qu'***Akulivimiuq***, comme celui de Kangiqsujuaq, le ***Kangiqsujuarmiuq***.

Cap-Gargantua, n.

Ontario ; noms de lieux. Cap de la province canadienne de l'Ontario dans le district d'Algoma.

Tout étant plus gigantesque en Amérique du Nord, il n'y a pas de surprise à y retrouver le célèbre géant de

Rabelais. Les pionniers français qui reconnurent les premiers ces lieux isolés du Lac Supérieur les baptisèrent d'ailleurs assidûment de leurs héros préférés : ***Cap-Gargantua***, attesté depuis 1760, mais aussi ***Baie-Pantagruel*** ou ***Côte-Grangousier***. Ce que la conquête anglaise convertit peu après et jusqu'à aujourd'hui où ces toponymes sont officiels, en *Cape Gargantua, Pantagruel Bay*, et *Grangousier Hill*. C'est Gargantua qui laisse la postérité la plus grande avec au moins *Gargantua Bay, Gargantua Island, Gargantua Lake* et *Gargantua Harbour*.

capitaine, n. m.

Mali ; faune. Variété de poisson.

Le ***capitaine***, *Lates niloticus* pour les savants, est au Mali un poisson d'eau douce qui se déguste par exemple dans une sauce au ***gombo***, sorte de courgette qui entre dans nombre de préparations culinaires. Ailleurs, comme au Sénégal par exemple, ce ***capitaine*** peut également être le *Polynemus quadrifilis*, poisson de mer qui n'est pas sans ressembler à son cousin d'eau douce.

caponner, v.

Réunion ; sentiment. Avoir peur.

Notre français classique use de *capon* (que l'on retrouve encore dans certains patois lyonnais), pour désigner une personne poltronne ou flagorneuse ; et de *caponner* avec les sens de « flatter » ou de « moucharder », mais non dans celui d'« avoir peur », qui semble propre au français de La Réunion. Celle qui fut autrefois l'île Bourbon a la vertu de faire subsister ces deux mots chers aux romans de cape et d'épée, mais tombés chez nous en désuétude.

caravanier, n. m.

Sénégal ; personnages. Personne qui fait partie d'un groupe en déplacement.

Sans qu'il faille nécessairement être transporté à dos de chameau au long d'une caravane, le touriste en procession ou le supporter en déplacement a droit, au Sénégal, d'être appelé, avec une pointe de dérision, ***caravanier***. « Y a plus d'place dans les ***gargotes***, c'est plein d'caravaniers. »

carreau, n. m.

Réunion ; ménage. Fer à repasser.

Le *carreau* désignait autrefois en France le gros fer à repasser des tailleurs. L'objet ayant disparu, le mot s'est également éteint sauf à La Réunion où ***carreau*** continue de s'entendre pour désigner le fer à repasser : « Apporte-moi ta chemise que je lui donne un coup d'carreau. »

carriériste, n. m.

Sénégal ; personnages. Bûcheur.

Parmi les étudiants se détache nettement le ***carriériste*** qui travaille sans cesse et n'a jamais le temps ; activisme qui se nomme tout naturellement, dès les études, ***faire carrière*** : « Il a beau faire carrière, i's' retrouv'ra comme nous ***maîtrisard-chômeur.*** »

carte-vue, n. f.

Belgique ; information. Carte postale.

> Pour emporter mon adhésion, tu as exhibé deux cartes-vues représentant, quelque part entre 1945 et 1950, une gare et une fontaine, parmi les plus hideuses qu'il m'ait jamais été donné de voir.
>
> Pierre Mertens, *La Fête des anciens.*

Comment deviner que cette scène de ménage est belge ? En observant qu'il n'y a rien de plus belge que

carte-vue : une carte où il y a une vue, une carte postale en somme. Dans un livre publié chez Gallimard, grande maison d'édition parisienne, ce mot a une vertu : un écrivain belge dévoile, dans un bref éclair, sa belgitude. Affirmation qui n'avait jusqu'à ces dernières années rien de spontané chez un écrivain francophone.

cartouchard, n. m. ; **cartoucharde**, n. f.

Sénégal ; école. Étudiant qui a déjà redoublé une des années du premier cycle et risque de ne plus être autorisé à redoubler de nouveau.

Subir une dernière session d'examens sans plus avoir la possibilité de redoubler c'est bien user ses dernières cartouches. De fait, en cas d'échec final, on ***cartouche***.

case postale, n. f.

Suisse... ; information. Boîte postale.

Notre *boîte postale*, abrégée en *BP* se change, du moins en Suisse et au Canada, en ***case postale***, ou ***CP***.

casser, v.

Niger ; école. Avoir du succès, briller.

On ***casse*** avec les femmes ou à l'école. Au Cameroun on peut aussi ***casser un examen*** c'est-à-dire le réussir brillamment.

casser le record, loc. verbale.

Maurice ; sport. Battre un record.

Casser est un verbe fréquent en créole, et souvent supplétif : l'illustrent des expressions comme ***casser le record***, ***casser le paquet***, que l'on dit à la place de *mettre le paquet*, ou parfois ***casser le contour*** dans le sens de « prendre un virage » : « J'ai cassé l'record aux cent mètres, on va ***faire l'honneur*** ! »

catiche, n. m.

Québec ; personnages. Homme efféminé.

On peut légitimement se demander pourquoi dire, à propos de ce genre de personne, ***catiche*** plutôt que tout autre chose. Le *Trésor de la langue française* met sur la voie, à la rubrique *catin* (« poupée, femme de mauvaise vie ») ; ce diminutif de Catherine a en effet une variante, ***catiche*** (Colette l'emploie dans *Claudine à l'école*), qui est un « terme d'affection adressé à une fille de la campagne »...

causeur, n. m.

Sénégal ; conversation. Conférencier.

Au Sénégal le ***causeur*** est là pour faire l'exposé, et les ***conférenciers*** pour l'écouter. Dans le cas d'un séminaire, éventuellement d'un colloque, lesdits conférenciers s'appelleront plutôt ***séminaristes***.

ça va, loc.

Belgique ; conversation. Équivalent de *bien, oui, d'accord.*

En Belgique ***ça va*** veut bien dire « ça va ». Mais la formule est aussi très souvent affirmative et conclusive, recevant alors une intonation descendante : « On se retrouve donc demain à Bruxelles Midi ? — Ça va. »

cavagner, v.

Québec ; action. Abîmer, gâter.

« Ça s'rait-i pas qu'i va m'cavagner mon ***char*** ! »

céfé, n. m.

Zaïre ; école. Élève qui souhaite s'attirer les faveurs du professeur à force d'application au travail.

Qu'est-ce que ***céfé*** ? L'abréviaton de *connaissance forcée* : « I m' met ***chaos*** ce céfé avec sa grosse tête. »

cerise, n. f.

Côte d'Ivoire ; agriculture. Nom usuel de la baie du caféier.

Les baies du caféier font penser à des cerises, ce que reproduisent les synonymes ivoiriens de cette baie, surtout lorsqu'elle est séchée et non encore décortiquée : ***cerise, café-cerise, café en cerise,*** ou au Togo, ***cerise de café***.

c'est pas pire, loc.

Québec ; conversation. Expression qui s'entend pour signifier un jugement appréciatif.

Là où nous dirions banalement « pas mal ! », le Québécois recourra à l'exclamation « ***c'est pas pire !*** », renouant ainsi avec l'art très classique de la litote. Dans un degré d'enthousiasme supplémentaire, il ira même jusqu'à dire joyeusement « ***c'est l'fun*** », associant au français l'anglais *fun* (amusement), formule de jubilation qui envoie par-dessus bord le tabou, en certaines circonstances un peu pesant, de l'anglais (si tant est que l'expression, qu'on voit parfois écrite ***c'est l'fon***, soit encore systématiquement sentie comme de l'anglais).

chaleureux, adj.

Québec ; caractère. Qualifie une personne qui n'est pas frileuse.

La chaleur de ***chaleureux*** est à prendre avec son sens premier de ce qui est l'opposé du froid, non de la morosité. Comme Montaigne lorsqu'il parle d'un haut personnage à qui il attribue une « complexion chaleureuse » : « T'es chaleureux d'sortir par moins quarante ! »

chaloupe, n. f.

Sénégal ; navigation. Embarcation pontée pouvant transporter jusqu'à trois cents passagers.

Chaloupe n'évoque plus pour nous qu'un grand canot lourd et robuste. Au Sénégal, ce mot continue cependant de désigner des embarcations d'un plus fort tonnage, à moteur ou à vapeur, telles qu'en connut au début du siècle le service des navires de guerre ou de commerce : « Pour traverser faut prendre la chaloupe. »

chambrer, v.

Québec ; maisons. Louer une chambre chez un particulier.

Au Québec, qui loue une chambre ***chambre***, et le propriétaire qui la loue est un ***chambreur*** : « Chambres-tu en ville ? »

chameau, n. m.

Maroc ; animaux. Dromadaire.

Le ***chameau*** a deux bosses, mais dans une grande partie de l'Afrique, il n'en a qu'une : non qu'il y soit d'une espèce particulière, mais, simplement, le mot *dromadaire* n'y est que très peu utilisé.

chanceux,-euse, adj.

Québec ; caractère. Qui a de la chance.

« T'es chanceux d'avoir une ***blonde*** qu'est pas farouche ! »

chandail, n. m.

Québec... ; habillement. Vêtement de dessus en tricot qui s'enfile par la tête et s'arrête à la taille.

Face à *chandail*, qui repose probablement sur l'abréviation de *(mar)chand d'ail* donnée au tricot que portaient les vendeurs de légumes des Halles de Paris, nos modernes *pull* et *pull-over* font triste mine, ne rimant par exemple ni avec maille, ni avec poitrail. Certes Charles Bruneau avance, mais avec circonspection tout de même : « Au XVIIIe siècle les gens de goût eussent écrit *poulover* je pense. » Force est de constater pourtant que ***chandail*** reste vivant en France, et que les Québecois n'usent à peu près que de lui. Malherbe, qui disait se fier en matière de langue aux crocheteurs du port au foin, se serait sans doute rallié lui aussi à ***chandail***, qui ne ressemble en rien à une assimilation élaborée par de savants lettrés.

changement d'air, n. m.

Martinique ; maison. Maison de campagne retirée, en montagne ou au bord de la mer.

Partir en villégiature a toujours plus ou moins pour but de changer d'air. De là ce ***changement d'air*** devenu maison. « Tu pars ? — J'vais dans mon changement d'air. »

chantoir, n. m.

Belgique ; relief. Sorte d'entonnoir où se perd, en massif calcaire particulièrement, l'eau d'un cours d'eau qui resurgit plus loin.

Si le ***chantoir*** est de Belgique, et de vieille souche romane comme l'atteste la forme *chantore* relevée dès la fin du XIIIe siècle dans les archives de l'État de Liège, ses équivalents de France n'en sont pas moins *bétoire* ou *bétoure* en Normandie ; *lapié* en Savoie, *aven* en Lozère, Causses et Aveyron ; *empozieu* ou *engouliron* dans le Jura, auxquels fait pendant l'ardéchois *goule* (pour gueule), etc. : ce qui pourrait faire conclure que le français de France peut n'être pas moins régional parfois que le français d'ailleurs.

chanvreur, n. m.

Centrafrique ; tabac. Fumeur de chanvre indien.

Le chanvre indien dont on extrait hachisch et marijuana a un adepte qui le fume brut : le ***chanvreur***. « Où on s'met ? — Tiens, viens, c'est l'coin des chanvreurs. »

chaos, adj.

Zaïre ; santé. Qualifie l'état d'une personne mise hors de combat, assommée.

Chaos est l'adaptation orthographique imagée de K.O. Aussi d'un homme assommé, ivre mort, ou amoureux fou, peut-on écrire, non sans bon sens, qu'il est ***chaos*** : « Cette ***Londonienne*** m'a mis chaos. »

char, n. m.

Québec ; transport. Automobile.

Bien éloigné de la Rome antique et des tombereaux campagnards, ce ***char*** est souvent une spacieuse Chevrolet, une Buick, ou une jolie Renault au tableau de bord rédigé néanmoins — cruelle ironie — en anglais. ***Char*** rétrograde tout de même un peu aujourd'hui devant l'emploi d'*auto* ou de *voiture*, qui sont loin d'évoquer aussi bien que lui l'imposante carrure des belles américaines.
Celles-ci ne méritent cependant pas d'être confondues avec les ***gros chars***, appellation désuète mais encore vivante au Québec pour désigner un train de chemin de fer.

charbon, n. m.

Tchad... ; énergie. Charbon de bois.

Charbon se dit couramment en Afrique, mais il s'agit le plus souvent de charbon de bois. Et celui qui le ***charbonne*** — qui en assure le traitement et la vente — est le ***charbonnier***, nom presque tombé en désuétude chez nous ; au Sénégal on appellera plutôt celui-ci ***diallo***, patronyme peul devenu par antonomase nom commun : « Je vais chez diallo. »

charrue à neige, n. f.

Québec ; climat. Chasse-neige.

Il circule bien des engins de ferme par les routes du Québec. Mais cela n'a rien de surprenant dans une province où le français fut longtemps une langue de ruraux, laissant à l'anglais le langage des techniques et du pouvoir.
Ainsi le *chasse-neige* y est-il couramment la ***charrue*** ou la ***charrue à neige*** qu'on vous décrira « avec une ***gratte*** à l'avant pour envoyer la neige d'un bord et d'l'autre ».

chefferie, n. f.

Canada ; politique. Direction d'un parti politique.

Chefferie a des airs de lointaine tribu : ce que sont sans doute nos modernes partis politiques. Au Canada cependant, la présence de tribus amérindiennes organisées autour de chefs traditionnels — les ***chefs de bande***, qui ne discutent avec le gouvernement que de chef à chef, donc avec le Premier ministre des provinces et nul autre — n'a sans doute pas été sans influence sur le choix de ***chefferie*** pour désigner la direction d'un parti. Mais le mot ne s'est pas introduit par hasard dans la vie politique : il permet d'échapper à l'anglais *leadership* : « J'pars demain pour Montréal, c'est l'élection à la chefferie du ***P.Q.*** (***Parti Québécois***). »

chef tambourinaire, n. m.

Burundi ; musique. Chef d'un groupe de tambours.

Le lien qui unit les hommes aux tambours est d'ordre sacré. Objets religieux, les tambours ne sont le plus souvent battus qu'en des circonstances exceptionnelles : intronisation de souverains, funérailles, ou semailles du sorgho. Et c'est bouclier à la main que le ***chef tambourinaire*** tient le rythme des tambours et dirige le déroulement de la cérémonie et de la fête.

chenit, n. m.

Suisse ; ménage. Poussière, ordure, désordre.

Le ***chenit*** (prononcer « ch'ni ») est la bête noire des Suisses : poussières, ordures et détritus rejoignent chez eux immanquablement la ***pelle à chenit*** (la pelle à poussière) et le ***dévaloir***. Par association, ce qui est un peu en désordre leur fera dire : « Quel ch'ni, on s'y retrouve plus ! »

chèqueur, n. m.

Haïti ; politique. Personne qui touche un salaire sans exercer aucune fonction.

Celui qui se contente de toucher régulièrement son chèque sans rien faire, que le français d'Haïti n'a pas manqué d'épingler sous la forme de ***chèqueur***, est un des legs de l'époque duvaliériste : « On voit revenir tous les chèqueurs sans scrupule. »

chérant, adj.

Haïti ; commerce. Se dit d'un commerçant qui vend ses produits à un prix excessif.

Relevé également dans d'anciens parlers de France — en Auvergne et Saintonge notamment — ***chérant*** (nous dirions familièrement *chéraud)* subsiste dans diverses parties du monde, aux Antilles, au Canada et dans l'océan Indien. Sans doute a-t-il pu arriver que certains colons en partance pour ces régions vinssent d'Auvergne ou de Saintonge. Mais, une fois embarqués ou installés dans des comptoirs lointains, ceux-ci durent certainement parler une langue commune qui servait à la vie quotidienne et aux transactions de tous les jours. Ce parler commun, qui draina des mots d'aventuriers de tous bords et de tous horizons tels sans doute ***chérant***, permet d'expliquer que ces expressions aient pu faire souche un peu partout dans le monde, voire aussi de mieux comprendre la proximité des créoles des Antilles et de l'océan Indien. Force est de constater que les particularités du français parlé aujourd'hui hors de France renseignent bien plus sur les français populaires de l'ancienne France, qui furent parlés mais non écrits, que toute la littérature des siècles écoulés.

chercher la femme, loc. verbale.

Togo... ; amours. Avoir des relations sexuelles avec une femme mariée.

Chercher la femme signifie en fait au Togo et dans quelques pays limitrophes, l'avoir trouvée : mais cette femme mariée, il a fallu vraiment la chercher pour la séduire.
Plus innocent est en regard ***chercher le marché*** qui veut dire simplement « courir les filles » : « Il a dix ans, et i fait déjà que chercher le marché ! »

chéri-coco, n. m. ; **chérie-coco,** n. f.

Sénégal... ; amours. Petit ami ou petite amie.

Dans ***chéri-coco***, il y a deux marques de tendresse : chéri et coco.

chez nous, loc.

Québec ; maison. Chez moi.

Que l'on habite seul ou à plusieurs, *chez soi* au Québec c'est toujours ***chez nous*** : « J'retourne chez nous. »

chichard, n. m.

Cameroun ; argent. Personne qui répugne à la dépense.

Auprès de *chichement* et *chicheté*, celui qui est *chiche* est sans contredit un ***chichard***.

chicon, n. m.

Belgique ; légumes. Endive.

Ce que nous appelons *endive* est en Belgique et dans le Nord de la France nommé ***chicon.*** De ce fait, ***endive*** désignera plutôt en Belgique la *scarole* : « J'redescends chez l' ***légumier***, j'ai oublié mes chicons. »

chien chaud, n. m.

Québec ; alimentation. Hot dog.

Faut-il franciser le *hot dog*, ou faut-il laisser en proie à l'anglais ce petit pain allongé à saucisse incorporée ? Dans *Salut Galarneau*, beau roman québécois de Jacques Godbout, le narrateur-vendeur de hot dogs aux sentiments métaphysiques se pose la question :

> Sacré Léo ! La grammaire c'est Dieu le père et le président des USA tout en même temps. C'est pourquoi il voulait que j'installe une enseigne qui se lise : *Au roi du chien chaud.* Vous voyez ça d'ici ? Je veux dire : c'est quand même ridicule et ça me fait vomir rien que de penser à un chien chaud — servi avec de la moutarde French et du Ketsup Heinz 57 variétés.

Dilemme qui n'est pas sans importance au Québec, et qui se noue pour chaque chose quotidienne. *Hamburger* n'y a pas échappé puisqu'on le voit inscrit aujourd'hui sous la forme ***hambourgeois***. Supplanté peu à peu par le volumineux ***sous-marin***, gros casse-croûte d'inspiration popeyenne baptisé *submarine* en américain, *sandwich* semble quant à lui encore demeurer pour l'instant à l'écart du débat.

chique de gomme, n. f.

Louisiane ; alimentation. Chewing-gum.

Réinterprété par une oreille francophone, *chewing-gum* peut effectivement devenir ***chique de gomme***. A moins qu'on ne s'arrête simplement à ***gomme*** comme au Canada, ou qu'on ne s'aventure jusqu'au *machouillon* comme certains l'ont fait en France — dont l'Académie des enfants lors d'une des séquences qui lui furent consacrées sur Antenne 2. En marge de cette consécration, on peut aussi s'amuser à écouter la Louisianaise Jeanne Castille, de la paroisse Saint-Martin, raconter cette aventure :

> On lui donnait une chique de gomme. Comme il avait peur de la perdre, il s'la collait dans l'oreille.
> Témoignage recueilli dans
> *Mots de la Louisiane*, de Patrick Griolet.

chocatif, adj.

Louisiane... ; caractères. Qualifie une personne qui se choque facilement.

Celui qui ne se formalise pas facilement peut faire sienne cette chanson louisianaise : « J'suis pas chocatif, j'suis pas un bougre qui s'choque... »

chosette, n. f.

Val d'Aoste ; objets. Petite chose.

On ne pense pas à parler des petites choses en les appelants ***chosettes***. On n'est jamais si direct. Aussi laissons-nous séduire par celui qui dit : « je suis pris par un tas de chosettes » et goûtons la délicatesse du style, l'air ancien, et la malice du ton. Nulle surprise qu'il soit valdôtain et francophone — ce qui est en soi une profession de foi et un miracle — habitant de Morgex et ecclésiastique. Le diminutif de *chose*, qui lui vient tout naturellement, cette ***chosette***, l'a-t-il prise chez nos auteurs du XVIe siècle, chez saint François de Sales qui écrit dans son *Introduction à la vie dévote* :

> J'ai ajouté beaucoup de petites chosettes, selon les désirs que plusieurs dignes juges m'ont témoigné d'en avoir (...).

ou surgit-elle du plus lointain de la langue française proclamée officielle en Val d'Aoste en 1536, trois ans avant qu'elle ne le fût en France ?

cigaretter, v.

Togo ; tabac. Fumer des cigarettes.

Comme on s'y attend, ***cigaretter*** veut dire « fumer des cigarettes » ; mais aussi au Zaïre, avec un complément, « donner une cigarette » : « Tu peux m'cigaretter ? »

circoncier, v. tr.

Centrafrique ; religion. Circoncire.

Circoncier est la variante attendue de *circoncire,* les verbes en *-er* étant aujourd'hui si productifs qu'ils ont tendance à s'introduire là même où d'autres groupes de verbes occupent déjà la place.

cirer les airs, loc. verbale.

Cameroun ; caractère. Se vanter, prendre des airs d'importance.

Cirer les airs, qui se dit surtout des jeunes gens, a son incarnation dans le ***cireur***, jeune homme impudent et vantard.

citoyen, n. m. ; **citoyenne**, n. f.

Zaïre ; conversation. Appellatif usuel employé à l'adresse d'un homme ou d'une femme.

Comme les Français sous la Révolution française, les Zaïrois s'adressent à leurs citoyens en leur disant

citoyen ou ***citoyenne*** : « Citoyen Mabolongo, ne vous dispersez pas dans les ***ambassades*** ! » On dit de la même façon ***citoyen professeur, citoyen médecin, citoyen commissaire, citoyen abbé,*** etc.
Dans ce contexte, ***monsieur*** est d'un tout autre usage et ne s'emploie plus que pour s'adresser à un étranger. Quant à l'appellatif de ***citoyenne***, son emploi est moins systématique, ***madame*** restant fréquent pour marquer la déférence particulière que l'on a à l'égard d'une femme mariée.

clando, n. ou adj.

Sénégal... ; administration. Clandestin.

Abréviation de *clandestin*, le ***clando*** peut se dire aussi ***irrégulier*** : « Y a qu'des clandos pour accepter de travailler à n'importe quel prix ! »

claque, n. f.

Québec ; habillement. Caoutchouc ou fausse chaussure en caoutchouc qu'on met par-dessus les souliers pour les protéger contre la pluie, la boue ou la neige.

Claque, issue d'une onomatopée de notre XVIe siècle, se porte mal en France mais bien au Québec où l'on en met près de la moitié de l'année : basses, ou hautes jusqu'à recouvrir la plus grande partie de la chaussure, elles sont d'une commodité que l'on apprend vite, évitant par exemple par petite neige d'avoir à retirer ses chaussures lorsqu'on arrive au bureau, ou d'y garder les pieds mouillés. En langage soutenu cependant, ce

n'est ni ***claque*** ni ses synonymes, ***chaloupe, canot*** ou ***caoutchouc*** qu'on entendra au Québec : mais ***couvre-chaussure***. Littré n'eût pas songé à ces diverses péripéties, qui parle d'une *claque* comme « d'une espèce de sandales que les femmes mettent par-dessus leurs souliers, pour se garantir de la crotte ».

clavé, adj.

Saint-Pierre-et-Miquelon ; navigation. Se dit surtout d'un port pris par les glaces.

Construit sur le radical latin *clau-* qui implique une idée de fermeture (*clavis* est en latin la clé) ***clavé***, à son tour radical d'*enclavé*, était autrefois employé par les marins français. Il subsiste à Saint-Pierre-et-Miquelon où, au large de Terre-Neuve, l'enclavement dans les glaces guette les ports une partie de l'hiver : « Impossible de partir, Sydney est clavé. »

clé sur porte, loc.

Belgique ; commerce. Se dit d'un matériel livré tout installé et prêt à fonctionner.

On peut, au choix, acheter en France son usine *clé en main* ou en Belgique, ***clé sur porte.***

clos de riz, n. m.

Louisiane ; agriculture. Rizière.

Le ***clos***, terrain cultivé et clos comme l'indique son nom, est, en Louisiane, souvent planté de riz, l'une des cultures principales de l'État. Les ***clos de riz***, à prononcer « clos d'riz », font ainsi de Crowley, l'une des grandes villes de Louisiane, la capitale mondiale du riz.

cocasse, adj.

Maurice ; physique. Mignon.

Il ne faut pas se vexer si à l'Ile Maurice on vous dit : « Vous êtes ***cocasse***», c'est que vous êtes mignon.

coco de mer, n. m.

Seychelles ; flore. Arbre géant de la famille des cocotiers, ou fruit de cet arbre.

Le ***coco de mer*** sort non de la mer mais d'une légende. Arabes et Maldiviens voyant s'échouer ces énormes fruits doubles enveloppés de grosses bourres, pensaient qu'ils provenaient d'arbres géants poussant au fond de la mer. Toujours est-il que les explorateurs en font mention et que l'arbre existe bel et bien : un ***coco de mer*** peut vivre des siècles, sa taille peut atteindre 30 mètres, son fruit peser 25 à 40 kg. Mais ce qui a retenu particulièrement l'attention, c'est la forme de celui-ci, qui lui a valu d'être appelé, par les habitants, ***coco fesse***. Non sans raison si l'on en croit Henri de Monfreid : « Cette noix est de la grosseur d'un gros potiron ; elle est double et ses deux hémisphères rappellent à s'y méprendre une paire de fesses. »

coco de tête, n. m.

Réunion ; physique. Tête.

Avoir la tête dure se dit à La Réunion ***avoir le coco dur***, par association avec la noix de coco. Par renforcement on peut également utiliser, à la place de *tête*, ***coco de tête*** : « T'as un drôle de coco d'tête ! »

cocodrie, n. m.

Louisiane ; faune. Alligator.

Le ***cocodrie***, aussi appelé en Louisiane ***cocodrille***, ou ***crocodile***, mot qui nous est familier, est en fait un *alligator*, celui que les savants nomment *Alligator Mississipiensis*. Comme en Louisiane tout se passe en chansons, on ne peut manquer ce couplet sur le bon ***cocodrie*** :

On a trouvé des cocodries
Les cocodries de la Louisiane
On donn'rait pas nos cocodries
Pour tout le reste du pays.

coco taillé, n. m.

Côte d'Ivoire ; mort. Crâne tondu à ras, en général à l'occasion du deuil d'un proche parent.

Faire coco taillé est-ce bien se raser comme une noix de coco ? Certainement. La formule, ironique, et de prime abord joyeuse, n'en garde pas moins une impression de deuil ou de tristesse comme dans cette jolie comptine ivoirienne :

Coco taillé
Canari cassé
Riz versé
Port Boué soleil.

cogner, v.

Sénégal ; transport. Tourner.

On peut avoir quelque frayeur s'il faut, à chaque fois qu'il s'agit de tourner, ***cogner***, c'est-à-dire, à la lettre, « donner un coup ». Ce verbe est également bien employé pour signifier « se garer », ce qui met en relief une des façons courantes dont on se gare au Sénégal : « On y est, cogne à gauche. »

collation, n. f.

Saint-Pierre-et-Miquelon ; repas. Goûter.

Parler de ***goûter*** pour désigner le repas de *quatre heures* fait un peu précieux à Saint-Pierre-et-Miquelon : à quatre heures, on ne goûte pas, on ***collationne*** ; et le léger repas que l'on prend à ce moment s'y nomme naturellement ***collation***. Viens ensuite l'***après quatre heures***, la période qui sépare la collation du *dîner*.

commandeur, n. m.

Réunion ; personnages. Contremaître ou chef d'équipe.

Le titre de *Commandeur* correspond depuis longtemps à l'un des grades supérieurs d'un ordre de chevalerie. Mais on peut réinterpréter à la lettre *commandeur* comme celui qui commande, ce que fait le français de la Réunion en lui donnant le sens de « contremaître d'une exploitation agricole, chef d'équipe ou agent chef ». Ainsi y parle-t-on en bonne logique d'un ***commandeur*** de cantinières, d'un ***commandeur*** de métayers, voire pour un orchestre, de son ***commandeur***, c'est-à-dire du chef d'orchestre.

commis de la barre, n. m.

Louisiane ; métiers. Garçon de café.

Le ***commis de la barre*** louisianais vient rappeler que dans *bar*, endroit où l'on consomme les boissons, il

y a l'autre mot français ***barre***. A l'origine en effet, les consommateurs étaient séparés du comptoir par une palissade ou une barre, ce qui est encore, à peu de chose près, le cas.
Emprunté par l'anglais durant le Moyen Age, *barre* est simplement devenu *bar* dans cette langue, forme que nous lui avons ensuite à notre tour empruntée.

commissaire, n. m.

Zaïre ; politique. Responsable politique ou administratif.

Beaucoup de personnes sont ***commissaires*** au Zaïre, à commencer par le Premier ministre appelé ***Premier Commissaire d'État*** ; il est lui-même entouré des ***commissaires d'État*** ses ministres, souvent nommés aussi, par réduction, ***cométats***. On trouve également dans la hiérarchie bon nombre de commissaires : le ***commissaire du peuple***, membre du conseil législatif ; le ***commissaire politique***, qui siège au bureau politique et oriente la politique du Zaïre ; au niveau de la région également siège le ***commissaire régional***, appuyé par un ***commissaire sous-régional*** ; enfin, dans les agglomérations le ***commissaire urbain*** exerce le pouvoir à la tête d'une ville, d'un village ou d'un bourg.

commune à facilités, n. f.

Belgique ; administration. Commune dans laquelle le résident francophone bénéficie de certains privilèges.

Le statut des langues obéissant en Belgique à une répartition territoriale, un résident francophone peut très bien habiter en terre flamande et être comme tel administré en flamand. Ce genre d'aventure pose de graves problèmes, notamment à la périphérie de Bruxelles, terre déclarée flamande mais habitée par les francophones. Aussi quelques concessions ont-elles été faites à ces derniers, comme d'avoir dans les ***communes*** dites ***à facilités*** leur carte d'identité en français, ce qui ne suffit évidemment pas à résoudre les problèmes linguistiques.

compère, n. m.

Martinique... ; famille. Parrain, considéré par rapport au père ou à la mère de l'enfant.

Aux Antilles, le ***compère*** (littéralement « celui qui exerce en commun la fonction de père ») est le parrain de mon enfant, comme il l'est encore parfois chez nous où l'usage du mot se perd néanmoins. Il peut être aussi par extension le père de l'enfant considéré par rapport au parrain.
Mais nous connaissons davantage pour *compère* le sens d'appellatif familier qui est dans les fables :

> Compère le Renard se mit un jour en frais,
> Et retint à dîner commère la Cigogne.
> La Fontaine, *Le Renard et la Cigogne.*

Les contes créoles usent constamment de ce ***compère***, et l'on y parle par exemple de *compè lapin, compè loup, compè tig,* etc. La **commère**, quant à elle, est plutôt connue aux Antilles comme l'amie, la confidente ou la femme bavarde, et très peu aujourd'hui comme la marraine de l'enfant. Mais qu'elle ait pu désigner aussi la mère de l'enfant par rapport à sa marraine subsiste dans cet adage : « Compè mort makoumè finie » qui signifie que lorsque meurt le ***compère*** (le parrain) les liens qui l'unissaient à sa ***commère*** (makoumé, la mère de l'enfant) disparaissent du même coup.

compétir, v.

Côte d'Ivoire ; sport. Participer à une compétition, être compétitif.

Compétir se dit dans le sens de « participer à une compétition », mais aussi, en matière commerciale, dans celui d'« être compétitif ». Ainsi dira-t-on en Côte-d'Ivoire : « Il faut que nos produits compétissent avec ceux de nos voisins » ; principe louable d'économie linguistique et exemple rare de productivité en français des verbe en *-ir*.

La formation dominante aujourd'hui est en effet celle des verbes en *-er-* et le français d'Afrique souligne ce trait, disant ainsi ***arriérer*** pour « aller en arrière », ***enceinter*** « pour mettre enceinte », ***carencer*** pour « présenter une carence », ou encore, pour « actionner une manivelle », ***maniveler.***

comprendre à grosses tranches, loc. verbale.

Val d'Aoste ; conversation. Comprendre globalement.

Comprendre à grosses tranches est, en plus détaillé, comprendre en gros : « — T'as compris ? — Oui, à grosses tranches. »

compresser, v.

Côte d'Ivoire ; travail. Licencier du personnel.

Faire des compressions de personnel trouve dans ***compresser*** la dureté qui convient à la chose : « J'ai plus rien, j'ai été compressé. »

compter les nattes, loc. verbale.

Cameroun ; imaginaire. Expédient destiné à faciliter l'endormissement ; par extension, avoir des insomnies.

Sous des latitudes où les moutons sont rares, on est plutôt porté, pour s'endormir, à ***compter les nattes*** : et si l'on compte les nattes de la case qui se dessinent en sombre au-dessus de soi, c'est qu'on a des insomnies. L'expression s'emploie également pour dire que l'on s'ennuie ou que l'on n'est pas particulièrement passionné par la conversation : « I sont bien gentils, mais moi j'compte les nattes pendant ç'temps-là ! »

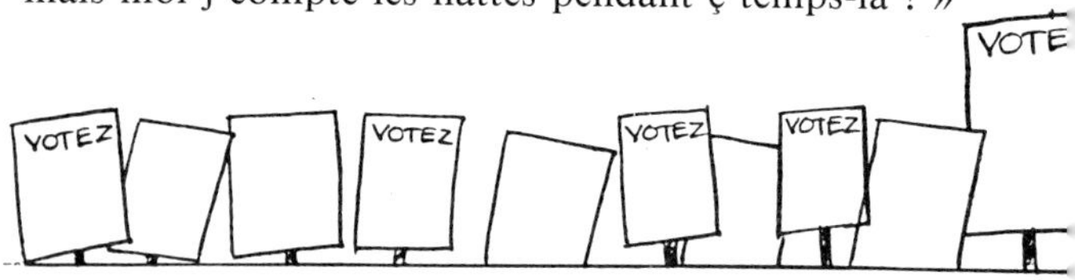

comté, n. m.

Canada ; administration. Circonscription électorale ou division de recensement.

Le *comté* désigne à l'origine le fief du comte et le pouvoir qu'il exerce sur son territoire. Sous l'influence de l'anglais *county*, le mot a reçu au Canada l'acception de « circonscription électorale » et accessoirement celle de « division de recensement ». Quoique ce noble terme perde du terrain, ne se retrouvant officiellement que dans le syntagme ***municipalité régionale de comté*** (territoire qui regroupe plusieurs municipalités), son emploi reste vivace, comme on peut l'observer par exemple sous la plume de l'ancien (et grand) Premier ministre du Québec, René Lévesque, dont le livre *Attendez que je me souvienne* évoque à plusieurs reprises le ***comté*** qui l'élut fidèlement, le comté de Laurier, au nord de Montréal.

concourant, n. m.

Burkina Faso ; école. Candidat à un concours.

Concourir suscite sans peine ***concourant***, passé, de participe présent, à un nom : « Nous avons quarante-deux concourants attendus. »

confédéré, n. m. ; **confédérée**, n. f.

Suisse ; administration. Citoyen de la Confédération.

Les Suisses sont citoyens de ***cantons*** fédérés entre eux, c'est-à-dire confédérés ; de ce fait eux-mêmes sont, en tant que personnes, qualifiés de ***confédérés***. Mais l'emploi de ce mot obéit à des subtilités que seule, croirait-on, la citoyenneté suisse permet de saisir : si un Genevois parle de ***confédérés***, il le fait souvent de façon dépréciative pour désigner les autres Suisses, c'est-à-dire ceux qui ne sont pas de son canton de Genève. Mais plus généralement un ***Romand*** emploiera le terme de ***confédérés*** pour faire référence aux ***Alémaniques***, reproduisant par là la vieille rivalité entre Latins et Germains. Ainsi d'un ***canton***, d'une communauté linguistique à l'autre, on s'observe, on se juge, on se plaît à se dire plus sérieux, plus efficace, plus débrouillard, plus travailleur, voire plus artiste. Mais cette excellence proclamée n'est, en général, que l'affirmation retournée d'une appartenance revendiquée à la Confédération.

conjoncture, n. f.

Côte d'Ivoire ; commerce. Crise économique.

En période de crise économique, on entend rarement dire que la *conjoncture* est excellente. Et comme, évitant le mot *crise*, on parle plus volontiers de *conjoncture* en la qualifiant invariablement de mauvaise, celle-ci devient naturellement synonyme de *crise*. Avec l'humour et le sens de la langue qui les caractérisent, les Ivoiriens ont formé sur ***conjoncture***, qu'ils prennent au sens de crise, ***être conjoncturé***, qui signifie dans ces conditions « être victime de la crise » : « En ç'moment, même les ***nanas-Benz*** sont conjoncturées ! »

conseiller fédéral, n. m. ; **conseillère fédérale**, n. f.

Suisse ; administration. Fonction équivalente à celle, en France, de ministre.

Le ***ministre*** est en Suisse essentiellement un ministre du culte, c'est-à-dire un *pasteur.* De ce fait, notre ministre — le membre du gouvernement — n'y a d'existence que sous l'équivalent bien lointain de ***conseiller fédéral*** ou de ***conseillère fédérale***, une femme ayant eu récemment, au grand dam de certains, accès à cette fonction et à ce titre. Par là-même, c'est le ***Conseil fédéral*** qui joue là-bas le rôle de notre *Conseil des Ministres*, tenant séance le lundi, non le mercredi comme chez nous.

contour, n. m.

Réunion... ; route. Virage, tournant.

A la Réunion, comme à l'île Maurice toute proche, une route comporte des virages, mais on dit plus souvent, en usant d'un mot que l'on retrouve çà et là dans les provinces françaises, qu'elle a des ***contours***. Et l'on emploiera plus couramment ***casser un contour*** que *prendre un virage*, le verbe ***casser*** étant en créole supplétif d'autres verbes comme *faire, mettre, prendre,* etc.

contraire, adj.

Belgique ; caractère. Se dit d'une personne qui est d'un avis contraire à celui d'une autre.

« Les gens ne peuvent être ***contraires*** à cela », est un usage que l'on entend facilement en Belgique, particulièrement à Bruxelles, où les discussions politiques vont toujours bon train. Exemple d'une locution adverbiale (*au contraire)* qui s'est scindée pour donner cet adjectif bien tranché, à moins que ce ne soit le *contraire* : le nom, passé au statut d'adjectif.

contremaîtresse, n. f.

Québec ; métiers. Femme contremaître.

Parmi les grandes batailles linguistiques — il y en a beaucoup au Québec — figure en bonne place celle que les femmes — aidées de quelques hommes dissidents — mènent pour la féminisation de leurs titres et noms de profession. Une fois de plus, le Québec a ouvert la voie en proposant pour le féminin des titres et des fonctions un *Essai d'orientation de l'usage* rédigé par l'***Office de la langue française***, et dans lequel figure auprès de *contremaître*, cette divine et belle ***contremaîtresse***.
En France, la commission de la féminisation des noms de métier et de fonction, créée par l'ancienne ministre des Droits de la Femme et présidée par Benoîte Groult, aurait dans ce cas privilégié davantage l'épicénie, c'est-à-dire une forme identique pour le masculin et pour le féminin : un *contremaître*, une *contremaître* comme on dit un *ministre*, une *ministre*. A moins qu'elle ne se fût tournée vers ce beau régionalisme du Nord de la France : un *contremaître*, mais, en bonne féminité, une *contredame*.

conventionnaire, adj. ou n.

Mali ; administration. [Qualifie une] Personne recrutée sur contrat, à titre non définitif.

Dans le vocabulaire administratif, celui qui passe une convention avec son employeur sans être sûr ni de rester ni d'être titularisé, est un ***conventionnaire.***

copion, n. m.

Belgique ; école. Antisèche.

Le ***copion*** est ce qui permet de copier, comme l'*antisèche* est ce qui permet de ne pas sécher : paperolle artistement écrite, il remplace pendant les examens un savoir défaillant ou impossible à retenir. Rassurant, il évite aussi qu'on ne fasse avant l'examen une ***bloque*** trop assidue, ou que l'on s'astreigne auprès des professeurs à un zèle excessif susceptible de se faire taxer par ses pairs d'une suprême injure (intraduisible en français) : ***manches à balles***.

copiste, n. m.

Mali... ; école. Élève qui copie, ou éventuellement triche.

Le *copieur* est au Mali plutôt nommé ***copiste, copistateur*** ou ***copiétaire.*** Au Tchad en revanche c'est un ***corrigeateur*** : « Moussa c'est un copiste et un ***faischier***, j'veux plus l'voir. »

coriste, n. m.

Mali ; musique. Joueur de cora.

Instrument à cordes répandu en Afrique, la ***cora*** (ou ***kora***) est faite d'un long manche cylindrique fixé à une caisse de résonance, et de deux séries de cordes superposées qui lui donnent une musicalité très riche. Le grand ***coriste*** (ou ***koriste***) malien Mory Kanté en a fait un des symboles de son pays, mêlant à ses chants lointains la multiplicité des accords de sa ***cora.***

costume de bain, n. m.

Belgique ; habillement. Maillot de bain.

« Tu viens au ***bassin d'natation*** ? — Je ***sais*** pas, j'ai pas mon costume de bain. »

coucher une femme, v.

Sénégal... ; amours. Avoir des rapports sexuels avec une femme.

Au Sénégal et au Cameroun notamment, « coucher avec une femme » se dit plus directement ***coucher une femme***, et « lui faire l'amour », tout naturellement : l'***amourer*** : « Il a couché la première ***couloirdeuse*** venue, et le voilà papa. »

couenne, n. f.

Suisse ; alimentation. Croûte de fromage.

En Suisse la ***couenne*** est bien de la *couenne* : de la peau de porc raclée. Mais c'est aussi, certains fromages se prêtant particulièrement à la comparaison, la croûte qui les enveloppe : « Tu manges pas ta couenne ? »

couillon carré, n. m.

Sénégal ; personnages. Imbécile.

Celui que nous traiterions vulgairement de *triple con* subit au Sénégal une conversion tout aussi mathématique, sous les formes de ***con carré*** ou de ***couillon carré***. « Toujours aussi ***déconnard***, ce couillon carré ! »

couillonnisse, n. f.

Réunion ; caractère. Idiotie, naïveté.

Auprès des simples et naïves *imbécillité, idiotie, bêtise*..., la qualité de *couillon* ne semblait pas encore avoir droit de cité : voici donc ***couillonnisse***. De quoi donner quelques jaunisses aux intéressés.

couloirdeuse, n. f.

Sénégal ; personnages. Prostituée qui fréquente les couloirs de la cité universitaire de Dakar.

Celle qui fait les couloirs est la ***couloirdeuse***, ou par abréviation la ***coule***. Vue sous un autre angle, elle se dira plutôt l'***échangère***.

coup de coin, n. m.

Sénégal... ; sport. Corner.

Le mot anglais *corner* que nous utilisons désigne une remise en jeu du ballon à partir d'un des angles d'un terrain de sport. Mais il n'est pas si vivace hors de France puisqu'on trouve ***coup de coin*** aussi bien au Sénégal qu'en Belgique. Cette expression ne s'est pas acclimatée en France, où un essai courageux pour l'introduire naguère dans le commentaire d'une rencontre de basket fut accueilli par les quolibets d'un public qui ne cessa, à chacun des ***coups de coin*** annoncés, de reprendre en cœur : « coin, coin ».

courailler, v.

Québec ; amours. Courir çà et là.

Courailler, c'est courir çà et là, mais aussi courir les jupons, faire l'amour : « I *couraille* ben trop pour s'prendre à rien ! »

être couranté, loc. verbale.

Cameroun ; information. Être au courant.

« Demande pas à Célestine, elle est pas courantée. »

cour d'amour, n. f.

Laos ; amours. Rite qui consiste à faire sa cour en chantant.

Ces échanges d'aubades à la délicatesse sans pareille se déroulent surtout à la saison sèche, au Laos ou ailleurs, en Guyane française par exemple, où a fait souche une importante communauté laotienne : les pagodes ouvrent leurs jardins pour la tenue de ***bouns***, petites foires avec loteries, danses traditionnelles et rencontres de boxe. Mais nulle manifestation n'égale le charme de la ***cour d'amour*** qu'animent des chants inspirés de la littérature classique laotienne : improvisations savantes dont les jeunes gens font assaut en s'accompagnant sur leurs ***khênes***, orgues à bouche faites de bambou sculpté.

coureries, n. f. plur.

Belgique ; action. Allées et venues.

De ne savoir rester dans sa chambre, on perd sa vie en ***coureries***. Ce que nous exprimerions par *se perdre en allées et venues*, et les Québécois, par ***faire du voyagement***.

coresse, n. f.

Martinique... ; faune. Couleuvre.

La ***couleuvre*** désignant à la Martinique... le *Boa constrictor*, on peut comprendre qu'il y ait eu besoin d'un autre nom pour dénommer la couleuvre qui nous est familière : c'est ***coresse***, vieux mot du patois français, venu sans doute de Poitou-Saintonge. Elle est si bien connue en Martinique et, non loin, à la Dominique et à Sainte-Lucie, qu'une plante herbacée, son lieu de prédilection, y a nom d'***herbe à coresse***. ***Coresse***, il est vrai, a le son furtif d'un glissement sifflant à travers l'herbe.

coureur de bois, n. m.

Québec ; métiers. Chasseur ou trappeur vivant de sa chasse ou de sa trappe.

Outre les Amérindiens qui continuent de pratiquer la trappe et la chasse, il existe encore au Québec quelques ***coureurs de bois*** héritiers des anciens trappeurs, tel Lucien Lapierre dont la profession apparaît telle quelle sur sa carte de visite : « Lucien Lapierre coureur de bois ».

cousin à plaisanterie, n. m.

Mali... ; famille. Personne avec laquelle on est lié par un lien plus ou moins mythique, qui autorise à la plaisanter, même durement, sans que cela prête à conséquence.

La communauté mythique qui unit en Afrique certains groupes ethniques autorise leurs membres à se plaisanter, parfois sans ménagement, mais toujours sans dispute ; ***ces cousins à***, ou ***de plaisanterie*** sont aussi nommés par certains anthropologues ***parents à plaisanterie***.

couteauner, v.

Tchad ; action. Donner un coup de couteau.

On peut au Tchad ***couteauner, coutoner*** ou ***coutoyer***, au choix : « J'vais t'couteauner ! — Me quoi ? Ah ! Me coutoyer ! »

couverte, n. f.

Suisse... ; ménage. Couverture.

Encore connue en France, cette abréviation de *couverture* qu'est ***couverte*** se retrouve largement aussi bien en Suisse qu'au Canada : « Prends pas toute la couverte, j'ai froid ».

cracheur, n. m.

Sénégal... ; faune. Naja cracheur.

Ce ***cracheur***, *Naja melanolunca* ou *Naja nigricollis*, a la particularité de pouvoir cracher son venin dans les yeux de son adversaire, ce qui le distingue sensiblement de la ***vipère*** que nous connaissons, mais dont il reçoit pourtant çà et là le nom en Afrique de l'Ouest.

cramique, n. m.

Belgique ; cuisine. Pain brioché renfermant des raisins de Corinthe.

Pur belgicisme, ***cramique*** porte en lui toute l'atmosphère chaude des boulangeries belges. Il a traversé le temps puisqu'on le trouve dès 1218 dans un cartulaire de Nivelles, avec le sens de « poids, mesure ou objet pris comme référence ». D'où, au siècle suivant, celui de « pain pesant un certain poids ». Wallons et Flamands en réclament la paternité, les premiers le rattachant aux français *crème* et *miche*, les seconds au néerlandais *kraammik* : ces débats ne sont pas rares en Belgique, et mènent loin.

crapaud accoucheur, n. m.

Guinée ; faune. Espèce de crapaud dont la caractéristique est de porter les œufs de sa femelle.

Rêves de quelques femmes-femmes : que les hommes accouchent à leur place ; et de quelques hommes-femmes : de connaître la maternité.
Le ***crapaud accoucheur***, qui porte les œufs que la femelle est venue pondre sur son dos, où ils éclosent bientôt, résume à lui seul une des grandes contradictions de la création. « Attention, marche pas sur l'crapaud accoucheur. »

crème molle, n. f.

Saint-Pierre-et-Miquelon ; alimentation. Glace à l'italienne.

Sous l'influence de l'américain ***soft cream***, la glace de consistance molle qui sort en torsade de l'appareil à glace prend à Saint-Pierre-et-Miquelon, et çà et là au Canada, le nom de ***crème molle*** : « J'veux une crème molle ! »

crevaison, n. f.

Togo ; route. Dans une chaussée déformée, crevasse ou nid de poule.

Par contamination, la crevaison du pneu s'applique à la route elle-même qui en est, il est vrai, souvent la cause : « Attention ces ***tablettes de chocolat*** sont pleines de crevaisons ! »

croissant, n. m.

Québec ; route. Rue en forme de demi-cercle.

C'est sous l'influence de l'anglais *crescent*, que l'on retrouve dans certains noms de rue en Angleterre ou en Amérique du Nord (Crescent Street), que s'est formé ce beau ***croissant*** : « Tu prends la deuxième ***lumière*** à droite, et c'est là, dans l'croissant. »

croquer, v.

Niger... ; alimentation. Consommer de la noix de cola.

La ***noix de cola*** possède des vertus stimulantes et en croquer requinque. Cette pratique étant répandue en Afrique, ***croquer*** en est venu à signifier ***croquer de la cola***, et le ***croqueur*** est bien sûr celui qui en croque : « Une cigarette ? — Non je croque. »

ALLÔ!... LE GARAGE..? OUI... UNE CREVAISON!

crue balayeuse, n. f.

Vietnam ; climat. Crue dévastatrice.

Le Vietnam vit dans l'imprévisibilité de l'eau et des ***crues balayeuses***. Les rivières se changent soudain en fleuves, et les fleuves, Mékong ou Fleuve rouge, en mers intérieures. Parfois pour de longues semaines, voire la moitié de l'année comme sur les plateaux du Tay Nguyen et du Nam Bo. Les contes vietnamiens, telles *Les légendes des terres sereines* de Pham Duy Khiêm, en gardent la trace : paysages noyés de pluie, grottes dans lesquelles le voyageur vient se réfugier ou vaste lac qui s'étend en une nuit à l'endroit où s'élevait, la veille, une arrogante cité.

cuissettes, n. f. plur.

Suisse ; habillement. Culotte courte de sport.

Short, qui est notre mot anglais courant pour désigner la culotte de sport, est aussi étranger à beaucoup de Suisses que ***cuissettes*** peut l'être aux Français. Pour une pièce de vêtement tout à fait commune, ces derniers ne se sont, il est vrai, pas privés de nuances : du *short* (pour tous usages) au *caleçon* (pour la maison, le lit ou la plage), en passant par le *boxer short* (pour la plage), le *cuissard* (pour le vélo), et en s'aventurant même, pour les sports de ballon, jusqu'au *flottant*. Distinctions au regard desquelles parler de ***cuissettes*** peut faire simple aux oreilles de ces Français si compliqués.

cuite fédérale, n. f.

Suisse ; ivresse. Cuite carabinée.

On dit même : « Il a ramené une de ces ***fédérales*** ! » ce qui est une façon comme une autre de rappeler que la Suisse vit en confédération.

cul-de-sac, n. m.

Canada... ; route. Rue en impasse.

Depuis le Moyen Age jusqu'à l'époque moderne, le français dit *cul-de-sac* ; avec, depuis le XIXe siècle en France, une préférence marquée pour *impasse*, moins évocateur mais rigoureusement pudique. L'Angleterre l'ayant depuis longtemps emprunté jusqu'à l'inscrire aujourd'hui encore sur ses panneaux de signalisation il apparaît vain de se demander sur quelle vague, de la française ou de l'anglaise, ***cul-de-sac***, aborda au Canada : ce fut sur les deux, probablement.

culotte, n. f.

Côte d'Ivoire ; habillement. Vêtement de dessous couvrant le bas du dos et l'entrecuisse.

Nos grands-pères et grands-mères disaient ***culotte***, et nous aujourd'hui, couramment, *slip*. De son regard ivoirien, Bernard Dadié l'observe, et semble en rire :

> Culotte. Ils disent maintenant slip. Mais pour nous qui les regardons, culotte ou slip, c'est le même calicot, fût-il de nylon premier choix.
>
> *Un nègre à Paris.*

culotte grandes manches, n. f. plur.

Réunion ; habillement. Pantalon long.

A troquer, pourquoi pas, contre une veste grandes jambes.

cul vert, n. m.

Sénégal ; transport. Véhicule d'un organisme international ou étranger reconnaissable à sa plaque d'immatriculation verte.

Les véhicules dont la plaque d'immatriculation est verte, telles que les voitures d'ambassade, ont droit au Sénégal au surnom de ***culs verts***. « Ces culs verts se croient tout permis ! »
Ceux-ci se distinguent des ***culs blancs*** à plaque blanche et chiffres rouges, qui sont les véhicules exempts de taxes douanières ; par extension, les personnes disposant de ces véhicules, les coopérants notamment, reçoivent à leur tour le surnom de ***culs blancs***.

cuscute, n. f.

Ile Maurice ; personnages. Personne importune.

Comment dire l'importunité toute crue sans sombrer dans la grossièreté ? Sinon en ourlant son parler de ce volute végétal, la ***cuscute*** : connue dès le Moyen Age par les médecins arabes qui en révèlent les propriétés et le nom — *kouchouta* — à l'Occident, la ***cuscute*** a la trouble particularité d'appartenir à la famille des convolvulacées, autant dire des plantes entortilleuses. D'où le soupçon d'importunité que confirment le verbe ***cuscuter*** (« harceler, assommer, agacer ») et l'expression ***quelle cuscute*** ! Cet euphémisme imagé n'est pas sans faire penser à une autre plante, le chiendent, graminacée vivace qui se mêle de tout, y compris d'empêcher les autres de pousser. Ainsi pour parler d'un embarras, la vieille expression de nos campagnes : « C'est là le chiendent ».

cuveur, n. ou adj.

Tchad ; ivresse. Alcoolique, ivrogne.

Celui qui s'adonne à la boisson et cuve souvent son vin, est au Tchad un ***cuveur***, la femme dotée du même travers sera quant à elle une ***cuveuse*** : « Attention, il va te ***couteauner***, c'est un cuveur. »

cyclopousse, n. m.

Vietnam ; transport. Pousse-pousse tiré par un cycliste.

Au milieu des larges artères d'Hanoï, le long des lacs et des pièces d'eau, filent les ***cyclopousses***, des taxis le plus souvent. Là, nul embouteillage nauséabond : juste le cliquetis des bicyclettes joint au grondement intermittent des tramways.

daba, n. f. ou m.

Guinée... ; agriculture. Instrument aratoire en forme de houe à manche court, qui sert à sarcler et à retourner la terre.

Symbole de l'agriculture traditionnelle, la ***daba***, mot d'origine mandingue, est l'instrument qui caractérise le plus souvent le paysan africain dans le récit des ***griots*** ou des conteurs :

> C'était l'aube. Et là-bas, au fond de la vaste plaine aux contours de pourpre, une silhouette d'homme courbé défrichait : silhouette de Naman, le cultivateur. A chaque coup de sa daba, les oiseaux effrayés s'envolaient et, à tire-d'aile, rejoignaient les rives paisibles du Djoliba, le grand fleuve Niger (...) Il suait infatigable, toujours courbé, maniant adroitement son outil car il fallait que ses graines soient enfouies avant les prochains jours.
>
> Keita Fodeba, *Poèmes africains.*

dallasser, v.

Sénégal ; comportement. Rouler des épaules.

Dallas et ses habitants ayant la réputation d'être assez sûrs d'eux-mêmes, comme le montrent certaines séries télévisées américaines, ***dallasser*** mime à ravir les roulements d'épaules prétentieux : « Allez, mon ***chéricoco***, arrête de dallasser, on sait qu't'es fort. »

débarbouillette, n. f.

Canada ; ménage. Petit carré de tissu éponge destiné à la toilette.

Dans sa grande logique le dictionnaire dit de *débarbouiller* : « ôter ce qui barbouille ». Le linge s'y employant trouve donc naturellement sa forme dans ***débarbouillette*** et sa variante ***débarbouilloir(e)***. Mais il faut vraiment rencontrer le mot ***débarbouillette*** et s'y arrêter pour découvrir enfin l'usage qu'on peut faire de la chose : cela fait bien office de *gant de toilette*, mais pour qui a l'habitude d'enfiler ce gant, le petit carré de tissu éponge suspendu au porte-serviette d'une chambre d'hôtel canadienne n'évoque rien sinon, quoique plus petite, une serviette parmi d'autres.

débarcadère, n. m.

Québec ; route. Portion de trottoir réservée aux véhicules de transport afin de permettre la livraison des marchandises.

Il convient de veiller à ne pas se garer sur un ***débarcadère*** ; car il faut s'attendre à devoir prendre le large rapidement : l'enlèvement du véhicule y est en effet rapide et le « remorquage » se fait, un poteau indicateur le signale, « à vos frais », comme au Canada dans toute ***zone de touage*** (de l'anglais *towage* = « remorquage »). Illustration citadine de l'imprégnation des réalités quotidiennes par le parler des marins qui n'est extraordinaire que parce que le ***débarcadère*** québécois nous en fait soudainement prendre conscience ; car aussi bien, nommons-nous *bateau* la dépression de trottoir ménagée devant une porte cochère ou un garage pour y faciliter le passage de véhicules ; et l'on doit se souvenir qu'*arriver,* c'est étymologiquement aborder la rive pour, précisément, y débarquer.

débrouillé, n. m.

Mali ; langues. Personne qui a appris le français sur le tas et le parle assez mal.

Celui qui se débrouille dans une langue étrangère, même sans agilité excessive, peut avoir des droits à s'appeler un ***débrouillé***. Au Mali cependant le mot ne s'applique qu'à celui qui se débrouille en français, langue officielle sans doute, assez peu parlée cependant en dehors des milieux cultivés.

débusqueuse, n. f.

Québec ; transport. Sorte de tracteur à larges roues et à suspension très développée, destiné à collecter les troncs d'arbres abattus.

Débusquer veut bien dire « forcer un animal à quitter sa tanière », en particulier lors d'une chasse au loup. Mais avec son féminin, ***débusqueuse*** change tout : de l'image du chasseur qui débusque sa proie, on passe à celle de la belle amazone qui bat la forêt. D'autant qu'en terrain accidenté, la progression de cette machine aux roues gigantesques et découplées ressemble à un grand déhanchement perpétuel. Et pour débusquer quoi ? Des troncs d'arbre, qu'elle peut aussi élaguer avant de les charrier jusqu'au lieu du portage. Un des territoires de chasse privilégiés de cette coureuse de bois est une contrée lointaine de l'avis même des Canadiens : l'Abitibi Témiscamingue, en bordure de l'Ontario.

décauser, v.

Belgique ; conversation. Dénigrer.

Causer amène souvent à ***décauser***.

déchouquer, v.

Haïti ; action. Extirper de terre.

Déchouquer — souvent écrit ***déchouker*** — est un verbe en vogue en Haïti : il a le sens d'« arracher violemment et complètement de terre une plante ou un arbre » et aussi, dans la liturgie vaudou, d'« extirper un mal jusque dans ses racines » ; il s'est implanté récemment dans le domaine politique avec ses dérivés ***déchouquage*** et ***déchouqueur*** pour désigner l'action de se débarrasser d'adversaires politiques, des ***tontons-macoutes*** notamment.

décollage, n. m.

Réunion ; ivresse. Rhum pris à jeun le matin.

Du ***rhum charrette*** sec et brûlant, au ***rhum arrangé*** mêlé de divers éléments — letchis, grains de café, noyaux de bibasse, bâton de vanille, cœur de pêche, etc., les formes de ***décollage*** sont variées. Les degrés d'imprégnation aussi : légèrement pris de boisson le buveur (dit aussi ***cuiteur*** ou ***soiffeur***) se retrouve bientôt ***dans la brise*** : « Son tête i ***canote***, li ***dérive***, li ***savire*** » ; et s'il ***boit sans finition***, la ***soulaison*** s'empare alors de lui, le laissant ***gazé*** ou ***rhumé***, autrement dit : ***bourré comme un trou*** ou ***rond comme une boule carrée***.

déconnard, n. m.

Sénégal ; personnages. Personne qui fait l'idiote.

Maladroitement coincé entre *connard* et *déconner*, le nom ***déconnard*** s'en tire avec toute la lourdeur que suggère le personnage qu'il désigne : « On l'changera pas ç'déconnard ! »

décrocheur, n. m. ; **décrocheuse**, n. f.

Québec ; école. Élève qui abandonne l'école avant la fin de la période de l'obligation scolaire.

Il faut une nouvelle fois reconnaître l'ingéniosité du Québec pour traduire cette notion que l'anglais désigne couramment par *dropout*, et nous-mêmes par plusieurs périphrases. Cette décision de parler de ***décrocheur*** ou de ***décrocheuse***, voire de ***décrochage*** et de ***décrocher***, a d'ailleurs été couronnée puisque la

Gazette officielle du Québec — l'équivalent de notre *Journal Officiel* — a rendu ce terme officiel dans la Belle province par un avis en date du 29 mai 1982.

dédevenir, v.

Canton du Jura ; santé. S'affaiblir, dépérir.

Sans doute y a-t-il dans l'existence deux mouvements : devenir et ***dédevenir***.

déficitaire, adj.

Sénégal ; argent. Qualifie une personne à court d'argent.

Déficitaire, terme de comptabilité, est connu ; mais transposé dans l'usage ordinaire pour dire simplement qu'on n'a pas le sou, il fait un certain effet : « Aujourd'hui j'suis déficitaire. »

dehors, adv.

Réunion ; commerce. Importé, venu de l'étranger.

Dire *cerises pays* pour « cerises du pays » est la forme courante en créole, et va dans le sens d'une certaine évolution du français : on trouve en effet dans les marchés de la métropole des inscriptions comme « tomates pays », « salades pays », « pêches pays », etc. A la Réunion, tout ce qui n'est pas *pays*, c'est-à-dire produit dans l'île, est ***dehors*** : « Voulez-vous de ces haricots dehors ou de ces tomates ***pays*** ? »

déloger, v.

Belgique ; action. Découcher.

A passer du transitif — *déloger quelqu'un* — à l'intransitif, ***déloger*** prend un sens non moins audacieux, mais à coup sûr, plus agréable : « Je l'ai pas encore vu rentrer, il aura encore délogé pour faire ***guindaille*** ! »

demande de main, n. f.

Tchad ; amours. Demande en mariage, fiançailles.

La cérémonie par laquelle le jeune homme vient demander à ses futurs beaux-parents la main de leur fille se nomme au Tchad, explicitement, la ***demande de main*** : « J'suis sérieux ce soir, j'fais d'main ma demande de main. »

démarabouter, v.

Côte d'Ivoire ; merveilleux. Lever un envoûtement.

Après s'être fait malencontreusement ***marabouter***, le seul remède est de se faire ***démarabouter***. C'est donc ce que fait, mais poétiquement, l'astre solaire dans un roman de l'ivoirien Amadou Kourouma :

> Le soleil avait réussi à se démarabouter, franchissant ainsi de ses rayons les nuages qui l'obstruaient.
> *Les Soleils des indépendances.*

démarreur sexuel, n. m.

Côte d'Ivoire ; métiers. Vendeur d'aphrodisiaques.

Imprévus et remarquables d'ingéniosité : les mille petits métiers d'Abidjan apparus avec la crise économique, la ***conjoncture*** comme on l'appelle là-bas. Au Plateau par exemple, le grand quartier commercial, voici le ***gardien de voiture*** qui s'offre pour quelques francs à garder votre auto pendant qu'elle stationne, ce qui évite de la retrouver comme avant saccagée et pillée (par ceux-là même souvent qui se proposent aujourd'hui de la garder...) ; le ***regonfleur de pneus*** qui promène sa pompe afin de venir en aide aux conducteurs mal garés dont la police aura dégonflé les pneumatiques ; ou bien encore le ***démarreur sexuel*** qui vend à l'étalage racines et cure-dents aphrodisiaques, surnommés en toute bonne logique ***coups de démarreur, accélérateurs*** ou, très couramment, ***kankankans.***

démerdage, n. m.

Togo... ; action. Débrouillardise.

Senti sans connotation péjorative, sinon par la classe très cultivée de la population, ***démerdage*** entre sans complexe dans la famille de *se démerder*, et de ***démerder***, celui-ci employé absolument : « Comment vous en sortez-vous ? — Je démerde. »

dépanneur, n. m.

Québec ; commerce. Épicerie dont les heures et jours d'ouverture s'étendent au-delà des heures et jours habituels des établissements commerciaux.

Bien éloigné des nourritures du corps, le *dépanneur* n'est en France qu'un spécialiste du dépannage automobile ; mais il apparaît surprenant que ce que le Québec entend par ***dépanneur*** n'ait pas en France de dénomination usuelle. Même si nous connaissons aussi ces magasins ouverts tard le soir et le dimanche entier, qui précisément *dépannent* lorsqu'on a pas eu le temps ou la prévoyance de faire ses courses. A leur sujet pourtant nous ne dirons pas aller à *l'alimentation* ou au *magasin de proximité*, qui sont les termes de la classification officielle ; à la rigueur disons-nous *aller chez* *l'épicier du coin*, mais bien plus spontanément : *aller chez l'Arabe* ou *aller chez le Chinois*, nommant insidieusement le magasin par la particularité raciale de son propriétaire. Inégalité que la langue a sédimentée à notre insu, et à laquelle ***dépanneur*** fait, un tant soit peu, échapper : « J'vais chez l'dépanneur chercher des pains à ***hambourgeois***. »

dépareillé, adj.

Québec ; caractères. Se dit d'une personne originale.

Celui dont nous dirions couramment qu'il sort de l'ordinaire, qu'il *n'a en fait pas son pareil* pour telle ou telle chose, le Québécois dira plutôt de lui qu'il est ***dépareillé*** : « I s'rait ben dans ç'ginre un peu dépareillé ! »

se déplacer, v.

Tchad ; transport. Déménager.

Déménager est connu au Tchad, mais beaucoup moins que ***se déplacer*** : « J'me déplace la semaine prochaine à Faya. »

se désâmer, v.

Québec ; action. Se donner beaucoup de mal.

On peut ***se désâmer*** — s'enlever l'âme — pour quelqu'un, à poursuivre quelque dessein, ou à parfaire une grande œuvre : ce qui a certes une portée plus spirituelle que notre un peu familier *se décarcasser* , qui sonne comme un brisement d'ossements.

désarmer, v.

Zaïre... ; amours. Supplanter son rival auprès d'une femme.

En amour comme en affaires, ***désarmer*** son rival consiste à lui ôter ses moyens et à le réduire à merci. Cela peut revenir dans un conflit amoureux à lui ***détourner*** sa femme, étape finale d'un ***désarmement*** en règle.

descente, n. f.

Mali... ; travail. Sortie du travail.

Le début de la journée est au Mali la ***montée***, comme la ***descente*** en est la fin.
On dit ainsi, dans le sens qui leur correspond, ***monter*** et ***descendre*** pour signifier qu'on commence ou termine sa journée : « Je descends à quatre heures le vendredi. »
Selon un autre mouvement, le début de l'année scolaire sera ***l'ouverture***, et sa fin la ***fermeture*** : « C'est demain l'ouverture, faut s'coucher d'bonne heure. »

déserteur, n. m. ; **déserteuse**, n. f.

Zaïre ; amours. Personne qui découche, ou qui abandonne le domicile conjugal.

Comme le narre un article de *Salongo*, quotidien de Kinshasa : « Ma femme est une déserteuse redoutable. »

détournement, n. m.

Belgique ; route. Déviation.

Même si l'on a le plus souvent *déviation* sur les panneaux de signalisation belges, on emploie également dans cette acception ***évitement*** ou ***détournement*** ; tandis que l'on parle souvent, au Canada, d'un ***détour*** : « C'est rapide pour aller d'ici au Botanique, mais faites attention au détournement du bout d'la rue Léopold II. »

deuxième bureau, n. m.

Bénin ; amours. Maîtresse d'un homme marié.

Est-ce le prétexte invoqué d'aller ou de rester au bureau alors qu'on s'adonne à la place aux jeux de l'amour, qui fait ainsi étrangement traiter sa maîtresse de ***deuxième bureau*** ? Voire de ***troisième bureau*** lorsqu'à celle-ci s'en ajoute une autre, et ainsi de suite ? On peut le croire.
Cette enfilade de bureaux (jusqu'à même un ***quatrième*** voire ***cinquième bureau***) reste en tout cas l'apanage de l'homme ; la femme infidèle se contentera, mais c'est plus mal vu, d'avoir un ***sous-marin***.

dévaloir, n. m.

Suisse ; maison. Conduit vertical qui, dans un immeuble, permet de verser d'un étage supérieur les ordures dans une poubelle située au niveau du sol.

On imagine des versants verdoyants parcourus de tranchées ensoleillées : ***dévaloir*** désigne en effet d'abord un couloir pratiqué en montagne par lequel on achemine le bois vers la vallée ; pour ce sens, la Suisse lui adjoint aussi comme synonyme ***châble***. Transposé à la ville, le ***dévaloir*** n'a cependant plus de bucolique que le nom puisqu'au long de son parcours ne dévalent plus sapins ou mélèzes embaumant la coupe fraîche, mais de nauséabondes ordures. Il reste qu'on peut néanmoins sur lui rêver à l'air des montagnes, ce que n'autorise en rien notre morne et triste *vide-ordures.*

dibiterie, n. f.

Sénégal ; commerce. Boutique où l'on prépare et vend des morceaux d'abats ou de viande grillée.

A *dibi,* « viande grillée » en wolof, s'est joint le suffixe français *-erie*, indicateur du lieu ou s'exerce une activité marchande : élément si vivant aujourd'hui qu'on le retrouve partout — dans solderie, croissanterie, viennoiserie, etc. — au point que Jacques Cellard a pu parler, à propos de cette vogue, de « lexiquerie ».
Dibiterie signe ainsi l'association de deux langues, le français — langue officielle du Sénégal — et le wolof, l'un des grandes langues nationales de ce pays. Alliage qui semble avoir pris puisque ***dibiterie*** a donné ***dibitier*** ou ***dibiteur*** qui désigne le tenancier d'une ***dibiterie***. Plus immédiat cependant, le français du Mali nommera ce dernier ***rôtisseur***, et sa boutique ***rôtisserie***.

digaule, n. m.

Bénin... ; physique. Homme de grande taille.

Un ***digaule***, déformation de *De Gaulle*, n'est pas forcément un grand homme en Afrique, mais un homme grand : « Elle est toute menue, à côté de son digaule. »

dîner, n. m.

Canada... ; repas. Repas de midi.

Un peu partout dans le monde francophone, et encore parfois dans quelques provinces de France, le mot ***dîner*** a conservé son usage classique de « repas de midi » ; il en est de même pour ***souper*** qui garde son sens de « repas du soir ». Le cycle des repas ayant évolué à Paris au XIXe siècle où le *dîner* est devenu du

soir, reculant le *souper* dans la nuit (après le spectacle), le décalage entre Paris, la France et le reste de la francophonie s'est maintenu dans ce domaine, et dans quelques autres.

discute, n. f.

Togo... ; conversation. Discussion orageuse.

Lorsque la discussion tourne à la dispute, elle devient vite ***discute***.

dispendieux, adj.

Québec ; argent. Cher, coûteux.

Nous prenons habituellement *dispendieux* — dont nous usons peu — dans le sens de « qui exige de grandes dépenses », notamment pour l'entretien de telle ou telle chose : ainsi peut-on parler, en langue soutenue, d'un train de maison *dispendieux*. Au Québec cependant, et dans la plus grande partie du Canada, ***dispendieux*** s'applique surtout à ce qui est cher à l'achat, et remplace presque systématiquement les adjectifs, chez nous si usuels, de *cher* ou de *coûteux*. Il y a là de quoi nous surprendre un peu, ce qui est qualifié de *dispendieux* nous apparaissant de prime abord bien plus cher que ce qui est simplement qualifié de *cher* : « Trois dollars et cinquante le ***chien chaud***, maudit qu'c'est dispendieux ! »

diverger, v.

Tchad ; amours. Retirer à une jeune fille sa virginité.

Quoiqu'il puisse s'agir de divergence entre amants puisque la notion de viol peut être incluse au Tchad dans le mot *diverger*, c'est bien, par quelques accidents de syllabe, de *dévierger* que provient le verbe ***diverger***.

se divorcer, v.

Belgique... ; amours. Divorcer.

On se rencontre, se reconnaît, s'aime, s'adore, se marie, se sépare et pour finir, on ***se divorce***.

dix-heures, n. m.

Belgique... ; repas. Collation que l'écolier emporte pour consommer en milieu de matinée.

Situé entre petit déjeuner et midi, le ***dix-heures***, fait sur le modèle de *quatre-heures,* est un rite gourmand auquel sacrifie particulièrement l'écolier de Belgique ou de Suisse : gâteaux et tartines qui permettent d'attendre sans agoniser le moment de vraiment passer à table : « File. Et n'oublie pas ton dix-heures. »

djinn, n. m.

Maroc... ; merveilleux. Esprit mauvais ou, en général, filou.

Dans le Coran et les légendes musulmanes, le ***djinn*** est un être surnaturel, créé de feu, et généralement malfaisant. Par extension, d'une personne maligne, filoue et rusée on dira au Maroc : « C'est un djinn. »

dodine, n. f.

Haïti ; mobilier. Rocking-chair.

Dodine est sans doute issue du verbe *dodiner*, qui signifie « bercer, balancer » : « J'm'en vais dormir sur la dodine. »

donner l'avance, loc. verbale.

Rwanda ; amours. Consommer le mariage avant la cérémonie.

Donner l'avance, ou son synonyme ***faire l'avance***, paraît le résultat logique d'avances très assidues.

doris, n. m.

Saint-Pierre-et-Miquelon ; navigation. Canot à allure de gondole taillée pour la haute mer.

Le ***doris***, ce solide canot terreneuvien, résume à lui seul l'atmosphère désolée mais prenante des îles françaises de Saint-Pierre-et-Miquelon éparpillées dans la baie de Saint-Laurent. Son nom vient, semble-t-il, de l'américain, ce qui le fait plutôt appeler ***doré***, à la française, par les Québécois et les ***Acadiens*** du Nouveau-Brunswick.

doser, v.

Cameroun ; amours. Faire l'amour à une femme.

L'amour est affaire de dosage.

doubleur, n.

Belgique... ; école. Élève qui redouble une classe.

Si *doubler sa classe* se dit aussi en France, son acteur reste immuablement le *redoublant*. Or ***doubler*** étant en Suisse et Belgique le verbe le plus répandu, légitimement car *redoubler* signifie en bonne logique « refaire pour la troisième fois la même classe », il était normal que ***doubleur*** (ou ***doublant***) y prévalût.

doudou, n. m.

Guadeloupe... ; amours. Celui ou celle qu'on aime.

Aux Antilles et un peu en dehors, la personne aimée peut recevoir le surnom de ***doudou***, affectueux mais un peu moins vif que *chéri :* « Doudou, ba moin en ti ***bo*** » (donne-moi un baiser).

douillette, n. f.

Canada ; ménage. Couverture matelassée.

Au creux de l'hiver canadien, douillettement se blottir dans sa ***douillette*** en regardant tomber la neige !

doux, adj.

Maurice ; cuisine. Sucré.

A Maurice, ***doux*** veut dire « sucré » : « Comme c'est doux, ton bonbon ! » Et si l'on fête un événément en offrant des sucreries, on dit qu'on ***fait la bouche doux***.

drache, n. f.

Belgique ; climat. Pluie battante.

Parmi les nouveaux mots que l'Académie française a décidé d'intégrer à son *Dictionnaire* dans ses séances des 11 et 18 mai 1989, figurent ***drache*** (« pluie battante ») et ***dracher*** (« pleuvoir d'une pluie battante ») que l'on retrouve par ailleurs dans le Nord de la France. On se sent, sous leur sonorité, déjà environné de pluie.

drap de maison, n. m

Belgique ; ménage. Serpillière.

On ne se met pas forcément dans de beaux draps en Belgique : le ***drap de maison*** y désigne la serpillière (ou ***loque à reloqueter***), le ***drap de vaisselle*** le torchon, et l'on y parle, pour la serviette, du ***drap de main***.

drève, n. f.

Belgique ; route. Avenue bordée d'arbres.

Par accident, dans ***drève***, il y a rêve. Ce qui peut faire désirer encore plus d'habiter en Belgique *drève de la Vénerie, drève de Tastevin* ou *drève de Bonne odeur.*

ducasse, n. f.

Belgique... ; fête. Fête paroissiale ou foraine.

L'aire d'emploi de ***ducasse*** s'étend de l'Ouest de la Wallonie, en passant par la zone picarde et circumvoisine, au Nord de la France, où cette fête se résume souvent, dans la boue noire d'une place, à quelques manèges tournoyant dans une odeur de frites. A l'origine cependant, rien de plus sacral, à condition de discerner sous ***ducasse*** la forme du XIIIe siècle *dicaze* au sens de « consécration d'une église », elle-même issue du latin *dedicatio*. Progressivement, cette *dicaze*, concurrente de sa forme savante *dedicace*, que l'on trouve par exemple au siècle suivant à Tournai, prendra un second sens : de l'acte — la consécration d'un lieu saint — à la fête qui la commémore. Ainsi la ***ducasse*** d'aujourd'hui avec ses tirs au ballon et ses barbes à papa est-elle le résultat d'une lente désacralisation qui fait qu'elle châtoie plutôt aux sons des manèges forains qu'à ceux des chants d'église.

s'écarter, v.

Québec ; action. S'égarer.

Encore vivant dans les parlers de l'Ouest de la France, ***s'écarter*** se dit au Québec pour *s'égarer* : « M'sieur l'agent, j'm' suis écartée ! »

écœurant, adj.

Québec ; caractère. Se dit de quelqu'un qui provoque l'indignation.

Au Québec, quand on dit de quelqu'un qu'il est ***écœurant***, cela signifie qu'il est vraiment *écœurant* : ce que nous traduirions par *dégueulasse*. Et qui est ***écœurant*** fait des ***écœuranteries***.

écolage, n. m.

Suisse ; école. Frais d'école dus par un élève.

Notre tradition de laïcité, bien qu'assez récente, nous a rendus peu enclins à décrire les réalités de l'école privée. Nous avons cependant çà et là dans notre histoire le mot ***écolage***, sous les formes également d'*escolage*, ou d'*escholage* que l'on trouve notamment chez le grand traducteur de la Renaissance Jacques Amyot : « Il envoya quérir Aristote en lui payant un très honorable salaire pour l'escholage de son fils. » Le mot reste constant en Suisse pour désigner la somme dont l'élève doit s'acquitter pour suivre sa scolarité, alors qu'en Belgique on parlera dans ce sens de ***minerval***. Quant à l'élève de l'école privée — pour lequel nous n'avons pas de nom — c'est en Vallée d'Aoste un ***privatiste***, calque de l'italien *privatista.*

éléphante-appât, n. f.

Vietnam ; faune. Éléphante domestique servant à la capture d'autres éléphants.

Aux éléphants, dotés des plus grands dons, ne manque même pas la prévoyance : vivant en bandes sous

SNIF

l'autorité du *chef de harde*, les plus forts veillent, se chargeant toujours des tâches dangereuses, couchant même hors du cercle. Aussi faut-il toute la séduction d'une jeune et vierge éléphante domestique pour attirer peu à peu hors du groupe l'un ou l'autre des jeunes mâles : pris au piège du désir, et enveloppé d'une odeur nouvelle qui l'exclut de la harde, celui-ci passera alors quelques beaux jours de tendresse en forêt, jusqu'à ce que sa compagne finisse par l'entraîner au lieu d'affût où l'homme le capturera. Il y comprendra à l'instant, au coup de couteau donné sous l'oreille pour l'étourdir, que le « tigre, si puissant soit-il, devient humble devant l'infortune ».

s'émoyer, v.

Nouveau-Brunswick ; sentiment. Être troublé, ému, s'inquiéter pour quelque chose.

Le Moyen Age français revit dans ***s'émoyer***, verbe formé sur *émoi*, qui laisse miroiter chansons de geste, tournois, gentes dames et amour courtois. C'est aujourd'hui un verbe du parler ***acadien***, de Gaspésie, Terre-Neuve, Cap-Breton, lieux parsemés d'îles qui forment comme des poches où la langue se serait exilée. Dans le Sud-Est du Nouveau-Brunswick particulièrement, ***s'émoyer*** peut s'entendre aussi dans le sens de s'informer : « Je m'émoierai au sujet du prix. »

en attendant, n. m.

Côte d'Ivoire ; habillement. Nu-pieds en plastique.

Souple comme le serpent, moqueuse comme le singe, et rieuse de tout : c'est la langue de Moussa, le français de Côte d'Ivoire, aussi appelé Dago, du nom d'un héros de bande dessinée ivoirien aux prises avec les subtilités d'un français trop rigide.
Ainsi *aller loin* se dit ***aller jusqu'àaaa***, qu'il faut dire en appuyant surtout bien sur la syllabe finale : ce qui donne effectivement l'impression qu'on va loin ; de

même des ***en attendant*** sont, ni plus ni moins, des nu-pieds qu'on achète en attendant, précisément... de pouvoir s'acheter de vraies chaussures...
Les interprétations et réinterprétations marchent également bon train : le nom de la prostituée, la ***toutou***, semble venir de l'anglais *two shillings, two pence*,-prix demandé naguère par ces dames pour leurs services ; par une réinterprétation audacieuse, on vous dira qu'elles sont appelées ***toutous*** parce qu'elles sont pour tout le monde.
De même du nom de l'enfant, le ***cacaba***, mot baoulé, qu'on soupçonne de vouloir signifier « qui fait caca bas parce que doté de petites jambes » ; ce qui mène tout droit à l'emploi de ***cacaba*** pour désigner un *minable*. Voici précisément un début de bande dessinée (*La grénouille et la béf)* où un ***cacaba*** bien asséné vient ouvrir la querelle :

> LA GRÉNOUILLE — Ziké ! La chose costaud comme ça c'est quoi même ?
> LA BÉF — Hé ! Cacaba pourquoi tu regardes moi comme ça ? Tu m'as jamais vu tu veux gagne ma photo ?
> LA GRÉNOUILLE — Comment ont pelé-toi ? Façon ton ventre est gonflé on ne croit pas !
> *Voilà gros béf i commencé guélé fort même sur madame grénouille :*
> LA BÉF— Hé ! Toi faut pas te moquer de moi sinon je vais te chauffer ici toussite !! Maintenant quitte-là je vais boire mon de l'eau !

enceinter, v.

Togo... ; amours. Rendre enceinte.

Dans un bel élan de création, rendre enceinte se dit ***enceinter*** (ou ***enceintrer***) dans une grande partie de l'Afrique francophone. Le mot n'a rien de désobligeant et l'on peut dire couramment : « Il l'a enceintée en deux temps trois mouvements et le voilà qui pleure sur le lait répandu. » Sans que cela paraisse non plus incongru, les Béninois diront dans se sens ***grossir*** ; ou, avec une connotation familière, on entendra dire à la place, au Mali, Tchad ou Niger, ***mettre en grossesse***. Mais les choses de l'amour prêtant souvent à dérision, un étudiant sénégalais pourra dire vulgairement ***fusiller***, ou un Malien ***gonfler***. A ces acceptions péjoratives on préférera l'expression qui désigne le résultat de l'action d'***enceinter*** : être enceinte, qui peut se dire joliment, en Afrique, ***gagner l'enceinte***.

endormi, n. m.

Réunion ; faune. Caméléon.

L'un des surnoms du *Camaleo pardalis*, plus connu sous le nom de caméléon, est l'***endormi*** : sa lenteur, et la torpeur dans laquelle le plonge sa progressive absorption du paysage, font effectivement penser qu'il a quelques penchants pour le sommeil.

enfant de fortune, n. m.

Val d'Aoste ; amours. Enfant naturel.

« Hasard », l'un des anciens sens latin de *fortuna*, joue pleinement dans l'***enfant de fortune*** ; nous le dirions plutôt *enfant naturel* ou, de façon familière, *enfant de l'amour,* à la différence de nos pères qui le disaient, de leur côté, *enfant de hasard.*

entièreté, n. f.

Belgique ; quantité. Intégralité.

Peu fréquent en France, ***entièreté*** est courant en Belgique, où il se révèle souvent comme un trait d'élégance, mais parfois aussi, de pseudoélégance : « As-tu fait l'entièreté de ce que tu voulais faire ? »

en titi, loc.

Québec ; quantité. Beaucoup, très.

Quand la faim vous tenaille au Québec, il est possible de dire : « J'ai faim ***en maudit*** » ce qui est blasphémer en poussant un ***jurement***, c'est-à-dire bel et bien un juron. De façon plus neutre et non sans drôlerie on dira aussi : « J'ai faim ***en titi***. »

entrer-coucher, n. m.

Bénin ; maison. Studio.

Par dépréciation, une petite pièce, tout juste un studio, se dit au Bénin un ***entrer-coucher*** : une fois entré, on ne peut plus en effet que s'y coucher : « Si ce ***maisonnier*** croit qu'il va me louer son entrer-coucher à ce prix-là ! »

envoyer de l'eau sans mouiller personne, loc. verbale.

Haïti ; conversation. Dire des vérités sans faire d'allusion directe à quiconque.

Transposée d'un proverbe créole, ***envoyer de l'eau sans mouiller personne*** est la version offensive de ce que nous entendrions plus ou moins par : *ne pas se mouiller*.

éplucher les vieux légumes, loc. verbale.

Québec ; conversation. Rabâcher.

Faut-il voir un rapport entre cet *éplucher*-là et cet *éplucher*-ci relevé dans un texte du XIVe siècle : « Aucunes femmes qui par-dessus la raison et sens de leurs maris veulent gloser et éplucher ? » Peut-être ; d'autant qu'***éplucher*** veut bien encore dire au figuré

« rechercher avec un soin minutieux ce qu'il peut y avoir de répréhensible en quelque chose ». Le Québec ne ferait en ce cas, avec ces vieux légumes, que redonner à la formule une expressivité nouvelle.

espérer, v.

Réunion ; temps. Attendre.

Espérer, c'est au sens propre « souhaiter que quelque chose arrive », et de ce fait vivre dans une certaine attente ; d'où, dans le français des îles de l'océan Indien et des Antilles notamment, l'emploi très fréquent d'***espérer*** pour attendre. Et l'on y espère pas seulement quelque chose ; on peut également espérer une personne chère que l'on va regretter : « Je vais t'espérer ! »

personne chère que l'on va regretter : « Je vais t'espérer ! »

essencerie, n. f.

<u>*Sénégal...*</u> *; transport.* Poste d'essence, station-service.

Si ***essencerie*** était, en regard de *station-service*, pesé à l'aune d'un français poétique et idéalement correct, la palme, à coup sûr, lui reviendrait. L'Académie française ne s'y est pas trompée puisqu'elle a décidé en 1988 de l'intégrer dans son *Dictionnaire*. L'académicien et premier ministre de la francophonie Alain Decaux ne laisse pas, il est vrai, de souligner combien ce mot lui est cher. A cette belle ***essencerie***, il convient de marier son fidèle serviteur, ***l'essencier***, qui n'est pas — on pourrait s'y tromper — un philosophe spécialiste des questions relatives à l'Être, mais l'agent qui distribue l'essence à la pompe.

été des Indiens, n. m.

<u>*Canada*</u> *; climat.* Regain de chaleur assez bref qui intervient au milieu de l'automne.

Nous appelons d'ordinaire *été indien* la période de chaleur qui surgit parfois au cours de notre automne alors qu'on croyait les frimas bien installés. Les Canadiens, familiers de ces retours de saison, parleront d'*été indien*, mais, bien souvent, d'***été des Indiens***, d'***été des Sauvages***, ou encore, si c'est un Canadien puriste qui parle (il y en a beaucoup), d'***été des Amérindiens***.

et pati et pata, loc.

<u>*Sénégal*</u> *; conversation.* Formule qualifiant un discours abondant tenu le plus souvent à tort et à travers.

Manière de dire pour *et patati et patata*.

être bien situé, loc. verbale.

Burkina Faso ; travail. Avoir une bonne situation professionnelle.

Être bien situé n'indique pas ici un lieu géographique, mais certains repères dans l'échelle sociale : « J'te l'présenterai, c'est quelqu'un de bien situé. »

être comme lait et citron, loc. verbale.

Haïti ; humeur. Se dit de personnes ou de partis dont l'inimitié est irrémédiable.

En créole haïtien on dit en parlant de personnes : « ***c'est lait ac citron*** ! » *ac* étant la forme créole de *avec*. L'un faisant cailler l'autre, lait et citron ne sauraient ensemble produire en effet que du fiel.

être comme une pierre dans un mur, loc. verbale.

Val d'Aoste ; caractère. Ne pas changer.

Être toujours égal à soi-même et ne pas changer c'est, de façon dépréciative, ***être comme une pierre dans un mur***.

être constipé, loc. verbale.

Cap Vert ; santé. Être enrhumé.

De la constipation au rhume il n'y a certes pas, en bonne médecine, de rapports très immédiats. Mais du portugais *constipado* (qui signifie « enrhumé ») à la forme française *constipé*, le pas est vite franchi, et l'on ne s'étonnera pas outre mesure de ce transfert courant entre les deux langues. Surtout dans un pays comme le Cap-Vert où le portugais, langue de l'ancien colonisateur, est resté langue officielle ; exemple, avec la Guinée équatoriale, d'un État où la francophonie rejoint la latinophonie. « J'suis constipé aujourd'hui. — Tu veux un mouchoir ? »

être dans les patates, loc. verbale.

Québec ; action. Être dans l'erreur, déraisonner.

Patate s'employant au Québec plus que *pomme de terre*, on peut s'entendre dire au restaurant : « Pommes frites ou légumes ? » mais aussi très facilement : « Des patates frites avec la viande ? » ***Patate*** si courant qu'on le retrouve dans de multiples formules comme ***être dans les patates***, au sens de « se fourvoyer », ou ***faire patate*** en celui de « rater son coup ». Enfin, de celui qui a pour telle ou telle affaire, en général délicate, la balle dans son camp, on dira de lui qu'il ***a dans les mains la patate chaude***.

être dedans, loc. verbale.

Cameroun ; habillement. Être tiré à quatre épingles.

Par un calque savant, ***être dedans*** c'est en fait *être in*, expression que nous avons pour signifier qu'on est élégant et à la mode. Au pied de la lettre, ***être dedans*** peut également vouloir dire au Zaïre et au Cameroun qu'on est impliqué dans une affaire : « T'as trempé là d'dans ? — Non, moi j'suis pas d'dans. »

être de nuit, loc. verbale.

Bénin... ; amours. Fait pour l'épouse d'un polygame d'aller passer la nuit dans la case de son mari.

Ce service de nuit est un devoir conjugal : mais il nécessite tout de même que pour une nuit la femme découche.

être derrière, loc. verbale.

Cameroun ; information. Ne pas être au courant.

Descendre des nues et avoir l'air de débarquer peut se dire au Cameroun simplement ***être derrière***, ou de façon développée : ***être derrière comme les fesses.***

être sapé à mort, loc. verbale.

Bénin ; habillement. Être dans sa plus belle tenue.

A mort étant en langue familière l'expression superlative de ce qu'il y a d'extrême, ***être sapé à mort*** est donc, faut-il le dire, être terriblement bien habillé.

être sérieux comme un pain rassis , loc. verbale.

Haïti ; caractère. Être sérieux comme un pape.

A passer par le créole, le français s'emplit d'échos non dénués de charme et d'humour : outre ***sérieux comme un pain rassis***, on peut être en Haïti, ***habillé comme un paon*** (nous dirions « comme l'as de pique »), ***gai comme un pipirit*** (« comme un pinson »), ***ivre comme un macaque*** (« comme un cochon »), et ironie suprême : ***laid comme un frisé***.

éventail, n. m.

Louisiane ; mobilier. Ventilateur.

Fan désigne en anglais aussi bien l'éventail que le ventilateur ; il n'est donc pas surnaturel de voir ce dernier se transformer, dans un des États de l'Union, en ***éventail***. On dira ainsi, dans le sens de mettre le ventilateur en marche : « Mets l'éventail dessus », expression dans laquelle on reconnaît le verbe anglais *to switch on*.

examiner, v.

Burkina Faso ; école. Faire passer un examen en tant qu'examinateur ou membre d'un jury.

Si *concourir* place l'action du point de vue du candidat, ***examiner***, son symétrique, la situe sans équivoque du côté de l'examinateur : « Je n'serai pas là demain, je dois examiner toute la journée. »

fagne, n. f.

Belgique ; relief. Lande marécageuse des hauts plateaux de Belgique.

Paysage privilégié du réalisme magique et des films d'André Delvaux, célébrée par Apollinaire, la ***fagne*** introduit au spleen particulier des landes de Belgique battues des vents. Elle s'inscrit fortement dans la toponymie, et couvre des contrées entières : les *Hautes Fagnes*, par exemple, dont Verviers est la porte, constituent un ensemble de landes sévères, inhospitalières, glaciales l'hiver et brûlantes l'été. Le relief se prolongeant jusque dans les Ardennes françaises, le mot ***fagne*** s'y retrouve également. Exemple de perméabilité des frontières politiques aux aires linguistiques, surtout lorsqu'un même massif — ici les Ardennes — sert depuis des siècles de lien à une même communauté humaine.

faire, v.

Mali ; amours. Faire l'amour.

« Que fait-il actuellement ? — Il ***fait***. — Ah bon ! »

faire boutique mon cul, loc. verbale.

Côte d'Ivoire ; amours. Se prostituer.

Faire boutique mon cul se passe de commentaires. On peut toutefois préciser que son pronom possessif peut éventuellement se fléchir : « Il (elle) fait boutique son cul », et même venir à disparaître au point de se réduire à simplement ***faire boutique cul***.

faire caïman, loc. verbale.

Côte d'Ivoire ; école. Se lever la nuit pour aller étudier, autrefois après l'extinction des feux et le passage du surveillant.

Il n'y a pas de de *caïman* en Afrique, juste des *crocodiles* : mais ce terme n'y est employé que pour le grand crocodile dit *Crocodilus niloticus*, tandis que le crocodile à museau large, *l'Osteolamus tetraspis*, assez commun, reste faussement appelé ***caïman***. D'où malgré tout, et n'en déplaise au zoologues, l'expression ***faire caïman***, construite à l'image du crocodile qui refait surface après le départ des chasseurs pour reprendre ses occupations interrompues ; l'étudiant qui se relève la nuit pour étudier se nommera de ce fait ***caïmanteur*** (qui fait jeu de mot) et son activité le ***caïmantage***.

faire couloir, loc. verbale.

Mali... ; politique. Se faire recommander aux fins d'obtenir une faveur.

Pour évoquer les allées du pouvoir, ce n'est pas de ***couloir*** dont nous parlerions ; mais plutôt d'*antichambre*, terme dont usaient nos classiques, par exemple dans

l'expression *faire les antichambres* qui signifie intriguer en se faisant recommander auprès d'un personnage influent. De façon peut-être moins compassée, on ***fait*** en Afrique ***couloir*** ou ***les couloirs*** grâce à quoi l'on arrive à ses fins en recourant à toutes sortes d'appuis, politiques, ethniques, familiaux, etc.
Dans le domaine scolaire, cette pratique semble également fréquente et l'on parlera d'un ***élève-couloir***, ou pour tout passe-droit, d'un ***couloir*** : « On m'a passé deux élèves-couloir, ç'sont à peine des ***débrouillés***. »

faire coup d'État, loc. verbale.

Mali ; amours. Prendre à quelqu'un son ou sa petit(e) ami(e).

Les coups d'État étant encore nombreux en Afrique, l'expression ***faire coup d'État*** en est venue, au Mali, à s'introduire même dans le domaine amoureux.

faire des roupies, loc. verbale.

Seychelles ; argent. Se faire de l'argent.

Dans ***faire des roupies***, *roupie* n'est pas une image : c'est le nom de la monnaie nationale des Seychelles, comme de celle de l'Ile Maurice toute proche : « Les riches ont de la chance de pouvoir faire des roupies en ***regardant les cocos tomber*** (sans rien faire) ! »

faire faraud, loc. verbale.

Côte d'Ivoire ; caractère. Faire le fier parce qu'on est bien habillé.

Faraud désignait couramment dans notre ancienne langue, et encore récemment en France, celui qui porte de beaux habits et en est fier. On disait aussi *farauder* ou *faire le faraud* ; ce qui est à deux doigts de ce ***faire faraud*** ivoirien : « Le v'la encore à faire le faraud avec ses femmes ! »

faire la beauté, loc. verbale.

Tchad... ; physique. S'arranger avec soin et coquetterie.

Nous dirions *se faire une beauté*, mais ***faire la beauté*** a du charme : « Alors t'as fait la beauté, on peut y aller ? »

faire la causerie, loc. verbale.

Tchad ; conversation. Faire la causette.

Une *causette* est une petite *causerie*. Mais à partir de quand une petite causerie devient-elle une *causette ?* Dilemme auquel le français du Tchad répond sans trop s'en soucier, en assimilant simplement l'une à l'autre : « Son ***amoureux*** lui fait la causerie, faut pas la déranger. »

faire la galanterie, loc. verbale

Bénin ; habillement. Chercher à se faire remarquer par sa tenue et sa coquetterie.

La ***galanterie*** togolaise ou béninoise semble n'avoir de rapport avec le commerce amoureux que par le vêtement : ***faire la galanterie*** ou ***faire le galant*** ne signifient en effet rien d'autre que chercher à paraître, non sans ostentation, élégant : « Qu'est-ce qu'il a à faire la galanterie comme ça devant elle ? C'est son ***sous-marin*** ? »

faire l'amour commercial, loc. verbale.

Mali ; amours. Sortir avec un homme pour lui soutirer de l'argent ou d'autres avantages.

Que l'on use de l'expression ***faire l'amour commercial*** ou de sa variante ***faire de l'amour commercial***, dans les deux cas *commercial* sonne le glas de l'amour tout court.

faire le boum-boum, loc. verbale.

Cameroun ; sport. Au football particulièrement, jouer sans finesse.

A bien entendre *boum-boum*, on doit comprendre que l'absence de finesse du joueur n'a d'égale que sa percutante brutalité. Ce qui se dit aussi ***jouer cocobionco***.

faire le chat, loc. verbale.

Belgique ; école. Faire l'école buissonnière.

Le chat fait ce qu'il veut, n'est-ce pas ?

faire le deux doigts, loc. verbale.

Mali... ; action. Voler à la tire.

L'agilité principale du voleur à la tire réside en partie dans les deux doigts qui soustraient le portefeuille de la victime : d'où l'expression ***faire le deux doigts*** et le surnom attaché au malfaiteur : un ***deux doigts***.

faire le ronron, loc. verbale.

Côte d'Ivoire... ; caractère. Se rendre intéressant, faire le malin.

Faire le ronron ou ***son ronron***, se dit aussi ***faire le gros dos, faire le solo, faire le vent, faire boucan***, et quand ce déploiement de manières a pour cause le port de beaux habits qu'on a sur soi, il se dit plutôt ***faire faraud***. « Il m'a fait le vent toute la soirée, mais je suis restée indifférente. »

faire l'honneur, loc. verbale.

Maurice ; fête. Célébrer.

Pour dire célébrer ou fêter ça, les Mauriciens diront plutôt : « On va ***faire l'honneur***. »

faire longue table, loc. verbale.

Belgique ; fête. Banqueter.

En pays de bonne chair, les banquets bien conçus se font assis à une longue table.

se faire passer un sapin, loc. verbale.

Québec ; action. Se faire berner.

On dit aussi ***se faire passer une épinette***, c'est-à-dire presque un sapin : un épicéa ; ou encore, tout aussi ironique : ***se faire passer un Québec***.

faire piécoco, loc. verbale.

Maurice ; jeu. Faire le poirier.

Pié désignant l'arbre en créole — par métonymie sans doute avec le *pied* de l'arbre — c'est bien de « faire l'arbre coco », autrement dit de « faire le cocotier » qu'il s'agit dans ***faire piécoco.***
A cette version exotique du poirier s'ajoutent d'autres

jeux d'enfant qui ont pris sur l'Ile diverses tournures : ainsi ***glissade*** s'y dit pour *toboggan* et **balance** pour *balançoire*. **Jouer couque** y sera *jouer à cache-cache* avec des variantes : ***jouer couque caché***, version dans laquelle il est interdit de bouger une fois caché, ou ***couque maillé*** qui veut qu'on attrape vraiment, qu'on ***maille*** celui qui s'est caché. *Faire des galipettes* et *jouer aux billes* s'y diront quant à eux, et toujours sans article comme souvent en créole, ***faire coustiques*** et ***jouer canettes*** (à prononcer « zouer canette »).

faire ses besoins, loc. verbale.

Sénégal ; travail. Vaquer à ses occupations.

Il n'est pas malséant de dire qu'on ***fait ses besoins*** lorsqu'on s'occupe effectivement, comme au Sénégal, de mener ses petites affaires, ou que comme au Tchad on exprime par là le fait d'acheter ce dont on a le plus besoin. Même si l'on reste bien un peu sur le fil de l'ambiguïté : « Je reviens dans une heure, j'vais faire mes besoins. »

faire une passade, loc. verbale.

Val d'Aoste ; action. Arriver et s'en retourner rapidement.

L'un des premiers sens de *passade* est, dit Littré, le « passage d'un homme dans un lieu où il fait peu de séjour ». D'où l'inconvenance du mot dans le langage de la galanterie — le seul où on l'entende encore — qui est « le commerce qu'on a avec une femme qu'on quitte aussitôt ». Comme beaucoup d'expressions valdôtaines, celle-ci vient de loin : l'atteste l'étonnante diversité qu'en offre la langue classique : *de passade, en passade* (en ne faisant que passer), *à la passade* (en passant), etc. qui s'utilisent dans les domaines les plus divers : équitation, escrime, natation, fauconnerie, théâtre ! Ne s'embarrassant pas de toutes ces nuances, le paysan valdôtain dira, lui, simplement : « Oh ! l'hiver peut ***faire une passade***, et puis, il retourne. »

faire un tour de lit avec quelqu'un, loc. verbale.

Québec ; amours. Coucher avec quelqu'un.

Faire un tour de lit avec quelqu'un va un peu plus loin que faire un simple tour avec lui.

fais-chier, n.

Mali ; personnages. Imbécile qui ennuie tout le monde.

Le ***fais-chier***, réduction d'une locution verbale bien connue, est un peu l'équivalent du ***bandicon*** : « Fais pas attention, il fait son fais-chier aujourd'hui. »

fais-dodo, n. m.

Louisiane ; fête. Bal ou salle de danse.

Le ***fais-dodo*** désigne la salle de danse, mais également le bal du samedi soir. Les jeunes mariés, paraît-il, y emmenaient leurs jeunes enfants qu'ils couchaient dans une pièce connexe (« fais-dodo » est le début d'une berceuse), de façon à pouvoir danser tout en les surveillant. Ces bals n'avaient pas forcément bonne réputation : on pouvait y rencontrer du ***mauvais monde***, et les jeunes gens de bonne famille se rendaient plutôt dans les ***bals de maison***, mieux fréquentés, et plus sobres. Aujourd'hui les ***fais-dodo*** existent toujours et il s'agit plus fréquemment de « danser sur un coin de rue, à la musique d'un *band*, groupe **cadjin**, durant un festival, une parade, ou n'importe quelle occasion où le monde se rencontre pour la joie de vivre ». Cette prose est de John C. Broussard qui l'assortit d'un poème-chanson de sa composition :

for song —
Les Bayous de la Louisiane
Sont visité quotidiane (sic)
Qui fait plaisir à tout le monde
Pour leur qualité qui est si profonde

Prenez garde des alligators
Car tu te trouveras bien mort
Parce qu'ils veulent toujours manger
Ils vont te manger pour déjeuner

Les cyprès sont grands et beaux
Avec splendeur ils poussent dans l'eau
Qui coule dans les grand bayou (sic)
Pour bien satisfaire un et tous.

fantasia, n. f.

Maroc... ; fête. Divertissement équestre de cavaliers arabes, en particulier berbères, qui consiste en une charge de cavalerie.

Les fêtes données en l'honneur d'invités de marque — François Mitterrand reçu par Hassan II, par exemple — donnent lieu au Maroc à toutes sortes de manifestations, dont la ***fantasia*** : les cavaliers s'élancent à la course en faisant feu de leur mousquet, dans un déferlement de cris, de détonations et de poussière. L'emprunt que le français fait au XIXe siècle de ce mot italien pris dans cette acception particulière, soit directement, soit par un intermédiaire arabe, est illustré par le tableau d'Eugène Delacroix « *Une fantasia au Maroc* » exposé à Paris en 1842, qui contribua semble-t-il à fixer cette signification de *fantasia* dans notre langue.

fariner, v.

Réunion ; climat. Pleuvoir d'une pluie fine.

Entre deux cyclones, il peut aussi, à la Réunion, ***fariner*** c'est-à-dire pleuvoir d'une petite pluie fine, appelée précisément ***farine***. Image céréalière associée à la pluie, qui se retrouve aussi dans le parler réunionnais avec le verbe ***grainer*** qui a le sens de « pleuvoir », mais de façon un peu plus drue que la ***farine*** : « Il fait quel temps ? — Beau, mais il commence à fariner. »

faux rendez-vous, n. m.

Mali... ; réunion. Rendez-vous manqué en raison de la défection d'une des personnes conviées à s'y rendre.

Rien de plus rageant qu'un ***faux rendez-vous*** où l'un des intéressés fait faux bond, souvent, sans prévenir : « T'étonne pas s'il est pas là, i donne que de faux rendez-vous. »

femme savante, n. f.

Zaïre ; école. Étudiante de l'université ou d'un institut supérieur.

Toute moliéresque que puisse paraître l'allusion, ***femme savante*** est aussi irrévérencieuse qu'hypocrite, car ce personnage au charme intellectuel est, à ce qu'il paraît, très recherché dans les bals : « Viens ce soir, y aura des femmes savantes. »

fend-l'air, n. m.

Canton du Jura ; personnages. Fanfaron.

Le ***fend-l'air***, équivalent jurassien de notre *fend-la-bise*, semble tout droit sortir d'un épisode de comédie. Celle-ci ne se nourrit-elle pas de ce que le parler populaire propose comme la meilleure des évidences ?

fermer les yeux, loc. verbale.

Niger... ; comportement. Faire mine de ne pas reconnaître quelqu'un.

Quand on ne veut pas voir, y compris au figuré, on ***ferme les yeux*** : « J'ai bien vu ç'matin qu'il passait en fermant les yeux. »

fêter, v.

Québec ; fête. Faire la fête.

Les Québécois poussent la joie de vivre et l'art de faire la fête jusqu'à employer le verbe *fêter* de manière intransitive, c'est-à-dire absolue : « I fêtent bien dans ç'te ***place***-là (dans cet endroit). ***C'est l'fun*** ! »

feu sauvage, n. m.

Québec ; santé. Type d'herpès labial.

Les boutons qui rongent et cuisent sauvagement les lèvres n'ont-ils pas quelque droit à se nommer ***feu sauvage*** ?

fiançailles académiques, n. f. plur.

Zaïre ; amours. Liaison éphémère entre un étudiant et une étudiante.

Ces ***fiançailles académiques*** n'annoncent nullement un mariage entre académiciens ; et ce n'est pas non plus le sens d'« inessentiel », qu'indique parfois l'adjectif *académique,* qui rend ces fiançailles éphémères. Simplement, cette liaison se nouant pendant le court espace d'une ***année académique*** c'est-à-dire au Zaïre (sous l'influence du français de Belgique), durant l'année universitaire, ces fiançailles informelles et éphémères reçoivent de ce fait le qualificatif d'*académiques.*

fichant, adj.

Réunion ; humeur. Se dit d'une personne gentiment moqueuse.

La nuance est fine : il y a des gens dont on peut à la rigueur se fiche gentiment, et avec lesquels se montrer ***fichant*** ; mais non ***foutant,*** c'est-à-dire ostensiblement moqueur.

fier-pet, adj.

Québec ; caractère. Coquet et vaniteux.

Se dit surtout en milieu rural, et aussi bien d'un homme que d'une femme : « C'est sa troisième robe ç'printin, al est assez ***fière-pet*** c'est pas creyable. » On peut aussi dire, en développant la formule : « Il ***est fier comme un pet.*** »

filet américain, n. m.

Belgique ; cuisine. Bifteck haché assaisonné d'aromates et mangé cru.

Les menus de restaurant tendent de nombreux pièges dont, en Belgique, le ***filet américain***. Si donc, pensant obtenir une délicate pièce de viande cuite à point, on retrouve dans son assiette l'amas de viande crue que nous appelons *steak tartare*, il est toujours possible de se consoler en déclinant avec Jean-Pierre Verheggen les assaisonnements possibles.

> PICKELS ? SAUCE RICHE ?
> Dis qu'est-ce ?
> MAYONNAISE ? Poussez pas !
> TARTARE ?
> Dites ! Restez dans la file !
> MOUTARDE ? Quoi ?
> PILI-PILI ?
> Dites ! Faites la queue comme tout le monde !
> CURRY ?
> Suivant !
> SAUCE AMÉRICAINE ?
> — Oui ! C'est à moi !
> Dis William ? Qu'est-ce que tu veux, toi, comme sauce belge sur ta Frite ? —
>
> Jean-Pierre Verheggen, *Le degré zorro de l'écriture.*

fin, adj.

Québec ; caractère. Qualifie une personne sensée et intelligente, une situation ou une chose qui est agréable, plaisante.

Au Québec, qualifier quelqu'un de ***chouette*** relève d'un niveau de langue élevé ; cela ne se dit que dans certaines situations particulières, alors que les expressions « Il est chouette » ou bien « C'est chouette » nous sont familières et courantes.

Là où nous employons *chouette*, les Québécois useront plutôt de l'adjectif ***fin***, voire de ***quioute*** (de l'anglais *cute*, « fin, pénétrant ») : « Elle est fine ç'te fille là » revient donc à dire qu'elle est *chouette*. De cette façon, la traduction exacte de notre : « C'est chouette, ce truc » devient là-bas : « C'est fin ç't'affaire là. »

fin de semaine, n. f.

Québec ; temps. Congé hebdomadaire du samedi-dimanche.

Personne ou presque ne dit *week-end* au Québec, ni n'écrit *ouiquende* comme *Le Canard enchaîné*. Mais uniquement ***fin de semaine.*** Ce qui reste presque inconcevable en France où *week-end* occupe toute la place, laissant en outre peser sur *fin de semaine* le soupçon qu'il s'agirait d'un week-end prolongé. Scepticisme sans nul doute mal placé car, si l'on y réfléchit bien, ***fin de semaine*** reste bien distinct de la fin de la semaine.

flanquée, adj.

Tchad ; physique. Se dit d'une femme qui a des formes avantageuses.

Une femme aux flancs souples et bien faits a droit au Tchad au qualificatif de ***flanquée***. En revanche, de l'homme bien bâti, aux épaules larges et à la taille mince, on entendra plutôt dire, au Niger, qu'il est ***cintré.***

fion, n. m.

Canton du Jura ; conversation. Parole blessante.

Fion se retrouve dans le Jura français et suisse ainsi que dans les Alpes du nord, attestant par là une origine commune qui se joue des frontières politiques : « I m'a lancé un fion, et alors là j'ai ***piqué une gueulée***. »

fleur farouche, n. f.

Louisiane ; flore. Fleur sauvage.

Toute femme est une ***fleur farouche***, aime-t-on à penser. Pour un Louisianais, l'image se double d'une réalité puisque pour lui une ***fleur farouche*** est vraiment une fleur sauvage. De même, un ***canard farouche*** (ce que l'homme est à son tour parfois) sera plutôt en Louisiane, comme çà et là dans l'Ouest de la France, un canard sauvage. « Tu veux pas m'faire un bouquet d'fleurs farouches ? »

Flic-en-Flac, n.

Ile Maurice ; noms de lieu. Bourg de la côte de l'île.

En abordant l'île Maurice, on s'attend à trouver une île clémente et douce ; on trouve des lieux aux noms corsaires, frappés par l'aventure et le naufrage ; *Cap malheureux, Poudre d'Or, Pointe aux canonniers, Montagne du pouce, La Preneuse, Fond du sac, Rivière des anguilles, Trou aux biches, Trois mamelles, Deux bras, Bras d'eau, Riche en eau, Eau coulée, Le Morne,* etc. Il semble en d'autres endroits que des objets se soient incarnés dans des lieux : *Pamplemousses, Calebasses, Bambous, Moka, Tamarin, Rivière citron, Pailles, Grigris...* noms sur lesquels l'emporte parfois la nostalgie du pays : *Ville d'Avray, Plaine Champagne, Nouvelle-France, Cluny, Port-Louis...* : s'ils ont peu écrit, aventuriers et corsaires ont en revanche beaucoup baptisé, semant de par le monde les mots de la flibuste.

fonctionner, v.

Togo... ; travail. Avoir un emploi, être fonctionnaire.

Exercer une fonction ou être fonctionnaire se transforme sans mal en ***fonctionner*** : « Que faites-vous dans la vie ? — Je fonctionne. »

fondre comme mantègue au soleil, loc. verbale.

Maurice... ; temps. Passer très vite, disparaître.

Fondre comme mantègue au soleil est l'image mauricienne correspondant à notre expression *fondre comme beurre au soleil*. **Mantègue** — qui n'est ni du masculin ni du féminin, le genre grammatical n'existant pas dans le système nominal du créole — est en effet une variété de beurre utilisée dans la cuisine indo-mauricienne, le mot lui-même étant issu du portugais *manteiga* (« beurre »).
Le traducteur d'un des romans mauriciens d'Abhimanyu Unmuth, rédigé en hindi, se sert très habilement de cette image qui contribue à enraciner son ouvrage dans la réalité de l'île Maurice :

> Mais quelque chose s'était passé entre nous qui a fait fondre ces trois mois comme mantègue au soleil.
>
> *Les Empereurs de la nuit.*

fontine, n. f.

Val d'Aoste ; cuisine. Fromage de vache à pâte cuite.

La ***fontine***, *fontina* en italien et en dialecte valdôtain, est un délicieux fromage rond et plat qui a le goût de la noisette. Il est typique du Val d'Aoste où il se marie particulièrement bien avec la ***polente***, que l'on peut

déguster maigre — farine de maïs, légumes et saucisses — ou grasse avec beurre et fontine.
Cette appétissante gastronomie montagnarde ne s'arrête pas là, puisqu'on peut aussi succomber au charme du muscat blanc de Chambave qu'Alexandre Dumas cite, en bon connaisseur, dans son *Dictionnaire de cuisine.*

forçat, n. m.

Martinique... ; objets. Long collier formé de nombreux maillons fins.

Plusieurs traditions de bijoux se sont croisées aux Antilles. Surtout colombiennes et espagnoles au XVIIe siècle, africaines et françaises au XVIIIe et XIXe siècles, ces influences ont donné naissance à un artisanat original aux pièces caractéristiques tels le ***forçat*** ou ***chaîne forçat***, qui est un collier composé de multiples maillons très fins ; le ***collier-chou*** ou ***collier-grain d'or*** formé de petites perles en or, ou encore les ***créoles***, appelées aussi ***anneaux créoles***, ornements d'oreilles formés d'un très simple anneau fermé.

foresterie, n. f.

Canada... ; agriculture. Ensemble des disciplines et des méthodes relatives à la culture, la protection, l'exploitation de la forêt, et à l'administration de ses richesses.

La définition ci-dessus figure telle quelle dans la dernière version du *Dictionnaire* de l'Académie ; l'auguste Compagnie en a elle-même emprunté les éléments à l'***Office de la langue française*** du Québec, en quoi il faut voir un premier hommage : celui d'une des hautes traditions françaises à ce pays si audacieux en matière de langue. Et un second, dans cet exemple inclus en complément de la définition précédente : « La ***foresterie*** intéresse au premier chef l'ancien monde comme le Nouveau. » Belle révérence à l'égard des pionniers que restent, en fait de mots nouveaux, dépaysants ou repaysants, les Canadiens.

fou comme un balai, loc.

Québec ; caractère. Se dit d'une personne gaie et exubérante.

Il n'y a vraiment pas plus fou qu'un balai.

foudi, n. m.

Madagascar ; faune. Petit passereau au plumage brun verdâtre.

Le ***foudi*** mâle a la particularité, le désir aidant, de devenir d'un rouge éclatant pendant la période nuptiale. On le retrouve également à la Réunion, mais sous un nom d'église approprié à la couleur de son plumage : le ***cardinal***.

fourche, n. f.

Belgique ; école. Trou d'une ou de plusieurs heures dans un emploi du temps.

Les images du temps étant constamment associées à celle de l'espace, l'intervalle qui sépare les dents d'une fourche se prête naturellement à désigner une période particulière. D'où l'expression de Belgique ***avoir une heure de fourche*** ; éventuellement, mais plus rare : ***avoir une fourche, être fourchu***, voire ***fourcher*** : « J'ai une heure de fourche ce matin, j'ai une fourche de deux heures, de trois à cinq heures ; cet après-midi je suis tout fourchu, et demain je fourche encore... »

FROTT.
FROTT.

fournaise, n. f.

Québec ; ménage. Appareil de chauffage.

Au Québec, ***fournaise*** désigne encore souvent le poêle à bois, son emploi s'étendant aussi à de modernes chaudières : « Ts'as mis du fagot dans la fournaise ? »

fourrer, v.

Côte-d'Ivoire ; habillement. Porter la chemise passée dans le pantalon.

Il est utile au tailleur de savoir si son client ***fourre*** ou porte la chemise sur le pantalon, de façon à pincer la taille le mieux possible.

à frais virés, loc.

Canada ; information. Mode d'appel téléphonique interurbain payé par l'appeleur ou l'abonné.

Les fameuses demoiselles du téléphone de Marcel Proust — figures de la douleur parce qu'anonymes, tenant en main le fil du destin des êtres aimés qui cherchent à se joindre sans y parvenir — reçoivent au Québec le nom peu mythologique et plus technique de ***téléphonistes*** (que l'on trouve çà et là en France). C'est par elles qu'il faut le plus souvent passer pour appeler les autres continents, que ce soit en frais directs ou à ***frais virés*** ; ce dernier mode d'appel est encore connu en France sous le nom de *PCV* (paiement contre vérification), quoique cette pratique y soit tombée en désuétude sauf pour appeler, de France, l'étranger.

Franco, n.

Nouvelle-Angletterre... ; peuple. Descendant de Canadiens français qui quittèrent le Québec pour se fixer aux États-Unis, en Nouvelle-Angleterre particulièrement.

Le ***Franco***, abréviation de ***Franco-américain*** est, comme il se définit lui-même « ç't'a sorte d'animal qui parle le français ». La seule différence entre lui et la plupart des immigrants qui fondèrent les États-Unis, est que ses ancêtres français avaient déjà pris pied en Amérique du Nord, particulièrement sur la façade atlantique de l'actuel Canada, constituée en 1604 en province d'***Acadie***. Mais à partir du XVIIIe siècle, pressés par la domination britannique, ils durent quitter par la force, et souvent la déportation, leur Acadie natale pour migrer vers le sud, ce que la tradition ***acadienne*** a retenu sous le nom de ***dérangements.*** Contraintes économiques et religieuses pousseront ensuite plusieurs vagues jusqu'au début du XXe siècle. C'est ainsi que dans ses six États — Maine, Vermont, New Hampshire, Massachussets, Rhode Island et Connecticut — la Nouvelle-Angleterre abrite plus d'un million de ***Francos***, citoyens américains dont les noms sonnent comme des exotismes dans l'annuaire du téléphone : *Lamoureux, Péloquin, Pelletier, Poirier, Quintal, Perreault, Dantin, Beaugrand, Port-Joli, Girouard... ;* ou *Boisvert* et *Le Blanc*, souvent assimilés ceux-là en *Greenwood* ou *White.*

frapper la main, loc. verbale.

Côte d'Ivoire... ; maison. Geste qui correspond à frapper à la porte.

Les portes sont, en Côte d'Ivoire, souvent faites en osier : y frapper ne produisant qu'un son sourd, il vaut mieux ***frapper la main*** c'est-à-dire claquer dans ses mains pour annoncer sa venue.

frasil, n. m.

Canada ; climat. Mince couche de glace à la surface d'une étendue d'eau.

Le ***frasil***, dit aussi dans certaines régions ***froserie***, est aussi bien de la glace en parcelles flottant à la surface d'une eau vive, que la pellicule formée par la glace qui commence à prendre sur une étendue d'eau plate ; prononcé *frâsi*, avec un l parfois sonore, ***frasil*** donne par exemple en bonne langue québécoise : « C'te nuite i l'a faite un peu ***frette***, i s'est faite du frâsi su l'fleuve ».

frotte-manche, n.

Belgique... ; personnages. Flagorneur.

Belgique et nord de la France se retrouvent une nouvelle fois réunis dans l'humour par ce ***frotte-manche*** dit aussi ***frotteur de manche*** à prononcer, sans académisme, « frotteu d'manche ».

frousser, v.

Zaïre ; sentiment. Avoir peur.

Ainsi donc, qui a la frousse ***frousse*** : « Arrête de frousser, ça fait pas mal ! »

gagner l'enceinte, loc. verbale.

Bénin... ; amours. Être enceinte.

Gagner l'enceinte est ce qui arrive à une femme lorsqu'un homme l'a ***enceintée.*** Dans le sens d'être enceinte, on dira également au Bénin ou en Côte d'Ivoire ***avoir un ventre***, au Zaïre ***avoir le ventre***, au Mali et au Sénégal, ***être en état,*** ou ***tomber en état***. Résultat de l'action de ***gagner l'enceinte*** : ***gagner petit,*** c'est-à-dire avoir un enfant.

gagner son mil, loc. verbale.

Togo... ; travail. Gagner son pain.

Le mil étant la base de l'alimentation dans les régions de savane, ce qui est dans notre civilisation du blé *gagner son pain* ou sa *croûte* revient naturellement au Bénin ou au Togo à ***gagner son mil***.

gagner une patate, loc. verbale.

Haïti ; travail. Gagner son pain.

Pain ou bifteck étant rares en Haïti, la ***patate*** — tubercule sucré plutôt que pomme de terre — le supplée, ce qui justifie, s'il en était besoin, ***gagner une patate***. « Va gagner une patate, tu causeras après. »

gant de Paris, n. m.

Val d'Aoste ; amours. Préservatif masculin.

Ce gant n'a qu'un doigt et ne saurait être une mitaine : c'est bien sûr le propre du tabou de ne pas se dire précisément, et de ne s'évoquer qu'indirectement, par image ou par déformation. Le préservatif masculin étant senti comme une souillure qu'on renvoie sur autrui (cf. notre *capote anglaise)*, il est l'apanage sans panache de l'autre, de l'étranger : et, avec ce ***gant de Paris***, des Parisiens, mythe repris en Val d'Aoste à l'argot italien *guanti di Pariggi.*

garcerie, n. f.

Mali ; amours. Maison de prostitution.

La ***garcerie*** est le lieu où se tiennent les *garces*, c'est-à-dire, dans un sens répandu en Afrique et que connaît notre argot, les prostituées. En langage non soutenu, nous appellerions plutôt cet endroit un *bordel* ; mais ce mot a connu dans une partie de l'Afrique un déplacement de sens qui lui fait aujourd'hui couramment désigner, par métonymie, un homme ou une femme de mauvaise vie : On parle ainsi d'un ou d'une ***bordel(le)***. Si bien que le recours à ***garcerie***, mot ingénieusement formé et ne faisant qu'occuper une place qui était à prendre, n'a, grammaticalement, rien de répréhensible.

garçon, n. m.

Égypte ; conversation. Interjection qui sert à héler un garçon de café.

En Égypte, le français est essentiellement une langue de culture. D'où l'absence quasi totale de ce que l'on peut appeler des *francophonismes*, c'est-à-dire de mots ou expressions particulières à une communauté francophone. On n'en retrouve pas moins, dans ce pays qui adhère à la francophonie, nombre d'influences françaises : dans le dialecte égyptien par exemple, qui a emprunté des mots tels que **garçon** (pour appeler un serveur), *merci, madame* (pour s'adresser à une épouse), etc. Par ailleurs, et complètement assimilés au dialecte, on relève également bien des emprunts au français, notamment dans les domaines techniques.

garde-corps, n. m.

Réunion ; objets. Amulette.

Pour se prémunir du mauvais sort, on porte, à la Réunion, un ***garde-corps***, dit aussi ***garantie.***

gardinier, n. m.

Niger... ; métiers. Personne qui exerce la double fonction de gardien et de jardinier.

Veut-on un mot valise ? Ajouter à *gardien jardinier,* et voilà ***gardinier***.

se garer, v.

Niger ; amours. Aller chez les prostituées.

De quoi faire diversion dans une soirée d'où l'on s'extrait quelques instants avec élégance : « J'vais ***m'garer*** ». Son synonyme passe également inaperçu : ***aller au garage.***

gargote, n. f.

Sénégal ; commerce. Petit restaurant très bon marché.

Gargote, pour nous plutôt péjoratif, ne l'est nullement au Sénégal où il est consigné dans les textes réglementaires, au même titre que ***gargotier*** ou ***gargotière***, ses tenanciers : « On est allé manger dans une gargote hier soir, c'était plutôt chic. »

gavroche, n. f.

Niger ; personnages. Prostituée.

Passer d'un nom propre à un nom commun c'est, en bonne grammaire, une *antonomase.* Par cette voie inattendue, le gamin de la rue qu'est Gavroche rejoint de façon surprenante, au Niger, une de ses sœurs de misères : la fille de joie : « Ne va pas avec elle, c'est une ***gavroche.*** »

gazelle corinne, n. f.

Mali... ; faune. Gazelle vivant en régions sahélienne et saharienne.

Cette gazelle au beau prénom est la *Gazella rufifrons*, la ***gazelle à front roux***.

géline, n. f.

Val d'Aoste... ; faune. Poule.

Dans le bestiaire de notre Moyen Age, la ***géline*** occupe une place de choix ; ce dont maître Renard ne disconvient pas :

> J'ai toujours été un franc coquin et mon grand plaisir était d'aller dans les lieux que je savais hantés par les gélines.
>
> *Roman de Renart*, tranche VIII.

A l'époque en effet, le mot *poulet* n'existait pas encore et *poule*, issu du latin *pulla*, désignait aussi bien le jeune coq que la jeune poule. Mais lorsque *poule* en vint à prendre le sens de femelle du coq, et *poulet* celui qui lui est usuel aujourd'hui, ***géline*** (du latin *gallina)*, que *poule* supplantait, tomba peu à peu en désuétude. Sauf dans certaines régions, notamment dans le domaine provençal, comme ici en Vallée d'Aoste, où l'on retrouve encore ***géline***, et sa forme dialectale *dzeuleunna*.

génitaux, n. m.

Togo... ; amours. Femme âgée qui entretient des jeunes gens.

Génital, s'il s'agit bien avec ***génitaux*** de son pluriel masculin, s'applique au genre humain ou aux animaux pour désigner ce qui concourt à leur génération. Il y a donc tout lieu de croire osée l'appropriation, en Côte d'Ivoire et au Togo, de ce masculin, de surcroît pluriel, par une simple femme : « Ce soir je sors avec mon génitaux. »

gentil car, n. m.

Cameroun ; transport. Panier à salade, fourgon cellulaire.

Le ***gentil car*** est tout sauf gentil ; mais il a l'avantage d'être gratuit, ce qui lui vaut également le surnom de ***sans-payer***.

glisser pour quelqu'un, v.

Cameroun ; amours. Avoir de l'attirance pour quelqu'un.

Que l'on penche, incline, voir oscille pour l'âme chère, on n'en garde pas moins l'équilibre. ***Glisser*** est, semble-t-il, plus risqué, ultime stade avant qu'on ne succombe à la séduction : « J'glisse pour Désirée, j'en peux plus. »

golo, n. m.

Sénégal ; personnages. Pitre, clown.

Golo est au Sénégal le nom du singe des contes traditionnels : faire le singe y est donc plutôt ***faire le golo***. Personnage malin et hypocrite à souhait, « à la mémoire si courte quand il s'agit de ses méfaits et malaventures » écrit Birago Diop, mais non oublieux de « certain coup de dents sur sa fesse pelée, administré par Thile le chacal au cours d'une poursuite heurtée » *(Contes et lavanes).*

gomme, n. f.

Québec ; alimentation. Chewing-gum.

Pour *chewing-gum*, courant en France, le Québécois dit plus généralement ***gomme*** ou ***gomme à mâcher*** et le Louisianais, quoique plus rarement, ***chique de gomme*** ; « Tu veux pas aller m'acheter de la gomme chez l'***dépanneur*** ? »

gongonneur, n. m.

Bénin ; information. Joueur de gongon.

De son instrument à percussion, il ***gongonne*** : c'est le ***gongonneur***, joueur de ***gongon*** mais aussi crieur public qui vient proclamer les nouvelles ou convoquer ses concitoyens à une réunion au son de *guincocococo* : bruit caractéristique du ***gongon***, qui est repris en chœur par la foule qui le suit : « Guincocococoo, Guincocococoo... »

gong unique, n. m.

Zaïre ; travail. Journée de travail continue.

Il est d'une belle solennité d'entendre les activités de la journée ponctuées par le bruit des cloches ou celui du gong. Au Zaïre cependant, ce gong a pour fonction d'aménager le temps d'occupation des classes de façon à scolariser le plus possible l'après-midi, l'unique coup de gong censé mettre fin à la matinée ou à l'après-midi de travail donnant son nom à cette répartition du temps. Le ***double gong*** désigne en revanche, comme on s'y attend, la journée de travail ponctuée, elle, par une pause de mi-journée.

gossette, n. f.

Sénégal ; amours. Petite amie.

Gossette — cette petite *gosse* — est aussi mignonne qu'amourette et digne de rimer avec elle dans le plus tendre des poèmes. Elle ne doit cependant pas être confondue avec ***gosette*** qui est, en Belgique, un délicieux chausson aux pommes.

goûter, n. m.

Réunion ; repas. Petit déjeuner.

Le ***goûter***, qui représente pour nous le léger repas de milieu d'après-midi, est surtout pris à la Réunion pour le petit déjeuner du matin : « Tu partiras pas à l'école avant d'avoir pris ton goûter. »

gouvernance, n. f.

Sénégal ; administration. Services administratifs de la région, ou bâtiment qui les abrite.

Chacune des régions du Sénégal comporte à sa tête un ***gouverneur*** dont le mandat et la fonction se nomment ***gouvernorat***. Il a de ce fait son siège à la ***gouvernance***, mot ancien qui fut très employé à l'époque coloniale, et que Léopold Sédar Senghor, devenu président de la République, a par la suite consacré.

graisser, v.

Sénégal... ; argent. Corrompre.

Nous ne connaissons, pour le sens de « corrompre », que *graisser la patte* dont le ***graisser*** africain est peut-être l'abréviation ; on dira au Niger, de façon approchante : ***graisser la bouche***.

graisseur, n. m.

Niger ; métiers. Mécanicien travaillant à bord d'un camion, chargé de l'entretien et d'éventuelles réparations.

Malmenés par les ardeurs du climat, la dureté du relief et le régime que leur fait subir leur conducteur, les camions rarement tout jeunes qui filent sur les pistes du Niger connaissent souvent quelques ratés. Le ***graisseur*** est là pour les remettre sur pied : quelques tours de clé à molette, un peu d'huile dans les rouages, la foi qu'on s'en tirera, et voilà la machine remise en train : « Avec mon graisseur j'irai jusqu'à Tombouctou ! »

grande maladie, n. f.

Bénin... ; santé. Lèpre.

Grande maladie est un calque français formé à partir de diverses langues locales pour dénommer la lèpre ;

maladie inscrite dans notre histoire ancienne, mais qui atteint encore dans le monde des millions de personnes.

grand mariage, n. m.

Comores ; fête. Mariage qui confère à celui qui le contracte un statut social important.

Pour accroître sa position sociale et tenir rang à la mosquée, le Comorien doit, même s'il a déjà plusieurs femmes, accomplir le ***grand mariage*** : longuement préparé, il a enfin lieu un vendredi, dans un grand déploiement de festivités qui durent jusqu'au dimanche. Celui qui aura su s'acquitter d'un tel mariage bénéficiera d'avantages matériels et sociaux innombrables, comme figurer dans les conseils de notables, faire appel aux commerçants pour solliciter d'importants crédits, ou encore avoir sa place réservée dans les manifestations publiques.

grand quelqu'un, n. m.

Burkina Faso ; personnages. Personnage important.

Pour nous *quelqu'un* est un pronom ; tout à la fois admiratifs et exclamatifs, nous nous écrions : « C'est *quelqu'un !* » Par une heureuse trouvaille, les Burkinais le transforment en un nom : « C'est un ***grand quelqu'un*** ! » ce qui suggère un personnage bien grand, bien important ; qualité qui peut se formuler également par « C'est un ***grand***, un ***grand type***, un ***bras long*** ou, pour tout dire, un ***gros cul***. »

grassir, v.

Cameroun ; physique. Prendre de l'embonpoint, s'empâter.

On peut *grossir* sans devenir forcément gras. D'où pour ce dernier cas ***grassir*** qui, par une injustice des hommes, ne se dit que des femmes. Un seul remède : suivre un régime, autrement dit ***faire la taille*** : « Tu veux des ***vermicelles*** ? — Non, j'fais la taille. »

grenailles errantes, n. f. plur.

Belgique ; route. Gravillons.

On ne peut dénier à ***grenailles errantes***, inscrites sur un panneau de signalisation routière, une certaine beauté surréaliste. On croit entendre la mitraille car il pleut des *grenailles* qui, en plus, errent : ce ne sont pourtant que des gravillons jaillissant de dessous les pneus des véhicules qui passent, au grand péril des pare-brise.

grenette, n. f.

Suisse ; commerce. Marché couvert.

Du marché aux grains qu'elle devait primitivement désigner, la ***grenette*** s'est étendue en Suisse à toutes sortes de marchés couverts.

gréver, v.

Sénégal... ; travail. Faire grève.

On dit aussi au Sénégal ***aller en grève*** ou ***aller à la grève*** mais, très largement en Afrique, ***gréver***.

grimpion, n. m.

Suisse ; personnages. Arriviste.

Au lieu de chercher à *arriver*, en bon montagnard, le Suisse s'évertue à *grimper* ; et ce faisant, tout naturellement il ***grimpionne***.

griot, n. m.

Guinée... ; personnages. Membre de la caste des poètes musiciens dépositaires de la tradition orale.

Le ***griot*** (ou au féminin ***griotte***) incarne la littérature de l'Afrique noire traditionnelle. Élaborée en langues africaines et à caractère essentiellement oral, cette littérature se compose de poèmes épiques, de mythes, contes ou légendes transmis et commentés par la caste des griots à travers généalogies, traditions, règles de morale, chants rituels ou récits guerriers. On voit avec émotion, dans l'*Enfant noir* du Guinéen Camara Laye, le ***griot*** venir ainsi rendre visite au père du narrateur, membre de la caste des forgerons :

> Le griot s'installait, préludait sur sa cora, qui est notre harpe, et commençait à chanter les louanges de mon père. Pour moi, ce chant était toujours un grand moment. J'entendais rappeler les hauts faits des ancêtres de mon père, et ces ancêtres eux-mêmes dans l'ordre du temps ; à mesure que les couplets se dévidaient, c'était comme un grand arbre généalogique qui se dressait, qui poussait ses branches ici ou là, qui s'étalait avec ses cent rameaux et ramilles devant mon esprit.

gros chars, n. m. plur.

Québec... ; transport. Train.

De même que ***char*** est encore usuel au Québec et en Louisiane pour désigner l'auto, on y entend parfois nommer le train ***gros chars***. Au Québec particulièrement, on dira de celui qui a beaucoup d'expérience, qui a eu l'occasion de voir passer beaucoup de trains (assez rares dans ce pays), qu'il a ***vu passer les gros chars.***

gros-doigt, adj.

Réunion ; caractères. Qualifie une personne maladroite.

La grosseur se prête à toute sorte de défauts ; à la Réunion, qui est maladroit est ***gros-doigt*** ; et jaloux : ***gros-cœur.***

Gros-Ilet, n.

Sainte-Lucie ; noms de lieu. Port de la côte ouest de l'île antillaise de Sainte-Lucie.

L'***îlet***, dont on retrouve l'emploi un peu paradoxal dans le toponyme ***Gros-Ilet***, est à l'origine une petite île. L'usage s'en est maintenu aux Antilles pour désigner une île, les îles n'étant là-bas il est vrai jamais très grandes.
A Sainte-Lucie, pays dont la langue officielle reste l'anglais, les noms de lieu sont presque tous français : *Grand Anse, Anse des Pitons, Piton Saint-Esprit, Dernière Rivière, Port Dauphin, Durocher, La Vigie, Grand Magasin* (!), *Marquis, Choiseul,* ou *Castries*, la capitale, ainsi baptisée en hommage au Maréchal de Castries ministre de la marine et des colonies en 1780. Les quelques noms anglais qui jalonnent l'île témoignent parallèlement de l'implacable rivalité qui opposa aux Antilles la France et l'Angleterre.

gros mot, n. m.

Zaïre... ; conversation. Mot savant ou recherché.

Nous dirions, pour ***gros mot***, *grand mot* comme dans l'expression *user de grands mots*. Et par un juste retour des choses, pour nos *gros mots* l'Afrique francophone dira, elle, ***sales paroles*** : « Ne dis pas de sales paroles en présence de ***femmes savantes***, tu vas te faire mal voir ! »

guindaille, n. m.

Belgique ; école. Réunion joyeuse, beuverie.

La Belgique ne peut avec ce mot, qu'il faut rapprocher de notre *godaille*, prétendre échapper à sa tradition de bien vivre. Même s'il s'agit d'un argot estudiantin : la Saint-Vincent par exemple donne lieu çà et là à des bals et ***guindailles*** innombrables, les textes belges ne se font pas faute de le rapporter. Louvain se distingue cependant en ce qu'elle ajoute à *guindaille* le sens supplémentaire de « texte satirique en vers ou en prose, récité ou chanté au cours d'une réunion d'étudiants ». Art semble-t-il typiquement louvaniste dont on aimerait avoir le recueil. On y verrait ***guindailler*** (le verbe existe) tous les ***guindailleurs*** de là haut. Les femmes n'y seraient pas non plus en reste puisque ***guindailleuse*** se fait aussi remarquer dans la littérature.

habiter contigu, loc. verbale.

Martinique... ; maison. Avoir son logement contigu à celui de quelqu'un.

On dit aux Antilles ***j'habite contigu*** ou ***j'habite contigu à quelqu'un*** pour dire que son logement jouxte celui de son voisin, ou simplement qu'on est voisin de telle ou telle personne : « J'habite contigu à ma ***nanou***. »

halle de gymnastique, n. f.

Suisse ; sport. Salle de gymnastique.

Gymnase a pris en Suisse l'acception allemande de *lycée.* Aussi notre *gymnase*, lieu clos réservé à l'exercice physique, y a-t-il cet autre nom : ***halle de gymnastique.***

hambourgeois, n. m.

Québec ; alimentation. Hamburger.

Doit-on traduire *hamburger* par ***hambourgeois***, *pop corn* par ***maïs soufflé***, *smoked beef* par ***bœuf mariné***, *hot dog* par ***chien chaud***, ou *snack bar* par ***casse-croûte*** ? Faut-il remplacer *bulldozer* par ***bouteur*** ; *night ferry* par ***bac de nuit*** ; *charter* par ***vol nolisé*** ; *land tractor* par ***tondeuse automobile*** ; ou en informatique, comme ce fut le cas dans les années 1970, *hardware* par ***programmerie*** ? Ou bien encore, à titre d'essai dans la courageuse revue québécoise *Néologie en marche*, l'expression *copulation-oriented* par ***films scabreux***, *jogging* par ***trottine***, *junk food* (nourriture de fast food) par ***cuisine plébéienne*** ou ***camelote alimentaire*** ?
Tel est le genre de question que les Québécois durent affronter pour faire que le français devienne véritablement la langue de travail et la langue de tous les jours de la société québécoise. Effort obstiné qui a porté en trente ans le Québec, transformé en immense laboratoire de linguistique appliquée, aux tout premiers rangs des nations francophones.

haut les mains, loc.

Sénégal ; action. Haut la main, facilement.

Ces pluriels — ***haut les mains*** (pour nous une sommation adressée à celui qu'on tient en joue) pour *haut la main,* ou ***avoir les bras longs*** pour *avoir le bras long* (être influent) — nous apparaissent bien singuliers. « Pas de problème, j'te fais ça haut les mains. »

haute altitude neigeuse, n. f.

Gabon ; personnages. Homme qui occupe une position élevée et qui est, de ce fait, inaccessible.

Le ***grand quelqu'un*** (ou ***gros cul***) du Burkina Faso trouve son rival au Gabon dans cette ***haute altitude neigeuse*** : d'autant plus haute et neigeuse qu'à l'évidence il n'y a au Gabon, sauf dans cette expression, ni neige ni altitude.

héron goliath, n. m.

Gabon ; animaux. Espèce de héron de taille assez élevée.

Au Gabon, pays de mer et de lagunes, vivent de multiples espèces d'échassiers : cigognes, ombrettes, martins-pêcheurs, ou hérons, parmi lesquels le plus grand de tous : le ***héron goliath***, pêcheur solitaire qui promène sa haute silhouette parmi la végétation aquatique.

heure africaine, n. f.

Sénégal ; temps. Heure approximative correspondant à un retard qui peut être assez important.

A l'***heure africaine***, version sénégalaise, répond ironiquement au Tchad l'***heure de Paris***, qui implique qu'on peut arriver indifféremment avec une heure d'avance ou de retard : « A demain cinq heures, heure africaine ! »

heure des travaillants, n. f.

Québec ; travail. Heure d'affluence.

Aller travailler le matin à Montréal, Québec ou Sainte-Foix, ou regagner le soir son domicile à la périphérie ne change rien : invariablement les ralentissements se forment, les autos roulent au pas : c'est ***l'heure des travaillants***. Expression qui illustre avec un pragmatisme très nord-américain — face à la notion plus abstraite et générale de *travailleurs* — ces migrations quotidiennes. Nous en perdons la nuance en qualifiant indistinctement ces moments *d'heures de pointe*, qui désignent aussi bien la sortie des bureaux, la ruée vers les vacances que les départs en *week-end* (ou, pour le dire à la québécoise, en ***fin de semaine***).

en heures CFA, loc.

Guinée Bissau ; sentiment. Sans contrainte, de manière libre, agréablement.

Dire que le temps passe ***en heures CFA*** — *CFA* voulant dire « Communauté Française Africaine » — revient à exprimer une atmosphère de bien vivre qui rend le temps agréable et les rendez-vous élastiques. Cette vision des choses (sans doute un peu idyllique) est de Guinée Bissau, où l'on regarde vers la zone CFA environnante avec une certaine envie, le ***peso*** guinéen étant une des monnaies les plus faibles du monde.

hier nuit, loc.

Mali ; temps. La nuit dernière.

Le démon de l'analogie, toujours intelligent et souvent servi par les mathématiques, à *hier matin, hier après-midi* et *hier soir*, fait correspondre ***hier nuit***, en quatrième proportionnelle.

hisser-pousser, n. m.

Maurice ; commerce. Marchandage.

Marchander exige sans doute maints efforts dont les verbes associés dans ***hisser-pousser*** gardent l'empreinte. Mais au-delà de son acception commerciale, ***hisser-pousser*** peut se dire de toute hésitation due à une décision difficile à prendre : « Il n'y a pas besoin de tout un hisser-pousser pour décider si quelqu'un est ***cocasse*** ou pas ! »

histoire queue de chat, n. f.

Cameroun ; conversation. Histoire à dormir debout.

Une ***histoire queue de chat*** serait plutôt pour nous une histoire sans queue ni tête.

hiver des corneilles, n. m.

Québec ; climat. Brusque regain d'hiver en plein printemps.

Les corneilles, oiseaux de froid et de rigueur, donnent leur nom à ce cruel retour du froid qui gèle les bourgeons et engloutit l'âme. Rupture du cours ordinaire de la saison, cet ***hiver des corneilles*** renvoie à l'***été des Indiens*** dont l'irruption en plein automne décale aussi le sens du temps en amarrant une dernière fois au plus chaud, sous un ciel voué au froid plus de la moitié de l'année. Dites aussi dans le même sens ***bordée des corneilles,*** ou ***tempête de corneilles*** et vous commencerez d'être québécois.

homo, n. m.

Tchad... ; personnages. Homonyme.

Qui porte le même nom qu'un autre est l'*homonyme*, ou par abréviation au Burkina Faso, Mali, Cameroun ou Tchad, l'***homo***, qu'on trouve aussi écrit dans ce dernier pays ***omo***. Par extension de sens, l'***homo*** désigne aussi l'ami : « Célestin c'est mon homo. »

honorable, n. m.

Zaïre ; politique. Personnalité politique ou administrative.

Par antiphrase, les ***honorables*** sont malheureusement souvent considérés au Zaïre comme peu honorables.

huile, n. f.

Louisiane ; énergie. Pétrole.

Si un Louisianais déclare qu'il travaille dans l'***huile***, il faut comprendre qu'il travaille dans le domaine du *pétrole*. Il ajoutera d'ailleurs certainement qu'il œuvre sur les ***puits d'huile*** ou les ***clos d'huile*** (les *oil fields*, que nous traduisons plutôt par *champs de pétrole*), et décrira avec minutie le ***monde de l'huile***, à savoir les techniciens du pétrole ; et s'il précise enfin que son travail se passe *off shore*, c'est-à-dire *en mer*, cela situera automatiquement ses activités dans le Golfe du Mexique sur lequel ouvre la Louisiane.

huitante, n.

Suisse ; quantité. Quatre-vingts.

Avec *soixante-dix* pour ***septante***, *quatre-vingts* pour ***huitante*** et *quatre-vingt-dix* pour ***nonante***, le français de France semble avoir compliqué les choses. De cette manière de dire on irait même jusqu'à penser qu'elle se compose de ***mots à soixante-quinze*** (qui se dirait là-bas ***septante-cinq*** bien entendu), c'est-à-dire de mots grandiloquents. Notre français a certes lui aussi connu, sporadiquement, ***septante, huitante*** et ***nonante*** ; mais il a perpétué avec soixante-dix, quatre-vingts et quatre-vingt-dix un ancien mode de calcul celtique dont la base était le nombre vingt : principe qui subsiste toujours dans certaines langues de France comme le breton et qui a dû être relativement systématique : Littré évoque sur ce point l'âge que se donnait au siècle dernier une vieille mendiante d'Évian-les-Bains : « Trois-vingt-et-neuf ans » ! La Belgique a de son côté gardé, entre ***septante*** et ***nonante***, *quatre-vingts*, souvent employé, à la différence de la Suisse qui a la série régulière de ***septante, huitante*** et ***nonante***, avec pour ce dernier la prononciation en *e* ouvert : « *nenante* ».

humaniste, n.

Zaïre ; école. Élève qui a accompli le cycle des études secondaires.

Au Zaïre, l'***humaniste*** peut certes désigner une personne qui croit en l'épanouissement de l'homme. Mais bien plus fréquemment l'***humaniste*** est celui qui a fait des études anciennes, des humanités littéraires, ou des humanités scientifiques. Si bien qu'à l'issue de leur second cycle, on peut conclure que tous les Zaïrois sont humanistes.

îlet, n. m.

Louisiane ; maison. Groupe de maisons.

En Louisiane, un groupe de maisons, qui se dit *block* en américain, est un ***îlet*** ; nous l'appelons pour notre part un *îlot* : exemple de la transposition à la ville des réalités maritimes, dont le ***débarcadère*** québécois est une autre illustration.

imperdable, n. f.

Suisse ; ménage. Épingle de sûreté.

De toutes les épingles susceptibles de se perdre, comme notre épingle à tête dite aussi épingle de tailleur, l'***imperdable***, que nous appelons souvent *épingle à nourrice*, est la moins soumise à l'égarement ; car assortie d'un fermoir, et constituée de deux branches comme l'évoque son synonyme, également suisse, d'***épingle double***, elle forme comme un petit cadenas allongé.

indexer, v.

Burkina Faso... ; action. Indiquer du doigt.

A y regarder de près, le doigt avec lequel on indique une direction est plutôt l'index. D'où ***indexer*** avec ce sens, et un second également, proche de mettre à l'index ou de montrer du doigt : « juger défavorablement ».

indicateur, n. m.

Togo... ; faune. Oiseau grimpeur et percheur.

Parce que sa présence fait repérer le miel des ruches ou des essaims de guêpes dont il se nourrit impunément, l'***indicateur*** reçoit aussi le nom d'***oiseau cafard*** (autrement dit « oiseau qui cafarde »).

indiennat, n. m.

Mali ; fête. Dans un cinéma, partie avant non couverte où sont situées les places les moins chères.

L'***indiennat*** est la place des amateurs de westerns, qui aiment à manifester les passions qu'ils voient sur l'écran, se transformant souvent en tribu d'Indiens agités. On peut juger de l'ambiance que ces « Indiens » mettent au cinéma par la latitude que l'on a de demander à la caisse aussi bien une place pour l'***indiennat***, qu'une ***place indienne*** : « Tu veux une place au fond ou à l'indiennat ? — Au fond ! J'ai pas envie d'être avec des ***bandicons***. »

individu, n. m.

Côte-d'Ivoire... ; personnages. Imbécile.

Individu peut avoir pour nous un sens aggravé : « Quel sombre individu. » Mais il vire tout à fait à l'injure en Côte-d'Ivoire et au Mali, où traiter quelqu'un d'***individu*** équivaut à une déclaration de guerre : « Espèce d'indi- vidu ! »

infliger une somme, loc. verbale.

Bénin... ; argent. Donner une amende.

Dans ***infliger une somme*** se sont carambolés *verser une somme* et *infliger une amende*. On trouve également dans le même sens, en Afrique, le verbe ***amender***, construit sur *amende* : « La ***loi*** m'a ***amendé*** ce matin pour excès de vitesse. » Ce verbe, qui existait dans ce sens en France, s'est-il implanté en Afrique ou s'y est-il recréé — les substantifs y suscitant à foison des verbes en *-er* — c'est ce qu'il est aujourd'hui bien difficile de discerner.

injection, n. f.

Tchad... ; santé. Piqûre faite par seringue médicale.

On dit rarement *piqûre* en Afrique lorsqu'il s'agit de désigner l'acte médical ; c'est ***injection*** qui est régulièrement utilisé dans ce sens, et ***injecter***, son verbe : « J'vais au centre de soins me faire injecter. » Restriction de sens qui est d'une juste intuition, ***piqûre*** restant réservée à l'action de l'insecte, dont l'effet n'est certes pas tout à fait le même.

iris de Tanger, n. m.

Maroc ; flore. Espèce particulière d'iris.

Entre mer et montagne, sous le ciel lumineux, le Maroc ressemble à un jardin : coquelicots, soucis, vipérines, violettes, narcisses, anthémis, asphodèles y poussent à l'envi, mais aussi, sur les hauteurs, pivoines pourpres, tulipes jaunes, ancolies ou jonquilles. Sur la bande littorale, c'est l'iris qui prédomine, iris jaune, ou, violet, l'***iris de Tanger***.

ivoirien, n. m.

Cameroun ; caractère. Personne maladroite et ignorante.

Pourquoi ***ivoirien*** ? Parce qu'« i voit rien », réinterprétation ironique du nom de l'habitant de la Côte-d'Ivoire. L'expression est née paraît-il lors d'une rencontre de football entre le Cameroun et la Côte-d'Ivoire durant laquelle, il faut le croire, les Ivoiriens furent battus à plate couture.

jaguar, adj.

Bénin... ; habillement. Qualifie une personne élégante et à la mode.

On connaît la ligne féline et racée des *Jaguars,* automobiles anglaises de haut de gamme : monstres sacrés qui prêtent, au Bénin et au Togo, un peu de leur éclat à l'humble humain élégant et à la mode : « Elle est ***jaguar*** cette ***typesse*** ! »

jambette, n. f.

Québec ; action. Croc-en-jambe.

Au Québec, au lieu d'un *croc-en-jambe* on ***fait*** ou l'on ***donne une jambette***. Dans le même sens on dit qu'on ***enfarge*** quelqu'un : « Il m'a enfargé et j'ai craqué mon pantalon. » Et si, au figuré, on s'emmêle la langue dans ses propos, on ***s'enfarge*** tout aussi bien : « A s'enfarger comme i fait quand i parle, il m'a pas l'air très ***bolé*** ! »

java, n. f.

Burkina Faso ; fête. Danse, quelle qu'elle soit.

La *java* est au sens strict une danse à trois temps assez saccadée, qu'on s'attend plutôt à voir danser sur un air d'accordéon dans un bal musette des bords de Marne, qu'en zone sahélienne. A cette surprise s'ajoute le fait que ***java*** désigne, mais dans l'argot des étudiants burkinais, toute espèce de danse dont les partenaires sont alors naturellement nommés ***javeur*** et ***javeuse***, et leur activité, ***javer***.

jazz, adj.

Zaïre ; habillement. Élégant, à la mode, super.

Quand on aime le jazz au point d'en être fou, tout ce qui est bien est ***jazz***, y compris les tenues vestimentaires, puisque l'homme à la mode, le bel élégant, le dandy sera surnommé le ***jazzeur***.

Jean-Philippe Nestor, n.

Haïti ; noms de famille. Patronyme d'Haïti.

Des besoins massifs de nomination de personnes intervenus en Haïti, particulièrement lors de l'avènement de la république et de l'abolition de l'esclavage en 1804, ont suscité des modes de formation de patronymes assez originaux.
Ainsi, nombre d'Haïtiens ont pour nom de famille un prénom, et pour prénom un prénom composé. Monsieur Nestor par exemple a pour nom Nestor et pour prénom Jean-Philippe. De même pour *Jean-Philippe Auguste, Jean-Marie Jean, Jean-Catule Louis, Anne-Marie Claude, Jacques-Joseph Camille, Jean-Marcellus Paul, Pierre-Richard Ambroise, Jean-Claude Armand, Jean-Robert Bernard,* etc., ce qui rend parfois malaisé le repérage d'un nom dans l'annuaire du téléphone.
On trouve également à leurs côtés de fiers noms : *Marie-Maud Guerrier ;* des noms mythologiques : *Marie-Alice Neptune, Julio Zéphirien, Jean-Jaunasse Élysée ;* des noms historiques : *Arnold Démosthène, Raymond Pompée, Antoine Titus, Henri-Robert Octavius, Olive Saint-Louis ;* et d'autres noms encore, empreints de religion, tels *Antoine Dieujuste* ou *Marc-Antoine Chrysostome.*

jeu de lumière, n. m.

Togo... ; fête. Action d'éteindre complètement les lumières lors de certaines danses.

Si l'on est un peu pudique, il vaut mieux éviter d'aller dans des soirées où il y a ***jeu de lumière*** ; au moment des slows en effet, toutes les lumières s'éteignent et l'on peut donner alors libre cours à son imagination : « Cette fête, est-ce que c'est jeu de lumière ? — Oui ? Alors j'viens pas. »

jobine, n. f.

Québec ; travail. Petit travail d'appoint.

Une ***jobine***, c'est un petit *job* ; ou plutôt une petite *job*, les mots anglais ayant tendance à être du féminin au Québec.

jouer contre, loc. verbale.

Côte-d'Ivoire ; jeu. Jouer de l'argent.

Jouer contre est le contraire de ***jouer simple***, qui est jouer sans mettre d'argent en jeu : « On joue contre ou on joue simple ? »

journal de classe, n. m.

Belgique ; école. Cahier dans lequel l'élève inscrit les leçons et devoirs qu'il a à faire.

Le ***journal de classe***, auquel correspond notre *cahier de textes*, n'est pas plus un journal de classe que *cahier de textes* un cahier formé de textes.

J.P., sigle.

Sénégal ; habillement. Jeune homme qui s'habille à la toute dernière mode.

De quoi ***J.P.*** est-il l'abréviation ? De *Jeune Premier*, personnage naïf, un peu ardent, et souvent insolent : « Il a pas fini de ***dallasser***, ce J.P. ? »

jugement supplétif, n. m.

Bénin... ; administration. Acte administratif par lequel est attribuée à une personne une date de naissance approximative.

Quand il y a lieu de fixer l'âge d'une personne dont la date de naissance n'a pas été enregistrée par l'état civil, il est possible en Afrique de faire un ***jugement supplétif*** destiné à fixer approximativement son âge. Il arrive qu'on profite de cette formalité pour se rajeunir, de sorte que si quelqu'un vous dit : « J'ai vingt ans » alors qu'il en paraît quarante, on peut par allusion lui exprimer sa surprise en rétorquant : « Vingt ans ? T'es ***supplé*** ! »

kagou, n. m.

Nouvelle-Calédonie ; faune. Oiseau à huppe, couleur d'argent, de l'ordre des ralliformes.

Le ***kagou***, paraît-il, aboie, et le ***notou***, pigeon carpophage au plumage sombre, beugle ; le merle des Moluques n'est pas moins bruyant, non plus que le faucon crécerelle dont le cri s'entend par intermittence sous les frondaisons. Ramage qui fait apparaître encore plus surnaturels certains arbres de Nouvelle-Calédonie, palétuviers des mangroves, dont les racines tentaculaires sortent de la vase pour agripper le sol basaltique, ou ***colonnaires*** — les aracaurias de Cook — couverts d'écailles et pareils à d'immenses candélabres.

kapaoka, n. m.

Madagascar ; quantité. Unité de mesure représentant une boîte de lait Nestlé.

Unité de mesure rudimentaire, le ***kapaoka*** permet de mesurer toutes sortes de choses à Madagascar, particulièrement du grain : trois ***kapaokas*** forment ainsi à peu près un kilogramme de riz.

ksar, n. m.

Tunisie... ; ville. Village fortifié.

Ksar, mot d'origine arabe, garde dans sa transcription en alphabet latin son pluriel arabe ***ksour*** : particularité qui le désigne sans doute moins comme un mot français ou francophone que comme leur limite même, à savoir comme un terme d'une langue étrangère transcrit, avec ses particularités, dans une autre ; ce qui se nomme, en bonne grammaire, un *xénisme*.

lâcher la patate, loc. verbale.

Louisiane ; travail. Relâcher son effort.

L'expression peut s'accompagner d'injonctions véhémentes : « Lâche pas, cher, ***lâche pas la patate*** » ; ou bien : « C'est pas à ç't' heure qu'on va lâcher la patate, ***nom d'une charrette***. »

lampion, n. m.

Sénégal ; transport. Dispositif lumineux placé sur le toit d'un taxi.

Lampion ressemble plus à une lanterne qui pend au bout d'une corde qu'à ce que nos chauffeurs de taxi nommeraient plutôt le *lumineux* ; mais cet air de fête que ***lampion*** véhicule n'est pas déplacé pour des taxis qui, au Sénégal, n'ont ni l'allure ni l'atmosphère de leurs homologues occidentaux.

lancer un chameau, loc. verbale.

Zaïre ; conversation. Commettre une faute de langue.

Chameau s'utilise en langue d'écolier zaïrois pour signifier une faute de langue. Particularité qui a ses variations, comme ***lancer un chameau*** ou, dans le cas d'une très grosse faute, ***lancer un chameau à deux bosses*** ; l'auteur de ces chameaux — le ***chamelier*** — devra dans ces conditions s'entendre reprocher de ***chameauser*** : « Ce ***citoyen***, i chameause comme c'est pas permis ! »

de Latour, n.

Nouveau-Brunswick ; noms de famille. Nom d'une des plus vieilles familles françaises ayant fait souche en Acadie.

Parti de Dieppe le 25 février 1610 avec Jean de Biencourt sieur de Poutrincourt, Claude de Latour débarque au printemps à Port Royal, accompagné de son fils Charles, âgé de 14 ans. On sait que ce dernier se maria avec une Micmaque en 1636 et fit souche en ***Acadie***, région côtière de l'ancienne Nouvelle France.

Les attestations généalogiques et les documents historiques montrent les strates patronymiques des hommes qui peuplèrent progressivement l'Acadie au cours du XVIIe siècle : de 1636 à 1640, les *Blanchards, Doucet, Landry, Lejeune, Poirier ;* durant la décennie suivante, et venus de Touraine, les *Bertrand, Brun, Lefebvre, Pellerin, Poulet, Robichaud,* et en 1671, embarqués sur le navire *L'Oranger*, partirent de La Rochelle les *Brossard, Vincent, Tourangeau*... Noms que l'on retrouve aujourd'hui, deux siècles après la dispersion des ***Acadiens*** par les Anglais dans toute l'Amérique.

laver les chemises de quelqu'un, loc. verbale.

Val d'Aoste ; conversation. Critiquer, dire du mal de quelqu'un.

Quand quelqu'un ***lave vos chemises*** au Val d'Aoste, il ne faut pas croire qu'il fait une bonne action : il vous critique et dit du mal, le plus souvent dans votre dos. Proches de ce genre d'image figurent de vieilles expressions de chez nous : *laver la coiffe* ou *laver la cornette à quelqu'un*, qui signifient davantage « gronder » ou « réprimander ».

lavette, n. f.

Suisse... ; ménage. Gant de toilette.

Gant de toilette, ou simple carré de tissu éponge semblable à la ***débarbouillette*** canadienne, telle est la ***lavette*** suisse. On la retrouve sporadiquement ailleurs dans ces deux sens, notamment dans l'Est et le Nord de la France.

légumier, n. m ; **légumière**, n. f.

Belgique ; métiers. Vendeur de légumes.

Pour l'amateur de jardins, un *légumier* est un jardin potager. Pour l'habitué de vaisselles fines, *légumier*

ou *légumière* sera davantage un plat dans lequel on sert des légumes ; mais nullement un vendeur ou une vendeuse de légumes, sens qui est celui de ***légumier*** en Belgique. On peut ainsi trouver sous la plume de Georges Simenon (qui nous rappelle par là ses origines wallonnes) l'évocation suivante :

> Il y a des choses qu'on n'apprécie que dans les moments de crise ou quand on a craint de les perdre, comme simplement le bruit des pas sur un trottoir durci par le gel, la vue d'un étalage de légumier dont on emporte l'odeur avec soi.
>
> *Antoine et Julie.*

Aux côtés de ce romantique ***légumier***, on peut savourer aussi l'autre équivalent belge du vendeur de légumes : ***verdurier***, qui vient témoigner que le marchand de légumes n'est, somme toute, pas sans rapport avec la verdure.

les bas, n. m. plur.

Réunion ; relief. Parties basses de l'île.

A la Réunion, île au relief varié, l'altitude est décrite approximativement dans le langage de tous les jours par deux expressions : ***les bas*** pour les régions situées en dessous de quatre à cinq cents mètres, et ***les hauts***, qui désignent essentiellement les hautes plaines du centre de l'île. « J'm'en vais dans les bas aujourd'hui. »

lettre de mort, n. f.

Belgique ; mort. Lettre annonçant la mort d'une personne.

Notre *faire-part de décès* est bien morne face à cette plus métaphysique ***lettre de mort***, sentie pourtant en Belgique, malgré sa résonance, comme d'un usage assez peu solennel.

librairie-trottoir, n. f.

Sénégal... ; commerce. Étal de livres et de journaux exposés sur le sol pour la vente.

La ***librairie-trottoir***, étalée souvent à même le sol, se dit aussi ***librairie par terre***. « Pour aller à la ***gouvernance***, tu passes les deux ***gargotes*** que tu vois là, tu tournes à l'angle de la librairie-trottoir, et c'est d'vant toi. »

lichette, n. f.

Belgique ; habillement. Cordonnet qui permet de suspendre un vêtement.

Lichette est en premier lieu une petite partie de quelque chose : comestible — une lichette de pain — ; liquide — une lichette de vin —, ou non : une lichette de cire. La Belgique, où l'on a coutume de suspendre par la ***lichette*** son vêtement au porte-manteau, et avec elle le nord de la France, en font une simple pièce de tissu par laquelle on désigne le cordonnet qui permet de suspendre un vêtement, une serviette ou un torchon ; ce que les Suisses appelleraient, précisément, une ***suspente***.

ligne verte, n. f.

Liban ; politique. Ligne de démarcation séparant Beyrouth est de Beyrouth ouest.

Quelques villes sont séparées par des murs, dont Beyrouth. Entre la partie chrétienne à l'est, et les secteurs musulmans à l'ouest et au sud, s'étend un espace muré et bétonné sur ses bords mais désert en son milieu : la ***ligne verte***, ainsi nommée pour les fleurs et les herbes folles qui y poussent et prospèrent, en violent contraste avec les ruines alentour.

linge, n. m.

Suisse ; ménage. Serviette éponge.

Pour nous le *linge de maison* comprend le linge que l'on trouve ordinairement dans une maison, linge de table et linge de toilette essentiellement. Mais en Suisse, ***linge*** est souvent plus spécifique : un ***linge de toilette*** est une serviette de toilette, et un ***linge de bain*** une serviette de bain. L'on n'y garde donc la ***serviette*** que pour la table.

liqueur, n. f.

Burkina Faso ; boisson. Toute boisson à fort degré d'alcool.

Liqueur, qui est ordinairement une boisson sirupeuse et alcoolisée, se dit souvent au Burkina Faso pour toute boisson à taux élevé d'alcool : whisky (ou ***marcheur***), vodka, ou bien ***koutoucou*** ou ***koutoucoutou***, fort alcool à base de ***vin de palme***.

locateur, n. m.

Tchad ; maison. Personne qui loue une maison à un locataire.

Par télescopage le ***locateur*** s'appelle aussi au Tchad, et dans le même sens, ***locataire*** : « Mon locataire m'a encore augmenté mon loyer ! »

loguer, v.

Burkina Faso ; école. Faire des exercices sur des logarithmes.

Faire des logarithmes se dit plutôt, dans la jeunesse des écoles, *faire des logs* ; d'où ce verbe ***loguer***, formé sur l'abréviation usuelle de *logarithmes* : « Qu'est-ce que tu fais ce soir ? — Je logue. »

loi, n. f.

Mali... ; administration. Représentants des forces de l'ordre.

On n'a jamais vu la *loi* déambuler en chair et en os dans la rue. Son incarnation existe pourtant, comme l'atteste ce petit récit malien entendu à la télévision : « La ***loi*** est entrée sans ménagement. Elle a sorti toutes les personnes qui étaient là et les a embarquées de force pour Bamako. »

londonienne, n. f.

Zaïre ; amours. Prostituée des boîtes à Blancs.

Les ***londoniennes***, certes, doivent croiser quelques Britanniques lors de leurs sorties nocturnes, même dans Kinshasa, la plus grande ville francophone après Paris. Mais elles n'ont rien de très anglais et ne sont pas seules, car non loin, déambulent les ***mogandos***, plus intermittentes, qui s'offrent pour le prix d'un retour en taxi, ou les très luxueuses ***doumbas*** : de quoi mettre le plaisir à la portée de toutes les bourses, qu'il s'agisse du manœuvre, de l'étudiant, du grand bourgeois — le

nvaoundou — ou tout simplement du riche en général, le ***chic choc chèque***. Délaissées, les ***mamas*** un peu ardentes sortent de leur côté en compagnie de jeunes gens, les ***mwana nsousou*** ou ***petits poussins***.

long-crayon, n. m.

Cameroun ; école. Élève des classes supérieures du lycée, ou étudiant du deuxième cycle de l'université.

Long-crayon le dispute à ***beaucoup-connaît*** pour désigner de façon ironique ces étudiants du supérieur, déjà intellectuels et future élite : « J'suis tombée sur un long-crayon l'aut'soir, j'ai pas pu en placer une ! »

longtemps, n. f.

Cameroun ; âge. Vieille fille, ou femme âgée qui s'efforce de se rajeunir.

D'adverbe passer à un nom, de surcroît féminin, est chose rarissime. Aussi rare que de vieille passer à jeune.

longueur, n. m.

Centrafrique ; physique. Homme de grande taille.

D'un homme tout en longueur se tire peut-être un ***longueur***. A moins qu'il ne s'agisse de la transcription de l'expression que l'on entend couramment en Centrafrique : « C'est un ***longame*** », qui est sans doute la contraction de ***long homme***. Quoi qu'il en soit, au Niger et Burkina Faso, on dira tout simplement : « C'est un ***long***. » Et l'emploi adjectival étant également répandu, on entendra qualifier quelqu'un de ***long***, ou au contraire, de ***court*** : « Elle est longue, et lui un peu court. »

loque à reloqueter, n. f.

Belgique... ; ménage. Pièce d'étoffe servant à nettoyer le plancher.

Loque est un vieux mot qui désigne une étoffe en lambeaux, déchirée et usée. On observe à son égard qu'elle a suscité noms et verbes : *loquette* (petite loque), *loqueteux* (personne dont les habits sont en loques), et *loqueter* (passer et repasser la loque).
Loque à reloqueter, expression redondante à souhait, semble de son côté mimer les va-et-vient nécessaires aux lavages à grande eau des sols et parquets. Ce que ne rend que faiblement notre commune *serpillière*, ou l'étrange ***vassingue*** (de l'anglais *washing* sans doute passé en français par le flamand) connue, tout comme la ***loque à reloqueter***, en Belgique et dans le Nord de la France.
Loque enfin pousse en Belgique le sens de la famille jusqu'à faire ménage avec ***loque à poussière***, plus particulièrement commise, elle, à ***prendre les poussières***, c'est-à-dire à épousseter.

lumière, n. f.

Québec ; route. Feu de circulation.

Rien n'est vraiment pareil au Québec ; on y entend ***lumière*** pour *feu de circulation,* ***autobus*** pour *autocar,* ***char*** pour *auto*, ***breuvage*** pour *boisson,* ***fève*** pour *haricot,* ***dîner*** pour *déjeuner,* ***souper*** pour *dîner,* ***capot*** pour *manteau,* ***bottines de neige*** pour *chaussures de neige,* ***mitaines*** pour *gants...* Ce qui peut amener à penser que la langue de là-bas serait comme le gant retourné de celle que nous parlons ici.

macas, n. m. plur.

Niger ; alimentation. Pâtes alimentaires.

Maca est l'abréviation de *Macaroni*, nom de marque par lequel on désigne au Niger toutes les sortes de

pâtes. On dit ailleurs, au Bénin ou en Côte-d'Ivoire par exemple, ***nouilles, vermicelles*** ou ***Rio*** — autre nom de marque — et jamais *pâtes* pour désigner les pâtes alimentaires, afin sans doute d'éviter la confusion avec ***pâte***, aliment traditionnel obtenu à partir de céréales ou de maïs et que l'on mange généralement sous forme de ***boule***.

machine à boule, n. f.

Québec ; jeu. Billard électrique.

Cette ***machine à boule*** n'est bien sûr rien d'autre que notre *flipper*. On ne peut guère dénier aux Québécois une certaine dose de courage à vouloir se sortir ainsi des pièges d'un anglais vif, pragmatique et percutant : au point qu'on y succombe en France en inventant sur lui une sorte de malaise, le *flip*, et le verbe *flipper*, qui sont à notre siècle ce que le spleen fut au siècle dernier.

Mais la France vient par un autre côté à l'appui de ***machine à boule*** : par sa jeune Académie des enfants, institution créée par le Commissariat général de la langue française, qui a proposé, elle : un *tire-boule*.

madame-bagages, n. m.

Mali ; métiers. Porteur s'offrant à transporter affaires et colis.

Le ***madame-bagages*** n'est pas une madame et cette madame n'est pas un bagage. C'est un cri : « Madame-bagages ! Madame-bagages ! » lancé par les porteurs qui offrent leurs services dans les gares ou marchés de Tombouctou, Ségou ou Bamako. Hérité de l'époque où les Européennes en quête d'emplettes avaient recours à des aides pour porter paquets et bagages, ce cri s'est curieusement incarné dans celui qui le pousse, en lui donnant son nom. Et madame est pour une fois du masculin.

madame-salon, n. f.

Bénin ; personnages. Femme qui se prélasse sans rien faire.

Dans la société traditionnelle africaine, la femme travaille. Et une femme désœuvrée qui se prélasse sans rien faire, fait scandale ; elle a, au Bénin, son nom tout désigné : c'est une ***madame-salon***.

maganer, v.

Québec ; action. Soumettre à un mauvais traitement.

Maganer appartient au fonds lexical hérité des parlers de France, mais son apparition exacte sous cette forme reste difficile à déterminer. Il est, pour son usage, très proche du vieux français *mehaignier*, dont il a en québécois toutes les acceptions. Nicot, dans son *Thrésor de la langue francoyse, tant ancienne que moderne* de

1606, formule ainsi le sens de ce dernier : « Fouler les forces du corps par labeur extrême, chagrin d'esprit, battures, contusions, foulures de membres ». Et il est vrai que ***maganer*** semble d'abord vouloir dire « soumettre à un traitement brutal » aussi bien un être vivant (« une femme c'est comme un char plus tu maganes ça, mieux ça marche »), qu'une chose, comme s'en fait l'écho un feuilleton radiophonique québécois des années soixante :

> ZÉZETTE : As-tu ton bâton de dynamite ?
> TIBEU : Ben oui, il est dans ma poche de culotte... poutine ! J'ai de la misère à l'ôter !
> ZÉZETTE : Fais attention ! Magane-le pas trop... ça peut partir icite...

Enfin ***maganer*** peut signifier aussi subir les effets de la fatigue ou de l'usure et l'on dit facilement au Québec : « J'suis don magané », qui rebondit dans cette autre expression : ***mener une vie maganante.***

magasinage, n. m.

Canada... ; commerce. Promenade à la découverte dans les magasins ou devant leurs vitrines pour repérer ou acheter des objets.

Magasinage n'est pas, face à *shopping*, aussi vain qu'il y paraît puisqu'une très sérieuse commission ministérielle de terminologie française l'a fait homologuer au *Journal officiel* avec la jolie définition formulée ci-dessus ; elle ne l'a d'ailleurs pas laissé seul dans cette fonction car elle lui a joint en synonyme *lèche-vitrine*, et ***chalandage*** qui est notre mot du XVIe siècle. Ainsi se trouve mis devant le plus grand choix possible celui qui voudrait se retenir soudain de dire : « Je vais faire du shopping » puisqu'en procession peuvent venir à lui ***faire du magasinage, du chalandage***, *du lèche-vitrine*, voire *des courses* ou, simplement, *ses emplettes*. A moins qu'il ne se détermine, comme au Canada, à tout bonnement dire : « Je sors ***magasiner***. »

magistrat communal, n. m.

Haïti ; administration. Maire.

Le premier citoyen de la commune se nomme de bien des façons dans le monde francophone : *maire* en France, ***bourgmestre*** ou ***maïeur*** en Belgique, il est en Haïti le ***magistrat communal***. Et comme aux côtés d'un magistrat se trouvent généralement un ou plusieurs assesseurs, les adjoints du magistrat communal sont désignés sous le nom d'***assesseurs***, équivalents de nos *conseillers municipaux.*

magot, n. m.

Tchad ; argent. Argent.

« T'as du ***magot*** à m'prêter ? » peut se dire au Tchad sans faire sursauter. D'autant mieux que ***magoter*** s'y utilise également dans le sens de toucher son salaire. « J'peux rien prêter, j'ai pas encore magoté. »

maillou, n. m.

Saint-Pierre-et-Miquelon ; personnages. Personne originaire de la France métropolitaine.

Maillou se disait naguère à Saint-Pierre-et-Miquelon à l'adresse uniquement des pêcheurs de Terre-Neuve, les ***Terre-Neuvas***. Ceux-ci boudant l'archipel, ***maillou*** et son féminin ***maillouse*** ont dérivé progressivement pour désigner aujourd'hui toute personne venue de France métropolitaine, et particulièrement les fonctionnaires qui assurent l'administration et la gestion des deux îles. Pouvoir que l'on devine envahissant, à considérer la forme ***mailloucratie*** que l'on rencontre çà et là.
Quant à l'origine du mot, elle reste controversée : issue du breton peut-être, ou encore déformation de *Malouin*, l'habitant de Saint-Malo.

maisonnier, n. m. ; **maisonnière**, n. f.

Togo... ; maison. Personne qui loue à un locataire une partie de sa maison.

Plus élégant que l'austère *propriétaire*, **maisonnier**, qui se dit au Bénin et au Togo, sonne aussi plus hospitalier.

maîtrisard, adj. ou n.

Sénégal... ; école. Titulaire du diplôme de maîtrise.

Quoique la maîtrise requière au moins quatre années d'études après le baccalauréat, elle assure de moins en moins un travail ; au point que des étudiants ***maîtrisards*** ont fondé à Dakar l'association des ***maîtrisards-chômeurs*** chargée d'organiser par elle-même la recherche d'emplois.

Maman d'l'eau, n. f.

Guadeloupe... ; merveilleux. Créature merveilleuse des contes antillais.

L'eau et les rêves antillais sont tout entiers dans ces noires sirènes. L'une d'elles vient surprendre en plein voyage initiatique Ti Jean L'Horizon, héros d'un roman de Simone Schwarz-Bart :

> C'était une *Maman d'l'eau*, toute noire avec des reflets, des diaprures tirant sur le vert, et des formes liquides dans l'eau alors même qu'elle marchait le long de la berge ou demeurait assise, immobile, sur ses cheveux enroulés en coussin. Ti Jean connaissait la forme de toutes les apparitions, il se les était fait décrire par les vieux chasseurs, ceux-là mêmes qui évoquaient le temps des pécaris dans les cannes et des ramiers et ortolans sur le toit des cases, à portée de la main humaine (...) Mais celle-ci était bien une Maman d'l'eau et il n'y avait pas lieu d'en avoir peur, se dit-il en approchant de la créature qui sourit, incrédule, à la vue de l'enfant :
> — Petit garçon, sais-tu bien qui je suis ?

> Ti Jean toucha le ceinturon à sa taille, le gage de divination à son bras et il lui sembla se trouver enveloppé d'une coque de puissance, d'invulnérabilité sans pareille.
>
> *Ti Jean L'Horizon.*

manquer le bateau, loc. verbale.

Québec ; action. Manquer une occasion.

Manquer le bateau, héritée du langage maritime du XVIIe siècle et calque de l'anglais *to miss the boat*, se dit au Québec pour notre expression *rater le coche*. On n'use plus guère de coche, qu'il s'agisse du coche d'eau ou de la voiture de transport en commun qui parcourait les voies de l'ancienne France, et l'on peut reconnaître à l'expression québécoise, plus transparente, le mérite de moderniser l'expression française.

manyang, n. m.

Guinée équatoriale ; musique. Xylophone de l'ethnie fang.

Parmi les ethnies de la Guinée équatoriale figure la puissante ethnie fang, elle-même répartie en une cinquantaine de clans. Dans ce pays, anciennement administré par les Espagnols (au point que le Président équato-guinéen est surnommé *El jefe* — le chef — par ses concitoyens), la culture fang est partout, et l'on peut entendre à l'église le prêtre citer les Écritures en espagnol sur fond musical de ***manyang***.

marchand de table, n. m.

Sénégal ; commerce. Petit marchand qui expose sa marchandise dans la rue.

Moins mobile et encombrant que le ***banabana***, le ***marchand de table*** vend sa marchandise derrière une sorte de table formée souvent d'une simple caisse de bois ou de carton. S'y étalent les objets les plus divers : vêtements, livres, sandales, allumettes, valises faites de boîtes de conserves récupérées, instruments en tout genre fabriqués ou rafistolés avec une inventivité certaine. A ce ***marchand de table*** correspondent au Sénégal et en Côte-d'Ivoire au moins deux synonymes couramment employés : ***marchand-tablier*** et ***tablier*** : « J'ai ***payé*** ma valise à un tablier d'Saint-Louis. »

marcheur, n. m.

Burkina Faso ; boisson. Whisky.

Pourquoi un whisky se nommerait-il, même familièrement, ***marcheur*** ? A cause de la marque de whisky Johnny Walker, *walker* signifiant précisément « marcheur » en anglais.

mariage derrière la cuisine, n. m.

Réunion ; amours. Relations sexuelles clandestines.

Ce qui ne peut se faire derrière les fourneaux se fait donc derrière la cuisine.

mari-capable, n. m.

Côte-d'Ivoire... ; habillement. Nom d'un modèle de pagne.

Cotonnade dont on se couvre de la ceinture aux chevilles, le ***pagne*** peut être simple ou complet, et dans ce dernier cas comporter une ***camisole***, sorte de veste féminine à manches courtes, et une jupe. Mais pour s'y retrouver dans les modèles de pagne, ni référence, ni numéro, seulement des noms, qui peuvent symboliser les relations entre femmes : ***œil de ma rivale*** ; entre hommes et femmes : ***mari-capable, mon mari sort je sors***, etc. ; ou bien encore mettre en valeur la qualité de la femme : ***fleur de mariage, yeux voient bouche parle pas.*** Le journal ivoirien *Fraternité Matin* résume en ces termes l'importance sociale reconnue à ces jeux d'étoffe : « Certaines femmes ne peuvent pas ne pas posséder certains pagnes, même si le motif ne leur plaît pas. Elles mesurent la réussite de quelqu'un au pagne qu'elle porte... et on se pavane en montrant sa collection. »
Ces convoitises ne vont pas sans rivalités, comme celle qui oppose les ***pagneuses*** (les filles de la campagne) aux ***robeuses***, femmes de la ville aux mœurs plus libres et plus dégagées de la tradition. Dans le film de Henri Duparc, *Bal poussière*, le maître de maison (polygame) cherche à mettre un terme aux querelles entre ses femmes en déclarant (mal lui en prend) : « Ici il n'y a pas de pagneuses, il n'y a pas de robeuses, il n'y a que des emmerdeuses. »

marié marié, adj. ou n.

Polynésie ; famille. [Se dit d'une] Personne mariée.

On fait à Tahiti la distinction entre ceux qui vivent comme mari et femme mais sans être mariés, et ceux qui sont vraiment mariés : les ***mariés mariés***.

matoutou-crabe, n. m.

Martinique... ; faune. Variété de crabe.

Le ***matoutou crabe***, « alliance de la carapace et des poils, violets » comme le décrit un poète martiniquais, est un crabe de sable. Servi avec du riz, il constitue un mets de choix, le ***matoutou***. C'est le plat rituel du Lundi de Pâques, encore plus délicieux si l'on a pris soin de nourrir l'animal, quelques jours avant de le déguster, de petites mangues, les ***mangots***.

mayen, n. m.

Val d'Aoste... ; maison. Seconde maison en montagne.

Le ***mayen***, bâti sur *maius*, le nom latin du mois de mai, est à l'origine une maison construite en altitude qui permet de séjourner à la belle saison (à partir de mai précisément) en surveillant les animaux à l'alpage. Aujourd'hui cette seconde maison, que l'on retrouve aussi dans le Valais suisse, a souvent été reconvertie en résidence secondaire, généralement confortable et coquette.

médina, n. f.

Tunisie... ; ville. Partie ancienne d'une ville, par opposition aux quartiers récents construits le plus souvent à l'européenne.

Généralement construite à flanc de colline, la ***médina*** est la ville arabe, faite de ruelles étroites formant souvent impasses. Malgré l'apparent désordre de son dessin, les axes principaux qui la traversent mènent cependant bien, selon un tracé précis, des portes du mur d'enceinte qui l'entoure aux portes opposées. Mosquées et minarets s'élèvent en son sein, surplombant les *souks* où les ***babouchiers*** fabriquent des ***babouches***, les tisserands des tissus, et les ***dinandiers*** de vastes plateaux richement ornés.

méharée, n. f.

Tunisie... ; transport. Voyage à dos de chameau.

Il faut bien prendre garde : ce ***chameau*** n'a le plus souvent qu'une seule bosse, déformation qu'il ne faut toutefois attribuer qu'à un glissement de sens. Et l'espèce particulière de chameau de course que forment les ***méharis*** a donné à la randonnée en chameau le nom de ***méharée***. Pour mettre l'animal au pas : frotter énergiquement son cou ; pour tourner à gauche tirer la rêne vers la gauche, pour tourner à droite, faire le contraire. La ***méharée*** peut commencer. Attention : la monture a mauvais caractère.

se mélancoliser, v.

Haïti ; sentiment. Devenir mélancolique.

Celui qui devient triste et taciturne, ce qui est tout de même rare en Haïti, ***se mélancolise***.

mêle-tout, n.

Belgique... ; personnages. Personne qui se mêle de tout avec indiscrétion.

La langue française hors de France est souvent moins prude que celle, empreinte de bonnes manières, parlée dans son berceau Ile-de-Francien. Elle offre ainsi une amusante et franche galerie de portraits : vicieux, lâches, pernicieux s'y rencontrent nommés sans détour (***fais-chier, frotte-manche, couillon carré***, etc.). Ainsi loin du prudent La Bruyère et des « ministères de la circonlocution » dont parle Alain, la langue française de là-bas a l'insigne mérite d'appeler un chat un chat. Ce ***mêle-tout*** belge vient à point s'inscrire dans le cercle choisi de tous les fâcheux, importuns, imposteurs qui empoisonnent le temps et font perdre la vie.

mémé, n. m.

Bénin... ; physique. Postérieur, surtout d'une femme.

Comme souvent, Bénin et Togo sont réunis autour du même mot, ici ***mémé***, qui est pour le moins charmant.

mémérer, v.

Québec ; conversation. Parler à la manière d'une mémère.

Mémérer, c'est *faire la mémère*, comme *commérer* est *faire la commère*. Mais si *mémère*, le petit nom de la grand-mère, nous est connu, ***mémérer*** ne l'est pas, qui a le sens de parler indiscrètement pour criticailler, ce qui s'agrémente de variations ; on peut, par exemple, ***mémérer*** tout court :

> Cette manie de mémérer, c'est insipide. Et inutile. Il faut mépriser les gens pour nourrir ce côté malsain.
>
> Claude Jasmin, *Feu à volonté.*

Mais on peut aussi ***mémérer contre quelqu'un, sur quelqu'un, de quelqu'un,*** bref ***faire du mémérage***, ou comme Sol, grand comique québécois, ***faire du mémé-ring*** ! Et, ce faisant, être bien ***mémérеux*** ; au point de finir par ***éplucher les vieux légumes***.

ménagerie, n. f.

Bénin... ; ménage. Travaux ménagers.

Faire le ménage se dit au Bénin et au Togo ***ménager***, et le ménage lui-même parfois ***ménagerie*** : « Qu'est-ce que tu fais avec ce chiffon, tu ménages ? — Oui, j'fais ma ménagerie. »

mener le diable, loc. verbale.

Suisse ; action. Faire du tapage.

Mener signifie « faire aller avec soi, accompagner quelqu'un » ; mais lorsque c'est le Diable qu'on mène

ainsi, la situation se complique : parmi tous les symboles dont il est porteur — méchanceté, mal, malice, tromperie, fausseté... — le Diable a aussi le tapage, ce dont nos meilleurs classiques se font l'écho en nous livrant, non loin de ***mener le diable***, les expressions de *faire le diable* et *faire le diable à quatre* qui signifient tout autant « mener grand tumulte » : « Ils n'ont pas fini de mener le diable comme ça ! C'est assommant à la fin ! »

mettre l'air dans la parole, loc. verbale.

Réunion ; langues. Avoir un accent chantant.

A entendre la mélodie des parlers de l'océan Indien et des Antilles, la variété des français parlés par un Québécois, un ***Acadien*** ou un Louisianais, la multiplicité d'intonations des langues françaises d'Afrique, l'accent grave du parler de Belgique, ou celui traînant des Suisses romands, de qui ne peut-on dire qu'il ***met l'air dans la parole*** ?

mettre quelqu'un en bouteille, loc. verbale.

Belgique ; conversation. Se moquer de lui.

Qu'on *mette en boîte* son interlocuteur, ce qui est l'expression employée en France, ou qu'on le ***mette en bouteille***, il s'agit toujours bien de l'enfermer dans le silence en lui clouant le bec : « Arrête de le mettre en bouteille, tu ***bats le beurre***. »

mezhabit, n. f.

Zaïre ; habillement. Soutane.

Le prêtre qui demande qu'on lui apporte ses vêtements dit nécessairement quelque chose comme : « Apporte-moi mes habits ! » Et comme cet habit est souvent une soutane...

mignonnette, n. f.

Monaco ; cuisine. Mandarine confite.

Les ***mignonnettes***, délicieuses mandarines confites, sont une des spécialités de Monaco. On en trouve également hors des frontières de la Principauté, notamment dans le Mentonnais qui lui est attenant : ce qui fait de ***mignonnette*** à la fois un terme francophone (un francophonisme) et un dialectalisme de France.

milicien, n. m.

Belgique ; armée. Soldat du contingent.

Même si ***milicien*** peut se comprendre en Belgique avec le sens que nous lui connaissons de « soldat d'une formation paramilitaire » par opposition à celui de l'armée régulière, il y désigne surtout l'appelé du contingent ; ***milicien*** s'oppose alors davantage au militaire de carrière, qui est volontaire, alors que lui-même ne l'est pas. Cette double opposition trouve ses origines dans notre histoire puisque, sous l'Ancien régime, la milice était une « levée faite parmi les hommes en état de porter les armes », sans que ces derniers, les *miliciens*, fussent forcément intégrés dans l'armée régulière, ni spontanément consentants. L'acception belge s'inscrit donc bien dans cet héritage au point qu'on y parle encore des ***obligations de milice***, du ***bureau de milice*** ou du ***certificat de milice***. Au contraire de la France où la Révolution de 1789 a rompu délibérément avec la terminologie d'ancien régime en créant la notion de garde national, terme proposé par La Fayette et repris tout au long du XIXe siècle.

mille-kilo, n. m.

Guinée... ; transport. Camionnette de mille kilos de charge utile environ, aménagée pour le transport de voyageurs.

Le ***mille-kilo*** (parfois appelé ***car-brousse***) est un mode de transport en commun très répandu en Afrique. Il a le mérite de déposer ses passagers sains et saufs le plus souvent, dans des circonstances qui ne sont pas toujours faciles : il ne part qu'à son heure, et rempli à ras bord. Souvent brinquebalant, tressautant et pétaradant, il lui arrive néanmoins — utile exorcisme — d'arborer de fières devises, telles que « Étoile filante », « Ça va seul » ou, moins rassurantes : « T'en fais pas », « A dieu va », « Joue ta chance », ou « ***S'en fout la mort*** ».

minçolet, adj.

Suisse ; physique. Fluet.

Encore plus mince que mince : ***minçolet***.

minque, n. f.

Belgique ; commerce. Halle où l'on vend du poisson à la criée dans les ports de la côte belge.

La ***minque***, qui repose sans doute, comme ***drève***, sur un étymon flamand, draine avec elle toute l'atmosphère des bords de la mer du Nord d'Adinkerke au Zoute.

moins, adv.

Mali... ; temps. Qualificatif d'approximation désignant la période de temps comprise entre la demi-heure et l'heure juste.

Moins, c'est avant l'heure juste et après la demi-heure ; seulement on ne peut ou ne souhaite préciser davantage. Ainsi onze heures moins vingt ou onze heures moins dix, c'est toujours onze heure ***moins*** ; de la même façon pour ***plus*** : « Il est dix heures plus » vise toute la durée qui précède la demie. Système qui rend la vie moins précise, mais sans doute aussi moins pressante.

monde, n. m.

Réunion ; quantité. Équivalent de personne, individu.

Monde désigne couramment un ensemble de personnes (« Il ennuie l'monde »), ou une foule (« Il y a du monde »). A la Réunion ce sens collectif de ***monde*** se change parfois en un sens distributif : « Il y avait au moins soixante-dix ***mondes*** prévus pour ce ***dîner***. »

monter dans la lune, loc. verbale.

Vallée d'Aoste ; ivresse. Être ivre.

Manière poétique et noble — ce qui n'est pas si fréquent en matière d'ivresse — pour dire qu'on quitte un peu la Terre, ***monter dans la lune*** se tire de l'expression ou dialecte valdôtain *être su de leuna*.

monter la grandeur à quelqu'un, loc. verbale.

Mali ; sentiment. Flatter quelqu'un.

Avec ***monter la grandeur à quelqu'un***, on imagine, comme élevé par un cric, l'orgueil du flatté montant par degrés jusqu'à la plus parfaite hébétude. Dans le même sens on dit aussi au Mali ***monter solo*** : « Pour l'amadouer tu n'as qu'à le monter solo. »

morale, n. f.

Réunion ; caractère. Mémoire.

La ***morale*** est à la Réunion la mémoire, et le moral le ***tempérament*** : « J'ai bonne morale, mais j'perds le tempérament. »

morne, n. m.

Martinique... ; relief. Petite montagne isolée, de forme arrondie.

On retrouve, comme cela se produit souvent, ce mot créole des Antilles dans l'océan Indien. Le grand poète mauricien Edouard J. Maunick souligne la proximité de ces deux parties du monde en s'adressant au martiniquais Césaire :

> Ohé Caraïbes ! Ohé Césaire !
> Si nous échangions nos mornes !
>
> *Ensoleillé vif.*

motoneige, n. f.

Québec ; transport. Petit véhicule à une ou deux places, muni de skis et tracté par des chenilles.

La moto des neiges, lancée il y a quelques années sous la marque *skidoo*, s'abrège facilement en ***motoneige***.

Au Québec tout au moins, car les Français ont préféré enfourcher le plus anglais *scooter des neiges*, négligeant du même coup ***motoneigisme*** et ***motoneigiste*** dont ils n'ont pas l'équivalent. A se tourner ainsi le dos pour l'invention des termes techniques usuels, Français et Québécois risquent de ne pouvoir un jour plus se comprendre que par traducteurs interposés.

mouche à feu, n. f.

Québec ; faune. Luciole.

Comme le dit un ***annonceur*** — nous dirions un *animateur* — d'une radio québécoise : « Les ***mouches à feu*** c'est ben inutile, ça fait qu'éclairer les pissenlits. »

mouchenez, n. m.

Louisiane ; objets. Mouchoir.

Il faut convenir qu'un mouchoir est bien une pièce d'étoffe dans laquelle on mouche son nez.

mourir dans les cheveux noirs, loc. verbale.

Bénin ; mort. Mourir prématurément.

Mourir dans les cheveux noirs ne pourrait se dire aussi catégoriquement sous d'autres latitudes, où l'on peut mourir à la fleur de l'âge encore blond, roux ou châtain.

mouvée, n. f.

Canada ; faune. Période de mise au monde des bébés phoques ou blanchons.

Ce sont sans doute les verbes *mouvoir et mouver*, son doublet, que l'on retrouve en Charentes, qui soustendent le terme ***mouvée***. Celui-ci désigne un mouvement bien particulier : au Québec notamment, mars est le mois des phoques, des ***loups marins*** comme on les appelle là-bas. Par centaine de milliers, les phoques mettent bas à la fin de février : c'est la ***mouvée***, au cours de laquelle les ***blanchons*** peuplent les amoncellements de glace de la banquise en mouvement. Livrés aux courants marins qui les éloignent et rapprochent des côtes de manière imprévisible, perdus parmi les ***glaciels*** ou glaces flottantes, il faudra aux bébés phoques quelques semaines pour rejoindre, dans un plongeon glacial, le lieu de leur délivrance.

musique à bras, n. f.

Louisiane ; musique. Accordéon.

L'accordéon est, c'est simple, la ***musique à bras***, et l'harmonica la ***musique à bouche***, que les Québécois nommeraient plutôt le ***ruine-babine***. Accompagnement traditionnel des chansons louisianaises, que l'on peut essayer sur celle-ci par exemple, qui relate l'histoire des ***Acadiens*** venus en Louisiane (les ***Cadjins*** ou ***Cadiens***), et intitulée *Le Sud de la Louisiane* :

Ici dans l'Sud de la Louisiane
Les poissons flottent dans l'bayou Têche
Les canards volent dedans les mèches (les marais)
Les ouaouarons dans les plantins
(les terrains marécageux)
Les écrevisses dans les clos d'riz (les rizières)
Les écureuils dans les grands bois
On a trouvé not'paradis
Dedans le Sud de la Louisiane.

nana-Benz, n. f.

Côte-d'Ivoire... ; personnages. Riche revendeuse de tissus.

Perpétuant la tradition du commerce de tissus avec l'Europe, notamment la Hollande, les ***nanas-Benz*** ou ***mamas-Benz***, prospères et puissantes, sont souvent des personnages respectés et célèbres, telle Patience Sanwee à Abidjan ; elles vendent tissus et cotonnades, mais aussi des vêtements confectionnés à partir de ces dernières, des pagnes au nom charmant comme ***mari capable, mon mari sort je sors***, etc. Mais pourquoi, se dira-t-on, ces nanas sont-elles Benz ? Tout simplement, paraît-il, en raison du goût tapageur de ces dames pour la rutilance des Mercédès Benz.

nanou, n. f.

Martinique... ; personnages. Femme qui sert de nourrice et de tutrice aux enfants, et qui s'occupe de la maison.

Dans la tradition antillaise, particulièrement à la Martinique, chaque famille à sa ***nanou***. Plus que la nourrice des enfants ou la seconde maman, elle est l'âme de la maison, celle qui porte l'enfant sur les fonts baptismaux, les suit dans leur existence, et qu'ils n'oublieront jamais.
Elle est aussi l'esprit de la tradition, vêtue le plus souvent du costume et de la coiffe, le ***madras*** dont l'ajustement n'est jamais sans signification.
Sa beauté est également dans son nom, qui résume toute sa tendresse : *Da Fifine* (pour Da Joséphine), *Da Titine* (pour Da Catherine) ou *Da Nana* (pour Da Anna) par exemple, dans lesquels ***da***, le synonyme de ***nanou***, est sans doute la forme abrégée de *dame,* ou de *madame.*

natte, n. f.

Mali ; amours. Appellatif d'affection.

Ce serait trop triste si une ***natte*** n'était qu'un revêtement de paille ou de jonc tressé dont on fait des cloisons, des pagnes ou des tapis de plages ; ce peut être aussi au Mali un terme d'affection vive : « Viens ici, ma petite natte, que je m'allonge sur toi. »

navetteur, n. m. ; **navetteuse**, n. f.

Belgique ; transport. Personne qui fait régulièrement la navette entre son domicile et son lieu de travail, particulièrement par chemin de fer.

Le fameux *commuter* anglais n'avait pas son équivalent français ; le voilà. Ce n'est ni *commutant*, ni surtout *banlieusard* voué plus à la résidence qu'au mouvement. Non, l'usager régulier d'une navette est un ***navetteur***, qu'il faut néanmoins s'attendre à reconnaître aussi dans « *nafteur* », sa prononciation bruxelloise.

neigeoter, v.

Suisse ; climat. Neiger faiblement.

Les Suisses disent « il ***neigeote*** » comme nous disons familièrement « il *pluviote* ». La bise s'en mêle-t-elle, il ***neige de rage***, c'est-à-dire toujours faiblement, mais rageusement, à l'image précisément de celui qui pleure de rage.

nettoyeur, n. m.

Québec ; commerce. Magasin où l'on fait nettoyer son linge.

Omniprésents en France, *pressing* ou *teinturier* n'ont pas grand sens, car il ne s'agit dans ce magasin que de faire nettoyer son linge. Et saurait-on même que *to press* signifie en anglais « repasser », on n'en constaterait pas moins que ce teinturier, parfois élevé au titre de *maître teinturier*, est très rarement sollicité pour teindre un vêtement ou un habit. La vitrine française est donc bien morose de proposer à quelques centimètres d'intervalle pour cette boutique qui sent bon la serre chaude et le linge frais, *pressing, teinturier, nettoyage à sec, stopping* ou *stoppage*. Le Québec écarte sans repentir ces curieuses superpositions en nommant simplement ***nettoyeur*** celui qui n'est voué ni à presser ni à teindre.

niaiseux ; niaiseuse, adj. ou n.

Québec ; caractère. Niais, insignifiant, benêt.

Niaiser comme *déniaiser* sont de notre XVIe siècle, mais c'est *déniaiser* qui nous est contemporain ; ***niaiser*** a, lui, migré au Canada avec aujourd'hui le sens de « lambiner, perdre son temps à des riens », voire « attendre » comme dans l'expression ***faire niaiser quelqu'un***. Il renvoie tout à l'insignifiance, soutenu par ***niaisage***, son filial substantif. Quant à ***niaiseux***, il prête à insulte, parfois tendre, mais souvent dure : il n'est pas agréable, par exemple, de se faire traiter, comme on peut l'être dans un roman d'Anne Hébert, de ***niaiseuse de manières*** !

nobscuriter, v.

Cameroun ; amours. Faire l'amour.

On s'en douterait, ***nobscuriter*** c'est faire des choses à la faveur de l'obscurité.

nuage, n. m.

Canada ; habillement. Écharpe de fine laine qui enveloppe cou et visage, portée surtout par les femmes et les enfants.

Surpris dans le feuilleton d'un journal montréalais de 1870, ce regard curieux satisfait par le vent fripon :

> Un épais nuage lui couvrait la figure, et je désespérais de jamais l'entrevoir quand une rafale de vent vint soulever le voile...

A voir ce nuage se dissiper ainsi, on dirait qu'une déesse mythologique (ce qu'une belle Québécoise est de toute évidence), va apparaître au pauvre mortel. C'est pourtant moins dans la mythologie que dans l'histoire du Canada que plonge ce nuage fait sur l'anglais d'Amérique *cloud*, nuage de laine qui prémunit contre le froid et fait qu'on dit, pour se moquer doucement, en une si belle image : « Aujourd'hui, les femmes sont dans les nuages. »

numéro, n. m.

Luxembourg ; école. Note donnée à un élève.

Sous l'influence du luxembourgeois, dialecte allemand mosellan, il peut se faire qu'on demande à l'élève qui rentre de l'école (quoique très rarement en français) : « Quel numéro as-tu eu aujourd'hui ? » La note donnée à l'élève en classe se disant en effet *nummer* en luxembourgeois, on a clairement affaire, avec ***numéro***, à un ***luxembourgisme***.

occasion, n. f.

Niger... ; voyage. Véhicule qui s'arrête volontairement pour prendre à son bord un voyageur, le plus souvent gratuitement.

Une ***occasion*** est dans beaucoup d'endroits un véhicule qui s'arrête pour prendre à son bord un *autostoppeur* : « J'ai trouvé une occasion pour descendre à Niamey. » Dans cette acception, c'est autant la circonstance heureuse qui est désignée que le véhicule lui-même. Celui-ci peut d'ailleurs recevoir, comme au Sénégal, le nom particulier, quoique ambigu, de ***voiture d'occasion*** : « Une voiture d'occasion m'a amené jusqu'à Dakar. » On ne s'étonne donc pas de trouver, en Afrique particulièrement, l'expression ***voyager par occasion*** qui signifie *voyager en stop*, équivalent de la belle image québécoise ***voyager en pouce***.

okoumé, n. m.

Gabon... ; flore. Espèce d'arbre de la forêt du golfe de Guinée.

L'***okoumé*** (*Aucoumea klaineana*), arbre gigantesque qui peut atteindre jusqu'à cinquante mètres de hauteur, est une des grandes ressources du Gabon. Son bois, d'un rose saumon parfois satiné, est tendre et léger, à la différence de celui de l'***azobé*** ou ***bois de fer*** qui ne flotte pas. D'autres arbres peuplent l'immense forêt : ***iroko, sipo, douka, moabi, padouk, bilinga***, etc. offrant une impressionnante variété d'espèces.

ordré, adj.

Suisse ; ordre. Qui est en ordre.

On ne peut s'étonner de trouver ***ordré*** dans une Suisse qui pousse le raffinement jusqu'à conférer à l'ordre divers attributs : la propreté par exemple, avec l'expression ***propre en ordre***, voire l'élégance alliée à la perfection avec l'un peu familier, mais si admiratif ***tip top*** : « Tip top ta cravate ! »

ordurière, n. f.

Canton du Jura ; ménage. Pelle à balai.

Ordurier ou *ordurière*, au sens de « qui contient des ordures », ne se dit que de choses d'ordre littéraire : une *épigramme ordurière*. Le Jura suisse fait cependant du substantif ***ordurière*** un usage des plus concrets en lui attribuant le sens de « pelle à balai ». Non loin d'***ordurière***, notre ancienne langue avait quant à elle la forme masculine *ordurier*, que Littré définit ainsi : « Petite caisse de bois, munie d'un manche, et dont on se sert pour mettre les balayures. »

oreille d'éléphant, n. f.

Bénin... ; flore. Nom de différentes plantes d'ornementation à feuilles très larges.

Quoique ornementale, la magnifique *Cyrtosperma senegalense* ou ***oreille d'éléphant*** se mange, épaisse, tendre et charnue, comme le meilleur des épinards.

ouaouaron, n. m.

Louisiane... ; faune. Espèce particulière de grenouille de grande taille.

Prêterait-on à une grenouille la prétention de faire ouaoua ? Sans doute pas. Il faut cependant reconnaître que cet animal au nom iroquois pourrait figurer en bonne place dans un conte de Voltaire ou une fable de La Fontaine dont un récit célèbre met en scène certaine grenouille qui veut se faire plus grosse que le bœuf ; personnage auquel vient faire penser l'équivalent américain du ***ouaouaron*** : *bull frog*, la **grenouille buffle** qui, paraît-il, beugle et non croasse. Cette *Rana catesbiana*, son nom scientifique, a pourtant un péché : les ***Cadjins*** s'en repaissent, ce qui ne manque pas de heurter l'esprit anglosaxon.

ouassou, n. m.

Guadeloupe ; faune. Variété de grosse crevette.

Les espèces couramment nommées ***écrevisses*** aux Antilles sont en fait des *crevettes* ; ces crevettes, en majorité des *Macrobracchium*, sont en effet si grosses qu'on peut facilement les prendre pour leurs sœurs écrevisses. Parmi elles figurent notamment en Guadeloupe les ***cacados***, les ***chabins***, les ***ouassous*** au nom caraïbe, mais aussi, de la même famille, les plus explicites ***queues rouges, grands-bras*** et ***mordants***. En Martinique, on trouvera couramment appelée ***habitants*** l'espèce la plus répandue.

ouvrir le linge, loc. verbale.

Réunion... ; ménage. Étendre le linge.

Il est vrai qu'après avoir essoré son linge et l'avoir mis en boule, il faut, pour le faire sécher, l'***ouvrir***.

MEUH !
CETTE FOIS-CI ELLE A REUSSI !

pacane, n. f.

Louisiane ; flore. Espèce de noix.

Ce mot aurait pu se glisser sous la plume de Chateaubriand ; non qu'il soit breton, mais algonkin. Car même à l'algonkin le français a emprunté, comme le montrent également ***tabagie*** et ***ouaouaron***. A ***pacane*** il fait de plus beaucoup d'honneur puisqu'il a enté sur lui ***pacanier*** — l'arbre à ***pacanes*** — et ***pacanière*** qui est la plantation de ***pacaniers***. Ces derniers des Mohicans — tribu algonkine — ne sont donc pas sans postérité.

pain chargé, n. m.

Sénégal... ; alimentation. Sandwich.

Pourfendeurs d'anglais et défenseurs impénitents de la langue française peuvent éventuellement se lester, pour détrôner *sandwich*, de ce ***pain chargé*** : « Tu m'passes de ton pain chargé ? »

pamplemousse, n. f.

Niger ; personnages. Femme opulente et de forte corpulence.

On peut effectivement trouver des formes lourdes au *pamplemousse,* fruit du ***pamplemoussier***. Mais il y a de la malignité à dire d'une grosse femme qu'elle est une ***pamplemousse***.
L'autre équivalent nigérien de ***pamplemousse***, ***gourde***, qui n'évoque pas non plus une silhouette bien élancée, ne laisse à cet égard aucun doute.

panosse, n. f.

Suisse ; ménage. Serpillière.

Notre *serpillière* subit auprès de la ***loque à reloqueter*** belge une métamorphose de plus avec la ***panosse*** suisse, tout droit issue du latin *pannus* (morceau d'étoffe, guenille) que l'on retrouve dans le *pan* d'un

habit ou dans l'ancien *panneau* (petit pan d'étoffe). Outre ces lettres latines, dont peut se prévaloir ***panosse***, celle-ci a également l'intérêt d'amener avec elle son verbe : ***panosser***.
Mais avant de ***panosser***, il convient en Suisse de passer la ***brosse***, autrement dit la *balayette* ; et enfin de pousser soigneusement les miettes dans la ***pellette***, aussi appelée, dans le canton du Jura, ***ordurière.***

parcourir, v.

Tchad ; amours. Faire la cour à une femme.

Parcourir signifie à la lettre « courir d'un bout à l'autre, visiter en tout sens », et peut comme tel avoir des droits à retracer dans les grandes lignes l'acte de séduire une femme : lui faire la cour certes, mais aussi courir après et, une fois le succès assuré, la subjuguer. En Centrafrique la femme ne reste pas pour autant passive puisqu'on y peut dire de celle qui a eu beaucoup d'amants, qu'elle a beaucoup ***parcouru***.

parentisme, n. m.

Togo ; politique. Action d'user de son influence pour placer les membres de sa famille.

Le népotisme, dont l'étymologie latine restreint a priori le sens aux faveurs que l'oncle déploie à l'égard de son neveu (*nepos* en latin), trouve une acception bien large au Togo sous la forme du ***parentisme*** dont la pratique s'étend à toute la parenté, et souvent à l'ethnie.

parler à travers son chapeau, loc. verbale.

Canada ; conversation. Dire des bêtises.

La langue anglaise joue en filigrane de cette expression qui ne s'explique que par *to talk through one's hat*. Le Canada bilingue est plein de ces rencontres qui font de ses deux langues officielles des vases communicants : **demeurer sur la clôture** (*to sit on the fence*)

s'y entend par exemple dans le sens d'« éviter de prendre parti », ***mettre sur la tablette*** *(to put on the shelves)* pour « mettre au rancart » et ***être dans l'eau bouillante*** *(to be in hot water)* se dit à la place d'« être dans le pétrin ».
Ce maniement quasi instinctif des deux langues ne révèle pas seulement leur parenté historique ; il situe également leur voisinage permanent, de l'ancien au nouveau monde, depuis que le Moyen Age les a unies, au point qu'aujourd'hui encore, en plein Parlement de Londres, la formule « La Reine le veut » se fait toujours entendre.

passer la nuit sur la corde à linge, loc. verbale.

Québec ; fête. Passer la nuit à faire la fête.

Prendre garde de ne pas prendre son pied dans les ***broches à linge.***

passer la renverse, loc. verbale.

Québec ; transport. Enclencher la marche arrière.

Les boîtes de vitesse américaines, et les françaises importées des États-Unis, indiquent, au Québec, *reverse* à l'endroit de la marche arrière ; d'où par cette proximité de l'anglais et du français l'expression ***passer la renverse***, qui n'est pas sans donner le vertige. Si l'on n'a pas, dans cette manœuvre, définitivement basculé à la renverse, on peut, pour aller de l'avant, ***se mettre sur le bœuf***, c'est-à-dire, enclencher la première.

passer tout droit, loc. verbale.

Québec ; action. Se réveiller plus tard qu'à l'heure prévue.

A-t-on une panne de réveil, volontaire ou involontaire, on ***passe tout droit***. De même, si l'on dépasse, même après maintes sinuosités, l'endroit où l'on voulait se rendre, on ***passe*** aussi ***tout droit***.

patateric, n. f.

Louisiane ; maison. Lieu où l'on entrepose patates et pommes de terre.

On ne peut reculer devant l'évidence : les Louisianais sont mangeurs de tubercules pour avoir inventé un lieu aussi mythologique que la ***patateric***. Ces patates douces de couleur jaune très foncée, appelées aussi ***patates jaunes*** ou ***yams***, se retrouvent presque constamment dans la cuisine : cuites au four telles quelles, ce qui a donné lieu à une chanson : *La Patate chaude* ; ou avec du sirop ou du sucre, ce qui a donné un dessert original : les ***patates douces*** glacées. Les accommodements astucieux se retrouvent en d'autres mets, comme les ***oreilles de porc*** dites aussi ***oreilles à cochon***, gâteaux qui se servent également au dessert, au même titre que la tarte à la bouillie ou les pralines de ***pacanes***.

paternels, n. m. plur.

Tchad... ; famille. Parents du côté du père.

Aux ***paternels*** correspondent tout naturellement les parents que l'on a du côté de la mère, les ***maternels.***

patron, n. m.

Rwanda... ; conversation. Terme de déférence ou d'adresse à l'égard d'une personne de rang supérieur.

Il ne faut pas se formaliser si l'on reçoit d'Afrique une lettre commençant de la manière suivante : « Monsieur le Président, cher ***patron***, Je viens vous demander respectueusement d'avoir l'obligeance de pouvoir me faire savoir... »

payer, v.

Togo... ; commerce. Acheter.

Payer s'emploie souvent en Afrique dans le sens d'acheter : « Où t'as payé ton ***boubou*** ? »

pêcher à Miquelon, loc. verbale.

Martinique ; navigation. Pêcher hors de vue des côtes.

De la Martinique on peut rêver parfois d'aller pêcher très loin, à des milliers de kilomètres au nord, jusqu'à Miquelon en pleine baie de Saint-Laurent. D'où l'expression ***pêcher à Miquelon***, qui a surtout le sens général de pêcher hors de vue des côtes. Dans le même ordre d'idées, un lieu de pêche situé loin des côtes se nommera, en parler martiniquais, un ***Dien-Bien-Phu***.

pécloter, v.

Suisse ; santé. Aller mal.

On dit familièrement en Suisse : « Je ***péclote*** », c'est-à-dire « je ne vais pas bien » ; à propos d'instruments défectueux, voire d'une usine qui va mal, on dira même qu'ils ***péclotent***, ce qui se retrouve dans le nom qu'on leur attribue : des ***péclots***.

pendu, n.

Suisse ; famille. Personne fiancée dont les bans ont été publiés, mais qui n'est pas encore mariée.

Le mariage est assez souvent associé à un exercice de pendaison, comme le suggèrent des expressions comme *se mettre la corde au cou*. Avec ses ***pendus*** le suisse romand est sur ce point d'une clarté troublante ; il les assortit cependant de nuances plus délicates qui faisaient, il y a encore peu dans les campagnes, que jusqu'au mariage ces ***pendus*** recevaient nom d'***époux*** (à prononcer « epau ») et d'***épouses***, pour prendre respectivement, le mariage venu, comme encore dans certaines de nos campagnes, celui d'***homme*** et de ***femme***.

personne exceptionnelle, n. f.

Québec ; personnages. Personne handicapée.

Le français québécois manifeste une fois de plus son inspiration en nommant ***personnes exceptionnelles*** les *handicapés*. Ce procédé d'atténuation de la réalité par la langue, que l'on retrouve également dans la Belle province avec l'***âge d'or*** (les « personnes âgées »), s'il ne change pas la dureté ou la souffrance, a au moins le mérite de faire voir les choses différemment.

Petit Canada, n. m.

Nouvelle-Angleterre... ; peuples. Enclave ethnique constituée par des immigrants d'origine canadienne française.

« Je prends le livre de français et lis tous ces mots français drôles que nous ne disons jamais en français canadien. Je dois les chercher dans le dictionnaire à la fin du livre. J'appréhende la façon dont le professeur de

la classe de français se moquera de mon accent ce matin, quand il me demandera de me lever et de lire une avalanche de prose. »
Cette confidence étonnante, traduite de l'anglais, est de Jack Kérouac, né d'ancêtres bretons mais père de la génération « Beat » et auteur du célèbre *On the road* dans lequel toute l'Amérique se reconnut.
On est ainsi loin de soupçonner Kérouac d'être un ***Franco*** c'est-à-dire d'être issu de Canadiens français partis immigrer aux États-Unis : petites gens qui formèrent dans certaines villes les ***Petit Canada***, quartiers où se reconstitua la communauté canadienne autour de l'église catholique, de l'école française et de sociétés d'entraide dont certaines existent toujours.
Les traits saillants de cette communauté qui alimenta la grosse industrie naissante de la Nouvelle-Angleterre — l'origine canadienne française, le français langue maternelle et la religion catholique — fondent progressivement dans le grand mouvement américain, même si parfois Boston, Worcester, Fall River ou Nashua ont des airs de Nouvelle-France.

petite femme, n. f.

Mali... ; amours. Dernière femme épousée.

Pour permettre au polygame de se retrouver dans ses femmes, il faut des nuances : la dernière épousée, la ***petite femme***, s'oppose ainsi à la ***grande femme*** épousée en premier lieu.
D'autres figures sont dans ce registre possibles, comme au Zaïre le ***premier bureau***, l'épouse légitime, aux prises avec les redoutables annexes que représentent les ***deuxième*** ou ***troisième bureaux.***

piac-piac, n. f.

Togo ; faune. Variété de pie commune en Afrique.

La pie d'Afrique, entièrement noire, dite aussi ***pie africaine***, ou très savamment *Ptilostomus afer*, fait bien « piac-piac ».

piasse, n. f.

Québec ; argent. Unité monétaire correspondant à un dollar canadien.

Au Québec, on entend très souvent dire ***piasse*** pour désigner le dollar canadien : serait-ce *pièce* prononcé à la québécoise, ou est-ce autre chose ? Un peu *pièce* sans doute, qui a dû jouer un rôle dans la conservation d'un mot pourtant différent : *piastre*. Attesté au Canada dès 1681, notamment dans la correspondance de Jean Talon, le premier intendant de la Nouvelle-France, *piastre* vient en fait de la piastre espagnole qui circulait alors dans les deux Amériques. Après la conquête anglaise, des Anglophones diront *dollar* tandis que les Francophones continueront de dire ***piastre*** ou ***piasse***, même après 1858, date de l'adoption officielle du dollar comme unité monétaire du Canada. D'où aujourd'hui encore une foule de qualificatifs formés sur *piasse*, tels ***baise-la-piasse***, ***liche-la-piasse***, ***serre-la-piasse*** ou encore ***suce-la-piasse***, figures diverses de l'avare québécois.

piétonne, n. f.

Mali ; personnages. Femme qui va à pied.

De ***piétonne*** nous n'entrevoyons que la *rue piétonne*, et à la rigueur la *porte piétonne* qui, dans les romans du XIXe siècle, fait pendant à la porte chevalière ou cochère. Mais de femme qui va à pied, point. Celle-ci parcourt pourtant l'œuvre de nos classiques, avec tout de même un brin de familiarité, ainsi : « Tudieu ! Madame, vous êtes une excellente piétonne. » Audace que nous avons perdue et que le français parlé hors de France recrée tout naturellement.

pikafro, n. m.

Mali ; coiffure. Peigne traditionnel africain.

Le ***pikafro***, peigne africain, dit aussi ***peigne afro***, est un peigne à longues dents qui permet de démêler les cheveux pour en faire, notamment, des tresses, que ce soit chez soi ou chez la ***tresseuse***.

pilier public, n. m.

Suisse ; information. Emplacement réservé à l'affichage des avis officiels.

Qu'il soit mur, panneau ou colonne, cet emplacement reste ***pilier*** malgré tout.

pilipilisé, adj.

Zaïre ; alimentation. Qui est assaisonné au pilipili.

Le ***pilipili*** est un piment rouge si fort qu'il entre dans la catégorie de ce que les Africains appellent les ***piments enragés***. L'adjectif ***pilipilé***, formé sur lui, se dit d'un mets agrémenté de ***pilipili***, tandis que sa variante, ***pilipilisé***, s'emploie plutôt au figuré pour qualifier par exemple des paroles un peu cuisantes, dites précisément ***pilipilisées***.

pinailler, v.

Tchad ; amours. Faire l'amour à une femme.

Pinailler ne signifie pour nous qu'user d'arguties et se montrer vétilleux sur des détails, pas forcément amoureux. En lui délivrant le sens de « faire l'amour à une femme », le français du Tchad ne fait que motiver différemment le verbe ***pinailler***, en suggérant avec malice que ***pinailler*** abriterait l'un des noms argotiques du membre viril.

pintocher, v.

Suisse ; ivresse. S'adonner à la boisson.

Boire pinte sur pinte, c'est, familièrement, ***pintocher*** (verbe que l'on retrouve dans le parler ***acadien***), et même ***pintoiller***, variante qui suggère, si le registre du mot n'orientait déjà dans cette voie, la formation populaire de ***pintocher***. A bambocher de la sorte, on trouve bien entendu attablés côte à côte le ***pintocheur*** flanqué de son acolyte : le ***pintoilleur***.

piolet, n. m.

Canton du Jura ; objets. Bâton de ski.

Le bâton de ski reçoit quelques appellations régionales en Suisse dont, en Suisse romande, ***canne à ski***, ou dans le Jura suisse ***piolet***, qui n'a, heureusement, rien du pic à glace : « J'prends mes piolets et on y va ! »

piquer un soleil, loc. verbale.

Maurice ; sentiment. Rougir.

Le français de l'Ile Maurice dit ***piquer un soleil*** là où nous dirions plutôt *piquer un fard*.

piquer une gueulée, loc. verbale.

Suisse ; humeur. Piquer une gueulante.

Quoique de nature plutôt amène et douce, les Suisses sont parfois amenés à *piquer une gueulante*, qu'ils appellent plutôt, dans leur sainte colère, une ***gueulée***.

piquetage, n. m.

Québec ; travail. Surveillance exercée par un piquet de grève à l'entrée de l'enceinte d'un lieu de travail.

Faire le piquet de grève, c'est au Québec ***faire du piquetage***. Et la féminisation des titres et fonctions étant en bonne voie là-bas (y compris pour la ***contremaîtresse***), le piquet de grève y est, s'il est un homme, le ***piqueteur***, auquel répond son équivalent féminin : la ***piqueteuse***.

piroguier, n. m.

Centrafrique ; objets. Tabouret tressé.

Piroguier s'applique bien en Centrafrique à celui qui rame sur une pirogue. Mais par métonymie également au tabouret qui lui tient lieu de siège. Dans ce dernier sens, ***piroguier*** reste surtout circonscrit au milieu européen et à celui des petits vendeurs d'objets pour touristes, chez qui il désigne le tabouret tressé (au demeurant rarement utilisé par les rameurs de pirogue) caractéristique de l'art centrafricain. Plus répandue reste son appellation populaire de ***balambo***.

pistolet, n. m.

Belgique ; cuisine. Petit pain au lait de formes diverses.

De graves interrogations pèsent sur l'origine de ***pistolet***. Rond le plus souvent à Bruxelles, il est de forme allongée ailleurs en Belgique, aspect qui lui valait sans doute, à l'origine, son nom. « Tu veux une ***gosette*** ou un pistolet ? — C'est quoi une gosette ? — Un chausson aux pommes. »

pit, n. m.

Martinique... ; jeu. Arène de combat pour animaux, principalement des coqs.

Le combat de coqs est un des jeux les plus prisés des Antilles et des îles françaises de l'océan Indien : tout un cérémonial préside à la préparation des coqs : pesée, mise des ergots de métal, excitation des combattants, etc. Les paris vont bon train autour de l'arène, le ***pit*** (ou *pitt*, de l'anglais *cokpit* « arène de combat de coqs »), et la passion monte à mesure que le sang fuse ; sang qui peut n'être pas seulement celui de volatiles puisqu'au combat de coqs peut succéder, ou se substituer, un combat de mangouste contre serpent.

piton, n. m.

Réunion ; relief. Toute élévation du relief.

Le ***piton*** peut désigner à la Réunion une montagne aussi élevée que le *Piton des neiges*, qui culmine à plus de 3 000 mètres, aussi bien qu'un simple vallon. Il est par association également employé pour marquer d'autres reliefs : à table, on dira par exemple d'une assiette de riz qu'elle contient un ***piton*** de riz ; ou bien d'un amas de linge sale : « J'ai tout ç'piton d'linge à laver ! »

placé, adj.

Haïti ; amours. Qualifie une personne qui vit en union libre.

Le mariage étant assez peu répandu en Haïti, particulièrement dans le monde paysan, l'union libre est une pratique courante. Ainsi l'expression « Ah m'sieur ***placé*** » signifie que l'homme à qui l'on s'adresse vit en concubinage. On dit aussi, en langue plus soutenue, que tel ou tel ***s'est placé à***, ou ***avec***, la plus douce des femmes.

placoter, v.

Québec ; conversation. Parler beaucoup, de choses et d'autres, souvent sans, ou hors de propos.

Plitch, platch : la pluie tombe sur le Québec, les flaques grandissent, les souliers se chargent de boue, les semelles se transforment en ventouses accompagnées du lourd clapotis de l'eau. Clapotage semblable au bruit d'un bavardage soutenu dont les langues romanes ont gardé l'image pour associer *patauger* à *bavarder* : le domaine français offre en exemples normand, wallon, suisse, bourguignon, québécois, etc. avec la nuance que ce dernier et quelques autres ont inversé les consonnes de *clapoter* dans une métathèse qui fit de *clapoter* **placoter**. « Que faisiez-vous à l'instant ? — Nous placotions. » écrit la manitobienne Gabrielle Roy.

planton, n. m.

Burkina Faso... ; travail. Garçon de bureau.

Nettoyer, ranger, entretenir les bureaux est l'affaire du ***planton***, qui paraît dans ces conditions plus mobile et affairé que notre planton, uniquement voué, lui, à la garde de l'entrée d'un édifice : « Quel désordre, y a pas de planton ici ? »

plumon, n. m.

Canton du Jura... ; ménage. Édredon.

A condition qu'il soit vraiment de plumes, l'édredon est très logiquement un ***plumon***.

poigner, v.

Québec ; action. Prendre.

Poigner est dans notre ancienne langue avec le sens d'« empoigner », de « toucher avec le poing ». Et dans notre argot contemporain pour signifier « saisir à pleine main », voire « masturber ».

En québécois cependant, ce verbe intervient souvent sous la forme ***poigner*** ou ***pogner*** pour exprimer l'idée de « prendre » dans sa signification d'« attraper », au sens propre : ***poigner*** un animal, ***poigner à brasse-corps*** ; ou au figuré : ***poigner*** la grippe. On le trouve aussi à la place de « surprendre » : ***poigner au dépourvu***, ou pour « prendre » au sens d'« emprunter » : ***poigner la Transcanadienne*** (la route qui traverse le Canada dans toute son étendue). Enfin l'on dira, en employant ***poigner*** absolument, que la tempête ***poigne*** ou ***pogne*** pour dire qu'elle se met à faire rage, ou de quelqu'un dont l'état de santé est préoccupant : « Il est ***pogné***. »

point rond, n. m.

Sénégal ; route. Rond-point.

De ***point rond*** et de *rond-point*, où est l'endroit, où est l'envers ?

pomme pétée, n. f.

Belgique ; cuisine. Pomme de terre cuite sous la braise.

Le mets souvent brûlant que nous nommons *pommes de terre à la braise*, et que nous servons éventuellement *en robe des champs*, c'est-à-dire avec la peau, s'appelle plutôt, en Belgique, des ***pommes pétées***.

pompidou, interj.

Bénin... ; école. Déformation du verbe *pomper* au sens de « copier ».

Que le maître laisse un instant seuls ses élèves lors d'un examen, et le mot d'ordre est alors : « On pompidou ! » Le nom de l'ancien président de la République française, Georges Pompidou, recevant ici une étymologie inattendue par le rapprochement avec le verbe *pomper*, qui signifie, en langage d'écolier, « copier ».

population, n. f.

Réunion ; administration. Assistance publique.

Celui qui n'a plus ni père ni mère est recueilli par la ***population*** : « Si t'es pas sage j'te mets à la population ! »

porte, n. f.

Zaïre ; amours. Amante chez laquelle on ne fait que passer.

Cette ***porte*** — amante transitoire — peut incidemment ouvrir sur un éventuel ***bureau***, ce dernier désignant plutôt la maîtresse chez laquelle on s'installe, et à laquelle on peut adjoindre un ***deuxième, troisième*** voire ***quatrième bureau*** : « C'est quoi cette fille ? — Laisse, c'est ma porte. »

portier, n. m.

Sénégal ; sport. Gardien de but.

Portier s'emploie surtout en football, avec son synonyme : le ***goalier***.

potopoto, n. m.

Tchad... ; maison. Boue séchée avec laquelle on construit les murs des cases.

Pisé, banco et ***potopoto***, sorte de torchis, figurent parmi les matériaux traditionnels de l'habitat africain. La consistance molle et pâteuse du ***potopoto*** a donné, au Zaïre, l'adjectif non moins expressif de ***potopoteux*** : « J'le trouve un peu mou. — Oui, pour tout dire, un peu potopoteux. »

pouce, n. m.

Québec ; voyage. Auto-stop.

On n'emploie pas le mot *stop* au Québec ; anglais, il est soigneusement évité ou censuré, la mention STOP

EN
PANNE
PLUTON

inscrite sur les panneaux de signalisation routière ayant subi naguère de sauvages badigeonnages à la peinture au profit du mot ARRÊT que l'on trouve systématiquement aujourd'hui. De même *faire du stop*, qui est usuel en France, se dit au Québec ***faire du pouce*** (expression dans laquelle il faut sans doute reconnaître le verbe anglais *to thumb*). On ***part en pouce*** (ce qui se dirait en Afrique ***voyager par occasion***), on ***trouve un pouce*** — une auto qui vous prend à son bord — et dans tous les cas on est un ***pouceur***, non un *auto-stoppeur*.

poulet bicyclette, n. m.

Côte-d'Ivoire ; alimentation. Poulet élevé à l'air libre.

Il y a une différence entre le poulet élevé sous couveuse et celui qui a grandi au soleil et à l'air libre, c'est ce qui semble se dire en Côte-d'Ivoire. Non que le premier ait fait plus de bicyclette que l'autre ; mais il a pu s'ébattre librement, et il est vrai qu'un poulet qui court ressemble étrangement à un coureur cycliste ! Plus appétissant a priori, il est aussi plus recherché sur les marchés : « Ils ont bonne mine tes poulets, mais c'est cher ! — Ben oui, c'est des ***poulets bicyclette***. »

pousse-pousseur, n. m.

Zaïre... ; personnages. Conducteur de pousse-pousse.

Des embouteillages, vapeurs d'essence et klaxons s'extrait bravement le ***pousse-pousseur***, dit aussi ***tireur***, voire de façon développée ***tireur de pousse***, ou encore ***tireur de pousse-pousse***.

poutou-poutou, n. m.

Comores ; cuisine. Espèce particulière de piment.

Sous le soleil des Comores, le ***poutou-poutou*** paraît encore plus brûlant.

prédication du temps, n. f.

Louisiane ; climat. Météorologie.

Au sein des États-Unis, la Louisiane française n'a pas abouti, malgré son pouvoir d'assimilation d'autres ethnies, à faire émerger une société distincte comme au Québec. Mais la langue française qui subsiste là-bas, outre ce qu'on lui retrouve de proximité avec le parler ***acadien*** du Québec, reste tout de même bien distincte : on y entend encore des expressions comme ***prédication du temps*** pour *météorologie*, ***boîte à portraits*** pour *télévision*, ***commis de la barre*** pour garçon de café, ***grand char*** ou ***char à passagers*** pour *train*, ***piquette du jour*** pour *aube*, ou ***musique à bras*** pour *accordéon*.
Et le shérif Knight de Lafayette dira encore, dans un roulement de *r* bien rocailleux, qu'il est « paré à naviguer avec son embarcation », autrement dit qu'il est prêt à partir en voiture.

prémaman, n. f.

Val d'Aoste ; famille. Femme enceinte.

Celle qui sera bientôt maman est bien sûr la ***prémaman***.

prendre le train onze, loc. verbale.

Niger ; voyage. Marcher à pied.

Prendre le train n'est évidemment pas marcher à pied. Mais si par aventure il s'agit du ***train onze***, cela change tout : car les deux chiffres 1 qui composent le nombre 11 sont censés dans ce cas reproduire les deux jambes du marcheur. D'où, sur la même voie, le passage d'expressions similaires comme ***aller par train onze***, ***aller train onze*** ou, au Zaïre : ***prendre la ligne onze***.

se prendre pour un autre, loc. verbale.

Québec ; caractère. Avoir une idée trop flatteuse de soi-même.

Se prendre pour un autre se dit aussi, autre aspect de sa propre conviction, ***se croire*** : « Qu'est-ce qu'il a ce ***niaiseux***, i s'prend pour un autre ? »

prendre sa pension, loc. verbale.

Belgique ; travail. Prendre sa retraite.

Réalistes et les pieds bien sur terre, les Belges disent ***prendre sa pension*** plutôt que *prendre sa retraite*. Du même coup un *retraité* est chez eux un ***pensionné*** : « Je suis pris demain en soirée, j'ai un employé qui prend sa pension. »

prendre son pied la route, loc. verbale.

Bénin ; voyage. Aller à pied.

S'il faut être clair, c'est clair : avec ***prendre son pied la route***, on fait la route à pied, et pas forcément avec plaisir. Au Zaïre, on ***ferait le pied***, on ***piétinerait***, comme au Bénin ou Togo, ou l'on ***prendrait le train onze***. Alors qu'au Mali ce sera davantage ***gratter*** qu'on fera, ou bien encore ***taper à pied*** (déformation sans doute de notre *se taper la route à pied)* : « Y a pas d'***occasion***. Faut prendre son pied la route ! »

prénoter, v.

Val d'Aoste ; réunion. Prendre rendez-vous.

On peut en Vallée d'Aoste téléphoner pour ***prénoter*** ou ***se faire prénoter*** ; l'expression, qui n'est pas illogique, peut venir incidemment sous la langue, sous l'influence de l'italien *prenotare* ou *prenotarsi*.

primature, n. f.

Sénégal ; administration. Services du Premier ministre, siège de ses services, fonction ou mandat de Premier ministre.

Le Sénégal avait cette concision remarquable d'appeler ***primature*** l'ensemble des services du Premier ministre, les bâtiments qui les abritent, la fonction et le mandat de Premier ministre. Cette particularité a cependant disparu lors de l'accession à la présidence d'Abdou Diouf, ancien Premier ministre de Léopold Sédar Senghor : une fois parvenu à ce poste, le nouveau président supprima en effet la charge de Premier ministre, ce qui a laissé le mot ***primature*** sans objet au Sénégal. Le mot subsiste cependant au Gabon, particulièrement sous la forme des différentes ***vice-primatures*** qui composent l'entourage immédiat du Premier ministre.

procession dansante, n. f.

Luxembourg ; fête. Procession effectuée en dansant.

Les pays du Nord aiment les défilés et les processions endimanchées. L'austère Luxembourg n'échappe pas à la joie, notamment à Echternach dont la ***procession dansante*** instituée par saint Willibrord revient tous les mardis de Pentecôte : du pont de la Sûre à la basilique, le cortège déambule au rythme de trois pas en avant deux pas en arrière à la cadence d'une marche polka.
La poétesse arlonaise Louise Dauby rappelle en ces trois vers la curieuse coutume :

> Prêt à se donner au premier passant
> Prêt à se reprendre au premier tournant
> Trois pas en avant, deux pas en arrière...

L'expression faisant aussi image, on peut y avoir recours dans diverses circonstances, et dire, par exemple : « Ce dossier avance comme la procession d'Echternach »... : trois pas en avant, deux pas en arrière.

promotionnaire, n. m.

Burkina Faso... ; personnages. Condisciple, personne de la même promotion.

Promotionnaire est aussi évident que missionnaire, permissionnaire, réactionnaire, ou révolutionnaire : « Ce ***grand quelqu'un*** est un promotionnaire à moi. »

propre en ordre, loc.

Suisse ; ordre. Se dit de choses — affaires, travail, maison — nettes et en ordre.

S'il fallait d'une expression résumer l'atmosphère de la Suisse, c'est peut-être ***propre en ordre*** qui conviendrait le mieux : elle semble en indiquer une des fins dernières, celle d'une sérénité incarnée par des rues proprettes, des chalets douillets et des usines de chocolat : « C'est fini tes devoirs ? — Propre en ordre. »

protocole, n. m.

Bénin ; travail. Chef, patron.

Le pouvoir s'entoure des attributs du pouvoir : apparat, préséance, parole autorisée, etc. Ce qui ne peut cependant relever du protocole qu'à un très haut niveau de dignité. Aussi, prenant la personne pour la chose, la langue familière du Bénin a-t-elle tôt fait de mettre outrecuidants et parvenus à leur place en répliquant : « Je n'ai pas à t'obéir, t'es pas mon ***protocole*** ! »

pruneau, n. m.

Suisse ; fruits. Quetsche.

On se doit de consulter son dictionnaire de suisse romand avant de commander en Suisse quelques tonnes de ***pruneaux***. Car, libellée de cette façon, la livraison sera de quetsches, non de pruneaux : *quetsche*, mot d'origine germanique, est en effet rejeté par la Suisse romande qui nomme prune toute espèce de prunes, sauf la quetsche bien entendu.

quart d'heure académique, n. m.

Belgique... ; temps. Retard théoriquement toléré en début de réunion ou de cérémonie.

Une séance solennelle assortie de discours — remise de décoration, hommage ou clôture de congrès — se dit couramment en Belgique ***séance académique*** ; de même y nomme-t-on ***salle académique*** la salle où se déroulent ces séances : « Venez-vous à la prochaine séance académique de l'Académie royale ? » Dans le fil de ces emplois n'est donc pas déplacée la dénomination de ***quart d'heure académique*** qu'on entend parfois aussi en France, en place de notre usuel *quart d'heure de grâce.*

quartier, n. m.

Belgique ; maison. Petit appartement.

Quartier est loin de désigner le quart ou la quatrième partie d'un tout. Ce peut être bien plus fréquemment un endroit aménagé dans une zone délimitée, ce dont le parler militaire se fait l'écho avec le *quartier* — logement d'un corps de troupe —, les *quartiers d'hiver*, ou le *quartier général*. En Belgique, ***quartier***, qui ne semble pas sans lien avec certains usages militaires, s'est ainsi spécialisé pour désigner un petit appartement comportant, à Bruxelles particulièrement, deux uniques pièces : « Y a un quartier à louer près d'la Grand Place. »

quatre fois cinq, n. m.

Sénégal ; boisson. Vin de palme.

Le ***vin de palme***, très répandu en Afrique, est une sorte de vin extrait de la sève fermentée de certains palmiers ; le seul rapport que ce vin peut avoir avec l'arithmétique est que la somme de quatre fois cinq fait *vingt*, homonyme de *vin*.

quequeuiller, v.

Suisse ; conversation. Bégayer.

Quequeuiller c'est être à court de mots, ne plus savoir dire que que... que... : « Qu'est-ce qu'il peut quequeuiller ! »

raccusette, n. f.

Belgique ; personnages. Personne qui rapporte facilement ce qu'elle a vu ou entendu.

Sous ***raccusette*** — dérivé *d'accuser* et de *raccuser* attesté dans le nord de la France avec le sens de « calomnier » — se profile la figure du rapporteur et du mouchard. Le dialecte liégeois l'assoit dans cette acception en attestant son plus ancien sens qui désigne celui « qui fait découvrir le pot aux roses ». Aussi les comptines de Wallonie ne se font-elles pas faute de crier haro sur la ***raccusette*** :

Racusète, potéye,
Tchaur saléye !
(Rapporteur viande salée !)

Racusète potéye,
Maman chaléye,
Papa bossu
Qui tchê su s'cu !
(Rapporteur, maman boiteuse,
papa bossu qui tombe sur son cul !)

radio-trottoir, n. f.

Zaïre ; information. Diffusion d'informations parallèle au discours politique officiel.

Ce qui se dit sur le trottoir vaut autant que les radios officielles les plus insistantes. D'où le surnom de ***radio-trottoir*** attribué à ce bouche à oreille clandestin qui subvertit les énoncés les plus sérieux : le ***MPR*** (Mouvement Populaire de la Révolution) devient par un subtil sous-entendu *Mourir Pour Rien* ; le ***PAM*** (Programme Agricole Minimum) se change insidieusement en *Programme d'Amaigrissement Maximum*, et le ***SIDA*** en *Syndrome Inventé pour Décourager les Amoureux*. Il convient donc de prévenir, par miséricorde, le diplomate qui viendrait proclamer à Kinshasa qu'il souhaite ***coopérer*** ; en ***radio-trottoir*** en effet, le sous-entendu pour ***coopérer*** est « corrompre ».

ramassette, n. f.

Belgique ; ménage. Pelle destinée à ramasser la poussière.

C'est fou ce qu'un objet aussi ordinaire qu'une pelle à poussière peut susciter d'imagination : le Français parlera d'une *pelle à balai*, d'une *pelle à ordures*, ou tout simplement d'une *pelle* ; et le Québécois d'un ***porte-poussière***, ou d'un ***porte-ordures***. De son côté le Belge l'appellera un ***ramasse-poussière*** ou une ***pelle à balayures***, mais usera surtout de ce joli mot : une ***ramassette***. Alors que le Suisse dira une ***ramassoire***. Variations qui font doucement chanter un ustensile pourtant peu susceptible de poésie.

rara, n. m.

Haïti ; fête. Bande carnavalesque.

A l'origine nom d'une crécelle, ***rara*** est passé par extension au sens de « bande carnavalesque », nommée aussi ***bande rara*** ou ***bande de raras*** : bandes bruyantes qui parcourent les rues durant la période du carnaval sous la conduite de leur chef tout puissant, semant une subversion parfois révolutionnaire.

réciproquer, v.

Belgique... ; conversation. Adresser en retour des vœux ou des souhaits.

« Permettez-moi, pour la nouvelle année, de vous ***réciproquer*** mes bons vœux. »

redouter, v.

Bénin... ; sentiment. Douter à nouveau.

Au Bénin, Togo, Côte-d'Ivoire et Burkina Faso ***recueillir*** signifie souvent « cueillir à nouveau », ***refouler*** « fouler à nouveau », et ***redouter***... « douter à nouveau » : « Quand j'n'y pense pas, j'en suis sûr, et quand j'y pense, je redoute ! »

régent, n. m ; **régente**, n. f.

Suisse ; école. Instituteur ou institutrice.

Le verbe qui avait en latin le sens de « régner », *regere*, et que l'on a encore dans *régir*, signifiait au Moyen Age « enseigner » : d'où à cette époque le nom de maître qui enseigne, le *magister regens*, le *régent*, encore connu en France au XIXe siècle et au début du XXe pour désigner celui qui professe dans un collège ; en Suisse, ce ***régent*** a continué d'exister pour y désigner l'instituteur, surtout à la campagne : « Je serai en retard ce soir, je dois voir la ***régente*** de mon fils. »

regretté, n. m. ; **regrettée**, n. f.

Burkina Faso ; mort. Personne défunte.

Être décédé, qui formule de façon atténuée le fait d'être mort, se dit plutôt au Burkina Faso ***être regretté***. Le défunt y est du même coup le ***regretté***.

reliquat, n. m.

Centrafrique ; argent. Monnaie qu'il reste à rendre.

Pour nous, ***reliquat*** reste un terme de comptabilité, à la différence du Centrafrique où il est monnaie courante : « Attendez un peu, que je vous rende vot' reliquat. »

rempironner, v.

Québec ; santé. Aller en empirant.

Cela donne dans les conversations de certaines régions du Québec : « Depuis qu'il est rentré à l'hôpital, il ***rempironne*** au lieu d'***renmieuter***. »

renardière, n. f.

Canada ; agriculture. Ferme d'élevage des renards.

Les renards sont rarement en ferme, sinon pour y semer le désordre. Au Canada cependant, ils y sont mis à l'élevage, notamment le ***renard argenté***, aux fins d'y exploiter leur précieuse fourrure, tout comme les visons le sont au sein de ***visonnières***.

rencontrer les arguments de quelqu'un, loc. verbale.

Rwanda ; conversation. Abonder dans le sens de quelqu'un.

Rencontrer les arguments de quelqu'un est à interpréter avec discernement car cela veut aussi bien dire — ce qui est assez rare, en dehors de toute ironie — « abonder dans le sens de quelqu'un » que « s'y opposer » : « Alors, t'as rencontré ses arguments ? C'est donc d'accord ? — Pas du tout. »

repourvue, n. f.

Suisse ; administration. Action de pourvoir à nouveau un poste.

Pourvoir un poste à nouveau est en Suisse ***repourvoir***. Un poste vacant y est donc un ***poste à repourvoir***, à moins qu'on ne renonce à sa ***repourvue***.

rétroactes, n. m. plur.

Belgique ; travail. Antécédents d'une affaire.

On parle couramment en Belgique des ***rétroactes*** d'une affaire, et dans le même ordre d'idée on peut demander qu'une déclaration, par exemple, soit ***actée*** dans un procès verbal, c'est-à-dire mentionnée : « Pouvez-vous m'apporter les rétroactes de l'affaire concernant la Société Générale de Belgique ? »

retrousso-manchisme, n. m.

Zaïre ; travail. Doctrine dont firent état les autorités zaïroises dans les années 1970 lors de la campagne qu'elles menèrent pour remettre en honneur le travail manuel.

L'*-isme* final de ***retrousso-manchisme*** indique à l'évidence qu'il s'agit d'une doctrine ; édifiée sur une devise : « Retroussons nos manches. »

rêver aux ours, loc. verbale.

Canada ; imaginaire. Faire des cauchemars.

Rêver d'ours bruns doit faire peur, mais d'ours blancs encore plus, surtout lorsqu'on habite dans le grand Nord canadien, à Churchill par exemple, où ceux-ci viennent rôder l'hiver, affamés, dans les rues : « Mon Dieu, ç'qu'j'ai ***rêvé aux ours*** ç'te nuit ! »

rêver en couleurs, loc. verbale.

Québec ; imaginaire. Concevoir des rêves irréalisables.

Rêver en couleurs est sans doute plus moderne et réaliste que notre classique *faire des châteaux en Espagne*, dont la réalité ne se conçoit plus guère aujourd'hui : « Allez, rêve pas en couleurs. »

rincer ses yeux, loc. verbale.

Louisiane ; action. Se complaire à regarder une scène, généralement amoureuse.

Le même argot formant le vieux fonds du français de France et de Lousiane, ***rincer ses yeux*** se dit régulièrement là-bas pour notre expression *se rincer l'œil.*

rongeur de balustre, n. m.

Québec ; religion. Faux dévot.

Le balustre est une colonnette renflée et moulurée dont l'assemblage au long d'une tablette forme une balustrade telle que celles qu'on trouve dans les églises. On peut s'attendre à y voir graviter quelque insecte mangeur de bois. Mais c'est, avec ***rongeur de balustre***, la version québécoise du Tartufe qui surgit.

rouleuse, n. f.

Québec ; tabac. Cigarette roulée à la main.

Prendre une pincée de tabac, la mettre dans une feuille de papier à cigarette, et rouler le tout consciencieusement ; voilà une ***rouleuse*** prête à être fumée.
Les gestes calculés qui la palpent pour en apprécier la consistance, action qui se dit en québécois ***taponner***, lui valent aussi le synonyme connu mais moins fréquent de ***taponneuse*** : « T'as pas une rouleuse ? »

se royaumer, v.

Suisse ; action. Se prélasser.

Paresser comme roi en son royaume, que suggère ***se royaumer***, ressemble fort à une autre expression que l'on trouve à l'origine dans Rabelais : *se prélasser*, comme prélat en son diocèse.

sacrer comme un bûcheron, loc. verbale.

Québec ; conversation. Ponctuer son discours de force jurons.

Être bûcheron et ***sacrer***, c'est être deux fois québécois. Car dans ce pays de bois qu'est profondément le Québec, les Français jadis venus sur ces rives, même malmenés et dispersés par les Anglais, n'ont cessé de faire corps autour de leur église et, par elle, de leur langue : emprise catholique dont la tradition du ***sacrage*** est devenu l'envers savoureux. En ***sacrant*** sur le Christ (transformé par l'emportement du ***sacreur*** en ***Crisse*** ! ou ***Criffe*** ! d'où les verbes ***crisser*** et ***criffer***), sur le baptême (***Baptinse !***), le ciboire (***Boère !***), le tabernacle (***Tabnac !***), le calice (***Câliffe !*** avec ses verbes ***câlisser*** ou ***câliffer***), voire en lançant à la cantonade des ***Salistole*** !, ***Calvinette*** !, ***Tabarsloune*** !, ***Saint Simotton*** !, ou ***Sainte-à-Paupière*** !, les Québecois viennent rappeler leur fort tempérament, et leur inimitable humour.

saison-pluie, n. f.

Mali ; temps. Unité de calcul du temps qui équivaut à une année.

Aussi bien que l'année, c'est la ***saison-pluie*** (la saison des pluies) qui sert au Mali à compter les années. On dit ainsi : « Il est mort dans sa quatre-vingt-dixième saison-pluie. » Cette saison, qui en Afrique de l'Ouest s'étend généralement de juin à octobre, est aussi appelée ***hivernage***, unité qui sert également au décompte du temps : « Ça fait au moins trois hivernages que je n'l'ai vu. » D'autres événements peuvent marquer le temps, comme le ***marché*** qui, au Bénin par exemple, a lieu tous les cinq jours : « Y a bien trois marchés qu'elle ne m'a pas adressé la parole, alors qu'elle ***a bien la bouche sucrée*** d'habitude ! »

salée, n. f.

Suisse ; cuisine. Galette salée.

Salée certes, cette galette l'est, surtout la ***salée au fromage***. Et moins déjà la ***salée de Corcelles*** qui requiert pour sa confection une pincée de sel et cinq de sucre. Mais plus du tout celle-ci, paradoxale à souhait : la ***salée au sucre***.

salle de passage, n. f.

Burkina Faso ; voyage. Salle d'attente d'une gare.

Tout voyage est fait de passages et d'attentes.

salon, n. m.

Niger ; transport. Emplacement situé au milieu de la plate-forme d'un camion ou d'une camionnette, où prennent place les voyageurs.

Ce ***salon*** est par antiphrase un des endroits les moins confortables qui se puissent trouver : plancher rigide posé sur des amortisseurs fatigués en proie à des routes le plus souvent défoncées et prises dans des tourbillons de poussière dont profitent abondamment les divers invités assis au ***salon***. « T'as fait bon voyage ? — Oui et non, j'ai voyagé salon. »

salon de quilles, n. m.

Canada ; sport. Salle de bowling.

Salon de quilles, parfois appelé ***salle de quilles***, paraît, à l'entendre, plus confortable que notre *salle de bowling*, plus bruyante et sonore.

samaritain, n. m.

Suisse ; personnages. Secouriste.

Le secouriste est comme le bon Samaritain de l'Évangile qui vient à l'aide de son prochain.
Son féminin, ***samaritaine***, se trouve mais reste plus rare.

sampant, adj.

Congo ; sentiment. Se dit pour marquer la grande intensité d'un sentiment.

A première vue, rien de plus français que ***sampant*** ; d'autant que cet adjectif comporte un féminin : d'une joie débordante on dira ainsi que c'est une joie ***sampante***. En fait ce mot repose, comme ***siquidilatif***, sur une racine kikongo, langue bantoue parlée en Angola, au Congo et au Zaïre ; *samp-* exprime en effet le débordement, particulièrement dans le domaine des liquides ou des sentiments. De la même façon sur *zung-* racine kikongo qui exprime le tour, le contour et la circonférence, s'est constitué ***zoungueur***, triste personnage qui joue aux autres de mauvais tours : mot moins immédiatement senti comme français, mais qui peut faire illusion.

sangala, n. m.

Burundi ; faune. Variété de poisson du lac Tanganyika.

Le ***sangala***, variété de poisson d'un des grands lacs d'Afrique orientale, est d'une chair très fine et atteint souvent la taille d'un beau brochet. On peut lui préférer, ou déguster conjointement, le ***ndagala***, beaucoup plus petit, qui se consomme davantage sous la forme de petite friture.

sans-cas, n. m.

Centrafrique ; personnages. Homme indifférent.

Ne pas faire cas de quelqu'un ou de quelque chose se réduit plus simplement en Centrafrique à l'expression ***faire sans-cas*** ; voire, par jeu de mots, à ***faire Sankara***, le capitaine Thomas Sankara, ancien président du Burkina Faso, mort assassiné, ayant eu la réputation de gouverner sans se préoccuper outre mesure des réactions qu'il pouvait susciter.
De ce ***faire sans-cas*** sort même un nom, puisqu'on peut dire de celui qui reste indifférent quoi qu'il arrive, que c'est un ***sans-cas*** : « Ne lui demande rien, c'est un sans-cas. »

sans-dessein, n. m.

Québec ; personnages. Personne dépourvue d'initiative, idiote et demeurée.

Tourner en rond et virevolter, sans même penser à prendre une quelconque décision, c'est n'avoir pas d'objet, être tout simplement un ***sans-dessein*** : « Qu'est-ce qu'il veut ç' sans-dessein à venir traîner par icitte ? »

sapeur, n. m.

Côte-d'Ivoire... ; habillement. Homme coquet qui s'habille avec élégance.

Qu'est-ce qu'un ***sapeur*** ? C'est, en Côte d'Ivoire, au Cameroun, et au Congo notamment, quelqu'un qui ***sape***, c'est-à-dire qui s'habille bien et avec coquetterie. Nous n'avons, et encore, dans un registre argotique, que *se saper* qui signifie, sans plus, « s'habiller », et qui ne s'est jamais haussé jusqu'aux fastes du ***sapeur*** et de la ***S.A.P.E.*** (Société des ***ambianceurs*** et des personnes élégantes) : « Elle sort avec un drôle de sapeur ! »

sardine, n. f.

Tchad... ; faune. Nom qualifiant souvent un poisson de taille moyenne.

Dans nombre de pays africains, comme le Tchad qui enferme un des grands lacs d'Afrique, ***sardine*** appliqué à des poissons d'eau douce ne doit pas surprendre ; c'est le nom générique donné à bon nombre de poissons de taille moyenne : « Qu'est-ce qu'on mange ? — D'la sardine. »

saucissonnier, n. m.

Togo... ; flore. Arbuste ornemental qui donne un fruit effilé et renflé pareil à un gros saucisson.

Le fruit du ***saucissonnier*** *(Kigelia africana)* passe pour apporter la fécondité.

saut, n. m.

Guyane... ; relief. Rapide sur une rivière.

Lorsque fleuves et rivières se heurtent, tout au long de leurs cours, aux cassures du relief, les chutes sont innombrables et l'eau, prise dans de brusques dénivelés, mime de véritables ***sauts***. Des Montagnes de Fer et des Monts Tumuc-Humac à la côte, Iracoubo, Saint-Laurent, Kourou ou Saint-Georges, c'est un véritable pays en gradins qui se déroule ainsi, traversé par le Maroni, l'Oyapock et entre eux la Mana, naguère immense royaume des chercheurs d'or.

sauter p'tit coup, loc. verbale.

Seychelles ; action. Jeter un coup d'œil.

Sauter est en créole seychellois la déformation de *jeter* : « J'vais sauter p'tit coup à f'nêt'. »

savoir, v.

Belgique... ; action. Pouvoir.

L'identification de *savoir* à *pouvoir* est fréquente, notamment dans les langues germaniques, ce qui a dû favoriser cette utilisation particulière de ***savoir*** en Belgique et dans le Nord de la France : « En ç'moment, on sait pas savoir s'il va ***dracher*** ou faire beau ! »

savonnée, n. f.

Belgique ; ménage. Petite lessive faite à la main.

Entre savon et savonnette, ***savonnée*** se glisse sans peine avec les sens de « petite lessive faite à la main » ou d'« eau savonneuse servant à cet effet ». Hors Belgique pourtant, ces sens concrets ont disparu au profit de celui, figuré, de vive réprimande, qui demeure vivant dans les expressions ***prendre*** ou ***recevoir une savonnée***. Ce dernier sens viendrait sans nul doute de ce qu'on savonne, étreint et fouaille le linge comme le bourreau sa victime.

AAAAA

scandaleuse, n. f.

Niger ; personnages. Femme prompte à faire des esclandres.

Nous n'avons pour ainsi dire plus *scandaleux* comme nom, alors que la langue de l'Église l'a abondamment utilisé dans ses prêches, surtout à l'époque classique. Quant à la ***scandaleuse***, celle qui tourne en querelle bruyante la moindre discussion (et non comme chez nous « celle qui fait scandale par ses frasques »), il semble que ce soit une acception nigéroise qui a fait de ce nom un véritable personnage.

sénégalaisement, adv.

Sénégal ; humeur. A la manière sénégalaise.

Sénégalaisement signifie bien « à la manière sénégalaise » mais surtout : « comme ci comme ça ». Comme le dit un chroniqueur du journal *Le Soleil*, de Dakar : « Ça tourne ? Bof... Disons que ça tourne sénégalaisement. »

s'en fout la mort, n. m.

Niger ; personnages. Risque tout.

Le ***s'en fout la mort***, personnage intrépide, a un équivalent non moins orgueilleux : le ***s'en fout la peur***. Ces surnoms font un peu frémir quand on les voit inscrits par exemple sur le véhicule, ***bâché***, ou ***taxi-brousse***, dans lequel on s'apprête à embarquer.

sentimental, n.

Mali ; habillement. Chaussure en cuir à bout pointu.

Si toutes les personnes qui portent des chaussures en cuir à bout pointu étaient sentimentales, la vie aurait une autre allure. Il est vrai que lorsqu'on est porté par le dénuement et le climat à mettre plutôt des nus-pieds, dits aussi ***tapettes***, ou des tongues d'espèces diverses — ***éponges, pet-pets*** ou ***babis*** — arborer des chaussures fermées un peu élégantes peut apparaître comme une tenue propre à révéler sinon la sentimentalité, du moins la coquetterie intéressée d'un prétendant ou d'un galant : « Comment tu trouves mes sentimentales ? — Pal mal ! Tu vas pouvoir ***faire coup d'État*** avec ! »

sept centimètres, n.

Sénégal ; tabac. Cigarette.

Une cigarette mesure environ sept centimètres, d'où par métonymie la possibilité d'appeler la cigarette elle-même par sa longueur : « T'as pas une ***sept centimètres*** ? »

serruté, adj.

Sénégal ; maison. Fermé à clé.

Auprès de la porte fermée d'un loquet ou d'une barre, ce qui est encore relativement fréquent en Afrique, on trouve la porte ***serrutée***, dotée d'une serrure et fermant à clé.

siester, v.

Burkina Faso... ; action. Faire la sieste.

Faire la sieste, activité bienheureuse, se dit couramment ***siester*** dans une bonne partie de l'Afrique, y compris le nord, et jusqu'au Proche-Orient : « Ouf ! J'vais siester un peu ! »

s'il vous plaît, loc.

Québec ; conversation. Formule de politesse adressée à l'occasion d'une demande.

En dehors de quelques circonstances formelles ou officielles, le tutoiement est immédiat au Québec, même entre personnes de générations différentes. La seule formule qui échappe à la règle est ***s'il vous plaît***, sentie comme figée, et qui reste, comme telle, invariable : « Est-ce que tu m'prendrais pas dans tes bras s'il vous plaît ? » dit ainsi une des héroïnes du *Déclin de l'Empire américain* de Denys Arcand.

siphonneux, -euse, n.

Canada ; personnages. Exploiteur, profiteur.

Au Canada, on nomme familièrement ***siphonneux*** le profiteur, à l'image de celui qui siphonne l'essence d'un réservoir ; l'image a plu à l'Académie française qui a admis ce terme parmi les nouveaux mots (francophones) de son *Dictionnaire.*

siquidilatif, adj.

Congo ; sentiment. Se dit d'une personne ou d'un objet qui inspire confiance ou espoir.

Il faudrait être doué d'une grande intuition pour deviner a priori sur quoi repose ***siquidilatif***, qui fait plutôt penser à un jeu de mot ou à l'invention d'un poète de la Renaissance. Cet adjectif repose en fait sur *siki-*

dila, verbe kikongo — l'une des grandes langues du Congo — qui a le sens d'« espérer, attendre un résultat heureux » : ainsi d'un enfant qui suscite d'heureux espoirs, d'une femme en qui l'on a foi, ou d'une chose sur laquelle on compte, on peut dire sans hésiter qu'ils sont ***siquidilatifs***.

sisserou, n. m.

Dominique ; faune. Grand perroquet du genre Amazona.

Au cœur de la forêt tropicale de l'île de la Dominique se cachent le ***sisserou*** et le ***jacquot*** : perroquets verts, bleus et rouges du genre *Amazona*. Le premier a un nom qui ressemble à son babil (« sisserou ») et le second porte celui qui est souvent le lot des perroquets domestiques : Jacquot.

slipé, adj.

Sénégal ; habillement. Qui porte un slip.

Lorsqu'on ne porte pas de slip, on n'est pas ***slipé.***

soir, n. m.

Haïti ; temps. Après-midi.

La période qui commence après l'heure de midi est en Haïti déjà le ***soir.***

solutionnaire, n. m.

Québec ; école. Corrigé du cahier d'exercices.

Au manuel de l'élève s'ajoute souvent un fascicule qui apporte les solutions aux exercices proposés dans le premier : ce que nous nommons un peu cérémonieusement *livre du maître*, qui est plus simplement appelé, au Québec, un ***solutionnaire.***

sommelière, n. f.

Suisse ; métiers. Serveuse.

Dans l'ancienne vie de château, le *sommelier* pouvait avoir aussi bien la charge du vin, du pain que celle des épices, et la ***sommelière*** celle de la vaisselle que du linge. Par spécialisation, c'est à la charge du vin qu'est resté attaché le *sommelier*, et la *sommelière* a progressivement et assez largement disparu. Elle a cependant subsisté en Suisse romande avec une acception qui n'est pas sans conférer à la cabaretière une certaine noblesse.

sortir de l'humanité, loc. verbale.

Belgique ; école. Fait de terminer ses études secondaires.

Il ne faut pas croire que, prêt à entrer à l'université, on en soit moins homme pour autant : dans ***sortir de l'humanité*** en effet, *humanité* est un mot générique pour désigner les *humanités*, c'est-à-dire le cursus scolaire du secondaire. L'élève ***humaniste*** fait ensuite deux ans, dans l'université, à l'issue desquelles l'élève passe sa ***candidature,*** bagage obligé pour atteindre les meilleurs titres universitaires.

sortir pour affaires, loc. verbale.

Rwanda ; amours. Vaquer à des affaires extraprofessionnelles.

De celui qui s'absente subrepticement, en général pour aller voir sa maîtressse, on dit au Rwanda qu'il ***s'est absenté*** ou qu'il est ***sorti pour affaires*** : « Où est le patron ? — Il est sorti pour affaires. »

sou, n. m.

Maurice... ; argent. Centième partie d'une unité monétaire de base.

Le ***sou***, qui désignait encore récemment en France la centième partie du franc, a quasiment disparu sauf dans certains pays comme à l'Ile Maurice, où il est

associé de façon étonnante à la monnaie nationale, la ***roupie***. La roupie, monnaie que l'on imagine avoir cours plutôt en Inde, reste à Maurice rattachée à la livre sterling et n'est certes pas déplacée dans cette île de l'océan Indien qui jouit d'un statut indépendant au sein du Commonwealth.
Le ***sou*** vient cependant rappeler l'empreinte historique de la France, et la meilleure preuve de sa vitalité est qu'il prête à débats, comme s'en fait l'écho l'*Express*, quotidien mauricien de langue française : « Il faudrait abolir les pièces d'un sou et d'un ***cash*** (deux sous) et tout arrondir à 10, 20, 25... 90 sous » (septembre 1985).
Aux antipodes, le dépaysement n'est pas moins grand puisque le sou s'associe cette fois au ***dollar canadien*** pour en former la centième partie : « Donne-moi quarante sous pour téléphoner. »

soubique, n. m.

Madagascar ; objets. Sorte de grand panier.

C'est le malgache *sobika* qui s'entend dans ***soubique***, grand panier confectionné le plus souvent en ***bozaka***, herbe typique des hauts plateaux de l'île. De « grand panier » cependant, qui est son sens d'origine, ***soubique*** s'est étendu jusqu'à désigner aujourd'hui tout panier, grand ou petit.

soukier, n. m.

Maroc... ; commerce. Commerçant des souks disposant de lots de marchandises relativement important.

Le foisonnement du ***souk*** peut donner l'impression d'un certain désordre, ce qui nous fait dire familièrement « c'est l'souk » pour caractériser un lieu ou une affaire dans lesquels on ne s'y retrouve pas. Pourtant chaque ***souk*** à son ordre : il se tient à des périodes et dans des lieux déterminés, et ses quartiers s'ordonnent autour d'un centre bien homogène occupé par les marchands d'étoffes. Toute une hiérarchie de métiers et de vendeurs s'y déploient, chacun à une place déterminée : gros négociants souvent fixés en ville, ***soukiers*** — commerçants à demi fixés et disposant de lots de marchandises importants —, ***fellahs*** — paysans venus vendre et acheter des produits de première nécessité — ou colporteurs, petits détaillants vagabonds dont Léon l'Africain, au XVIe siècle, signale déjà l'existence.

soupe, n. f.

Mali ; amours. Petit(e) ami(e).

La ***soupe*** se dit surtout du petit ami, mais cela n'éclaire que bien peu la nature du rapprochement, au demeurant savoureux : serait-ce, par métonymie, celui qui vous invite facilement à dîner, déjeuner ou simplement, vous permet de manger à votre faim ? Hors Mali en tout cas, le codage est garanti pour qui dira en pleine agape : « J'attends ma soupe. »

soupette, n. f.

Val d'Aoste ; cuisine. Potage non passé.

Dans ces grandes montagnes du Val d'Aoste, tout paraît petit. Surtout la langue, coincée pour combien de temps encore dans ces quelques vallées. Et dans cette langue même que de choses sont petites ! A commencer par ***chosette*** qui n'est autre qu'une petite chose ; et par le temps, qui a la vertu de s'y compter en ***heurettes***. Puis, au détour d'une phrase on se surprendra à parler d'une ***barlette*** (un petit tonneau), d'une ***minette*** (pour « minois »), d'une ***friponette*** (un petit fripon), d'une ***toquette*** (ou femme stupide), et même de ***faire chambette*** mis pour « trébucher ». Jusqu'à cette *soupe*, jadis la mince tranche de pain sur laquelle on versait le bouillon (d'où l'expression *être trempé comme une soupe)* transformée à son tour en ***soupette*** (*seupetta* en dialecte valdôtain), et concurrente de la plus légère *minestrine.*
Quant à la ***montagnette***, ce n'est guère, quoiqu'on en ait, une petite montagne : tout juste, les montagnes étant bien grandes dans cette petite vallée d'Aoste, une seconde résidence en altitude.

sous-marin, n. m.

Bénin ; amours. Amant d'une femme.

A l'homme infidèle qui possède un ***deuxième bureau,*** c'est-à-dire une maîtresse, la femme volage oppose quant à elle un ***sous-marin*** : « Cette ***typesse*** n'a l'air de rien, mais elle a plus d'un sous-marin. »

sous-ministre, n.

Canada ; administration. Administrateur principal d'un ministère.

Sous-ministre peut bien être l'appellation dépréciative que le *Canard enchaîné* donne à un secrétaire d'État, dont le rang est moindre, il est vrai, que celui de ministre. Au Canada, le ***sous-ministre*** n'est pas d'un moindre pouvoir que le ministre : premier administrateur d'un ministère, il oriente un très grand nombre de décisions et les fait exécuter ; il possède juste un peu moins d'autorité que la fonction quasi suprême de ministre : étant à la fois celui que nous nommerions le *directeur de cabinet* et le *chef de cabinet* qui sont comme l'ombre portée de leur ministre, et son pouvoir actif.

sous-tasse, n. f.

Suisse... ; ménage. Soucoupe.

Soucoupe est certainement ce qu'on met sous une coupe ; et en Suisse, Belgique, nord de la France, une ***sous-tasse*** bien évidemment ce qu'on met sous une tasse.

soutien, n. m.

Belgique ; habillement. Soutien-gorge.

Le ***soutien*** a au moins un avantage : il fait échapper à la perplexité dans laquelle plonge la personne qui doit orthographier le pluriel de *soutien-gorge* ; alors qu'il serait si simple d'écrire à la mode belge, un ***soutien***, des ***soutiens*** : « Tu m'passes mon soutien ? »

sportif, adj. ou n.

Cameroun ; amours. [Se dit d'une] Personne portée à faire l'amour.

Le ***sportif*** aime le plaisir de l'effort. Le français du Cameroun l'exprime à sa façon, ***faire le sport*** et ***faire les physiques*** signifiant là-bas « faire l'amour ».

stationner, v.

Cameroun ; information. Choisir une longueur d'onde sur un récepteur radio.

On peut donc ***stationner*** sans toutefois s'arrêter de rouler.

stratif, n. m. et adj.

Togo... ; administration. Fonctionnaire.

Issu par abrègement d'*administratif*, ***stratif*** s'oppose au Bénin et au Togo à *privé,* qui désigne le travailleur de l'entreprise privée. Mais du sens de « fonctionnaire », ***stratif*** s'élargit jusqu'à qualifier la personne d'esprit administratif, et formaliste à l'excès : « On n'est pas prêt d'passer, on est tombé sur des stratifs ! »

suisse, n. m.

Canada ; faune. Petit rongeur de la famille des écureuils, au pelage rayé sur la longueur, qui vit dans l'Est de l'Amérique du Nord.

Le ***suisse***, dit autrefois *écureuil suisse*, se rencontre partout dans l'Est du Canada, même en pleine ville, à Ottawa ou, à Montréal, sur le Mont royal. Les textes rapportent qu'il est dénommé *suisse* parce qu'il a « sur le corps un poil rayé de noir et de blanc qui ressemble à un pourpoint de Suisse », c'est-à-dire de garde suisse.

Il a fait l'étonnement des découvreurs du Canada :

> Les Hurons ont aussi trois sortes d'Escureux différents, et tous trois plus beaux et plus petits que les nôtres. Les plus estimés sont les Escureux volants (...). La seconde espèce qu'ils appellent Ohihoin, et nous *Suisses*, à cause de la beauté et diversité de leur poil, sont ceux qui sont rayés et barrés depuis le devant jusqu'au derrière, d'une barre ou raye blanche, puis d'une rousse, grise et noirâtre tout à l'entour du corps (...)
>
> G. Sagard,
> *Le Grand voyage du pays des Hurons,* 1632.

Par allusion à la gourmandise de l'animal on se réfère encore souvent à lui en disant par exemple de quelqu'un qu'il est ***gras comme un suisse, plein comme un suisse, joufflu***, ou ce qui revient au même, ***jotté comme un suisse.*** Son agilité n'est cependant pas oubliée puisqu'on peut aussi dire de quelqu'un qu'il est vif, ***vite*** (usage adjectival très québécois de l'adverbe *vite)*, ou ***rapide comme un suisse***.

sur le serein, loc.

Nouveau-Brunswick ; temps. Sur le soir.

Ce ***serein***-ci — légère humidité pénétrante qui apparaît à la tombée du jour sans qu'il y ait de nuage au ciel — vient du *serenum* latin, qui désignait le « ciel clair et serein ». Madame de Sévigné en fait grand usage dans ses lettres et bien avant elle, Rabelais dans son *Pantagruel* : « Quelque fille du roy, allant à l'esbat, sur le serein le rencontrera. » Venue de France avec les colons qui peuplèrent l'Acadie, l'expression se doit prononcer aussi à l'***acadienne*** : « su l'srin. »

surtemps, n. m.

Québec ; travail. Temps de travail fourni en supplément des heures normales.

Le ***surtemps*** est le temps de travail fait en plus de son travail normal ; c'est aussi le temps de jeu supplémentaire qui peut intervenir à l'issue d'une rencontre sportive, ce que nous appellerions plutôt *les prolongations*.

tabagie, n. f.

Canada... ; commerce. Établissement où l'on vend principalement du tabac, des cigarettes, des articles de fumeurs, et des journaux.

Tabagie n'est pour nous qu'un endroit où la fumée et l'odeur du tabac règnent en maîtres. Au Canada pourtant on achète ses cigarettes chez le ***tabaconiste*** (calqué sur l'anglais *tobacconist)* ou, ce qui revient au même, à la ***tabagie***, le bureau de tabac, que l'on trouve également appelé ainsi dans d'autres pays, à l'île Maurice par exemple. Pour l'origine du mot cependant, il convient de rester impérativement au Canada puisque *tabagie* apparaît sous la plume de Champlin à l'orée du XVIIe siècle dans le sens de « festin chez les Algonquins » : festin qui était, à n'en pas douter, appuyé de force bouffardes.

tableau, n. m.

Sénégal ; transport. Panneau signalant un arrêt d'autobus.

En signalisation routière, on dit couramment au Sénégal ***tableau*** pour *panneau*. On parle ainsi du ***tableau de limitation de vitesse*** ou, s'agissant du panneau signalant un arrêt d'autobus, du ***tableau d'arrêt*** : « Pour rentrer, on s'attend au tableau d'arrêt ? »

tabletter, v.

Canada ; travail. Dans un cadre professionnel, mettre quelqu'un à l'écart, souvent en préservant les apparences, ou enterrer un dossier.

On peut entendre en France, quoique rarement : « j'ai mis ça dans mes tablettes » qui signifie qu'on a pris bonne note de telle ou telle affaire ; ou, différemment, à propos de quelqu'un : « vous êtes dans mes tablettes », qui se dit cette fois en forme de menace ou d'avertissement à l'adresse d'une personne dont on a sujet de se plaindre. ***Tabletter*** a pu fleurir au Canada au voisinage de ce genre de formule, mais c'est plus certainement l'anglais *to put on the shelves* (mettre sur les rayonnages, autrement dit *mettre au placard*) qui a motivé cette création : on emploie d'ailleurs là-bas l'expression ***mettre sur la tablette*** qui est la traduction littérale de l'anglais. D'où la série qui vient alors d'elle-même : ***tablettage*** qui est l'action de ***tabletter***, le ***tabletté*** et la ***tablettée***, les victimes du ***tablettage***, aussi dénommées ***tablettes***, au féminin pour les deux sexes. Luxe de précisions qui semble attester, outre-Atlantique, une bonne pratique de la mise à l'écart.

tablettes de chocolat, n. f. plur.

Sénégal ; route. Ondulations de la surface du sol.

Les routes sénégalaises, craquelées par les intempéries et déformées par les passages de véhicules, font à juste titre penser parfois à la surface en damiers d'une tablette de chocolat. D'autres images s'y attachent comme son synonyme, très répandu en Afrique, de ***tôle ondulée*** : « Faudra bien qu'le ***taxi-brousse*** passe sur les ***tablettes de chocolat***, sinon on est coincé ! »

tâcheronnat, n. m.

Sénégal ; travail. Mode de travail à la tâche.

Le ***tâcheron*** est au Sénégal un entrepreneur qui rassemble autour de lui des ouvriers pour une tâche particulière, sans avoir lui-même pignon sur rue. Aucun engagement, sinon verbal, ne le lie à eux, ni à celui qui lui passe commande du creusement d'une fondation, de l'édification d'un mur ou du débroussaillage d'un terrain. Ce mode de production, précaire mais répandu, se nomme sans détour ***tâcheronnat*** : « Ce serait moins cher de faire le plus gros en tâcheronnat. »

taiseux, adj. et n.

Belgique ; caractère. Qui parle peu.

Notre ancienne langue foisonnante avait autour du verbe *taisir* un riche ensemble : *taiseor* (« taiseur »), *taisible, taisi* et *taiseurs. Taire* l'a emporté sur *taisir*, et *taciturne* s'est imposé. L'éminente qualité de parler peu ou pas n'a alors eu que ce dernier mot pour désignation, syllabes longues et sombres qui n'ont pas l'éclat vif et terrien de ***taiseux***. Le grand écrivain belge Charles De Coster lui donne en outre ses lettres de noblesse en appelant Guillaume Ier d'Orange-Nassau *Guillaume le Taiseux*, et non Guillaume le Taciturne : souleveur des Provinces Unies contre l'Espagne, il n'eut, dit-on, de goût que pour la détermination et l'action. Il se tut assassiné.

tambour, n. m.

Sénégal... ; musique. Instrument à percussion constitué d'une peau tendue et d'une caisse de résonance.

Le mot ***tambour*** est souvent utilisé au Sénégal et dans de nombreux pays africains pour désigner le ***tamtam***. Cet instrument est la résonance de l'Afrique, que ce soit le ***sabar*** à long fût (« le plus pondéré des tambours » dit le conteur sénégalais Birago Diop), le ***tabala***, gros tamtam maure, ou le ***tama***, petit tambour d'aisselle « à la voix aigre ».
Objet créé par les Esprits, le *tamtam* livre tout : le rythme — mouvement du monde —, la danse, le langage et la transe. L'envoûtement est total, et quand le ***tambour*** cesse de battre, son silence continue d'interroger le cœur des hommes.
Le grand batteur sénégalais Doudou Ndiaye Rose, avec ses cent ***tamtameurs*** et ***tamtameuses*** dont il guide et dirige le rythme, est un témoin extraordinaire de ce message.

tamourt, n. m.

Mauritanie ; climat. Mare temporaire qui se crée en général dans le fond des vallées.

Malgré l'ensevelissement progressif dans les sables, certaines vallées de Mauritanie comportent encore, à la saison de l'***hivernage***, des nappes d'eau intermittentes nommées ***tamourts***, mot d'origine arabe. Canards et oies sauvages venus d'Europe, ainsi que de nombreuses variétés d'oiseaux, viennent y faire leur nid, parmi les nénuphars et les fleurs de toutes les couleurs qui en tapissent la surface.

tamtameur, n. m. ; **tamtameuse**, n. f.

Sénégal... ; musique. Joueur de tam-tam.

Si ***tamtam*** et ***tambour*** sont des mots interchangeables en Afrique pour désigner le tam-tam, son instrumentiste est en revanche couramment appelé ***tamtameur*** ou, au Niger particulièrement, ***tamtamier.***

taper, v.

Réunion... ; action. Battre.

Taper, qui signifie pour nous « donner une tape », est à la Réunion plus que *taper* : battre comme plâtre. Et l'exécuteur des basses œuvres, le nervi, y est naturellement le ***tapeur*** : « Il l'a tapé à mort. »

tap-tap, n. m.

Haïti ; transport. Petit autobus.

Bien sûr les amortisseurs ne sont pas des plus souples, les banquettes des plus moelleuses, les angles des plus molletonnés. Il faut dire que l'inconfort vient également de rues peu carrossables, si bien qu'une courte distance devient vite un vrai voyage, au rythme fort : tap, tap, tap. Mais l'originalité principale du véhicule tient surtout dans ses flancs, qui peuvent offrir, tels les vitraux d'une cathédrale, les scènes de la vie du Christ, les soldats romains emmenant Jésus ou la trahison de Judas interprétés de façon particulière sous l'influence du vaudou. Avec en exergue une véhémente profession de foi : « Heureux celui qui craint l'Éternel », « Marie, aide-moi », « Tout à Jésus ». Ou plus prosaïque : « Rien ne sert de courir », « Vous parlez je travaille », « Cœur sensible », « Voici Lolo » ou, surprenant : « Air Canada ».

taratater, v.

Haïti ; musique. Pour une trompette ou un clairon, action de retentir au son de taratata.

Lu dans un roman de l'écrivain haïtien Jacques Stephen Alexis : « Le clairon taratatait sous le ciel clair » (*Compère général soleil*). Création de romancier ou particularité du parler haïtien, la question peut se poser. Sa réponse ne saurait dissiper l'éclat, empreint d'évidence, de ***taratater.***

taudisard, adj. ou n.

Belgique ; maison. Personne qui loge dans un taudis.

Au XIVe siècle « abri destiné aux ouvriers faisant les travaux d'approche d'un siège », *taudis* s'est bientôt dit par dérision d'un logement précaire. D'où ***taudisard***, son non moins précaire habitant.

taxi-brousse, n. m.

Bénin... ; transport. Taxi collectif sans compteur qui s'arrête à la demande et effectue généralement des trajets interurbains.

Le ***taxi-brousse***, dit aussi ***taxi de brousse***, est destiné comme son nom l'indique à rouler en brousse. Cela ne veut pas forcément dire qu'il soit spécialement aménagé pour rouler sur de longues distances et sur des pistes souvent défoncées : chargé jusqu'aux essieux, il emporte une dizaine de passagers qui s'accommodent tant bien que mal des hasards chaotiques du chemin. Voiture break ou camionnette ***bâchée***, l'exiguïté de son habitacle a pourtant un avantage : on ne peut rester indifférent à son voisin, qui vous plante allègrement dans les côtes son coude, sa valise, ou son ***vélo poum-poum***.

taxieur, n. m.

Algérie ; transport. Chauffeur de taxi.

Pour désigner le chauffeur de taxi, on ne peut mieux dire que ***taxieur***. Ce sens de la langue que l'on doit reconnaître aux Algériens se retrouve dans la désignation de celui qui provoque la pénurie : le ***pénuriste***. C'est lui qui, par voie de conséquence, amène à ***faire la chaîne*** à l'entrée des magasins, c'est-à-dire à y faire la queue.

télégueule, n. m.

Haïti ; information. Mode de propagation rapide de nouvelles par le bouche à oreille.

Le ***télégueule*** peut apparaître comme un média assez rudimentaire. Mais il fonctionne bien, et il est étonnamment rapide comme le souligne Jacques Roumain dans son grand roman *Gouverneurs de la rosée* :

> Avant midi, le bruit que Manuel avait découvert une source s'était répandu à travers le village. Nous avons un mot pour ça, nous autres nègres d'Haïti : le télégueule que nous disons, et faut pas plus pour qu'une nouvelle, bonne ou mauvaise, véridique ou fausse, agréable ou malveillante, circule de bouche en bouche, de porte en porte, et bientôt elle a fait le tour du pays, on est tout étonné tellement c'est rapide.

Télégueule n'est par ailleurs pas sans variantes puisqu'on le dit aussi, et en langue plus soutenue : ***télébouche***. Et couramment en créole, ***télédjol*** ou ***téléguiol***.

tenir son bout, loc. verbale.

Louisiane ; action. Persévérer.

Tiens ton bout(e) (un bout(e) est un cordage) est l'exact équivalent de ***lâche pas la patate***, avec une nuance supplémentaire d'« être fort de mentalité » : celui qui ***tient son boute*** est ainsi celui qui est capable de « supporter ça qu'arrive » comme on dit en Louisiane.

ti-bois, n. m.

Martinique... ; musique. Genre de tambour.

En bonne logique, on dit à la Martinique : ***mourir sans ti-bois ni trompette.***

ti punch, n. m.

Guadeloupe... ; boisson. Appellation courante pour désigner le punch.

Dans le *ti* de ***ti punch*** on reconnaît l'abréviation de *petit*, qui est devenu un déterminatif du nom, courant en créole. Cette boisson à base de rhum, de sirop de canne et de citron vert n'est certes nulle part mieux chez elle que sous les tropiques. Après avoir versé ces ingrédients dans un verre ou un récipient, il ne reste plus qu'à mélanger avec une baguette de bois, le ***lélé***, en se laissant bercer paresseusement par le ressac : « Tu veux un ti punch ? — Oui, mais prête-moi ton lélé. »

tire-éclair, n. m.

Burkina Faso ; habillement. Fermeture à glissière.

La fermeture à glissière, que nous connaissons souvent sous sa forme de marque déposée — *fermeture éclair* — subit des métamorphoses diverses en Afrique : au Tchad et Mali ***chaîne***, au Burkina Faso ***tire-éclair*** et ***tirette***, ou au Rwanda, ***machine*** : « Aide-moi à décoincer ma tire-éclair. »

se toiletter, v.

Bénin... ; ménage. Se laver.

Se toiletter c'est au Bénin tout naturellement *se laver* : « Est-ce que vous vous êtes toilettés ? » Avec une nuance complémentaire, ***se toiletter*** se dira aussi de femmes qui se pomponnent : « On peut pas partir, elle n'a pas fini d'se toiletter. »

tomber en amour, loc. verbale.

Québec ; amours. Devenir amoureux.

L'expression ***tomber en amour avec quelqu'un*** se comprend d'elle-même — l'amour est un puits sans fond — mais s'explique tout de même mieux par la proximité de l'expression anglaise *to fall in love*, dont elle est le calque québécois.

tonneau, interj.

Suisse ; conversation. Petit juron familier.

Qu'il est bon d'entendre résonner dans le canton de Vaud quelques jurons assénés : *Crénom ! Sacrénom*, étoffé même en ***Sacrécrénom de nom*** ! pour mieux marquer l'indignation. Formes euphémistiques pour *Sacré nom de Dieu* ! qu'on a aussi atténuées, d'une autre façon cependant, en ***Cré !*** à la place de *Sacré !*, ***Tonneau*** ! au lieu de *Tounéro !* (autrement dit *Tonnerre !*) ou encore ***Charrette !***, substitué par délicatesse, à *Charogne !* « ***Sacrécrénom de nom, de nom d'charrette !*** ».

ton pied mon pied, n. f.

Bénin ; amours. Femme collante, qui surveille son mari en permanence.

« Là où tu vas je vais, tu poses le pied ici je le pose ici aussi… » ainsi pourrait se résumer le mouvement décrit par l'expression ***ton pied mon pied***. « Ah ! Cette femme, c'est ton pied mon pied ! »

tonton macoute, n. m.

Haïti ; personnages. Homme de main.

Le sinistre ***tonton macoute***, qui symbolise la dictature des Duvalier, n'avait déjà avant eux pas très bonne réputation : dans le folklore haïtien, ***Tonton macoute*** est en effet le croquemitaine, le vilain monsieur qui viendra prendre le petit enfant s'il n'est pas sage, pour l'emmener dans sa ***macoute***, sac de paysan fait de grosse toile.

se torcher le pied, loc. verbale.

Belgique ; action. Se tordre le pied.

Se torcher le pied n'est ni un pas de danse, ni un rite particulier que l'on doive absolument connaître pour

faire valoir sa culture auprès des autochtones : en l'occurrence Liégeois et Namurois qui ont l'exclusivité de cette expression. Il ne s'agit que de « se tordre le pied », sens qu'il faut garder à l'esprit pour comprendre qui s'en viendra dire : « J'va torcher le cou à ç't'poule. »

tortue-bon-Dieu, n. f.

Réunion ; faune. Coccinelle.

De la tortue, notre bonne *bête à bon Dieu* (la coccinelle) n'a que la forme, car jamais, de mémoire de conteur réunionnais, on n'a vu de tortue voler.

tôt-fait, n. m.

Suisse... ; cuisine. Sorte de gâteau vite préparé.

Aussi bon que vite fait, le ***tôt-fait*** se déguste en Suisse mais aussi plus au sud, dans le Lyonnais et en Savoie.

touloulou, n. m.

Guyane... ; fête. Femme masquée, un des personnages du Carnaval.

Dans la frénésie du Carnaval, dit aussi ***Vaval***, les différences s'estompent et toutes les bienséances : les ***touloulous*** parcourent la fête, anonymes sous leur *loup* — le masque qui leur cache une partie du visage —, aguichant les danseurs de multiples manières. Comme le chante *La Compagnie créole*, groupe populaire antillais :

> *Aujourd'hui tout est permis.*
> *Derrière mon loup, j'embrasse qui je veux.*
> *Devinez qui est derrière mon loup ?*
> *Je fais ce qui me plaît.*
> *Au bal, au bal masqué.*

Impossible de savoir en dansant qui se cache derrière le masque ; c'est seulement si le ***touloulou*** accepte au petit matin de partager avec son bienheureux élu le ***blaff*** (poisson pimenté cuit au court-bouillon), qu'il retirera enfin son loup avant de céder à l'amour et au sommeil.

toupine, n. f.

Suisse ; cuisine. Grosse jarre de grès.

Comme souvent, les ustensiles de cuisine, *cruche, jarre* ou ***toupine***, servent aussi à qualifier irrévérencieusement la femme stupide.

tour du chapeau, n. m.

Canada ; sport. Au hockey sur glace particulièrement, fait de marquer trois buts au cours de la même rencontre.

Le fameux *hat trick* anglais trouve sa parfaite traduction dans ce québécois ***tour du chapeau*** ; nous le formulons plutôt en *coup du chapeau*, l'étendant en outre à toute sorte de sports notamment le football, qui se dit au Canada, dans un autre anglais, ***soccer.***

tourneur d'aventures, n. m.

Zaïre ; amours. Chercheur d'aventures amoureuses.

Pour ***tourner une aventure*** il faut sans doute savoir déjà tourner un compliment : « ***Vigile*** bien ce tourneur d'aventures pendant que je suis absent ! »

tout à la simple, loc. adverbiale.

Val d'Aoste ; conversation. Modestement, sans prétention.

Expression du bien vivre, proche des choses et de la monotonie des jours, que l'on retrouve dans certaines régions en France, comme cette autre : ***tout à la douce*** (« doucement, calmement et sans hâte »).

touter, v.

Mali ; jeu. A la belote, prendre à tout atout.

Dans la frénésie du jeu tout devient plus simple : *prendre à sans atout, tout atout* ou *mettre capot* se convertissent facilement en ***prendre à sans, touter,*** *et* ***capoter***, avec son revers obligé : ***se faire capoter*** : « Je prends à sans. — Tant pis je toute. »

trace, n. f.

Martinique... ; route. Sentier en montagne.

Ce sentier en montagne est à peine la ***trace*** laissée au travers des taillis par la progression d'animaux ou de chasseurs, tant la végétation se referme rapidement sur le moindre passage : traîtres massifs d'herbes coupantes, fougères géantes, lianes ou racines aériennes conjuguent leurs volumes pour rendre la forêt tropicale impénétrable. Nature qui a marqué les surréalistes, tel André Breton qui en évoque ainsi l'opacité dans la préface qu'il consacra au *Cahier d'un retour au pays natal* dont il reconnaissait l'auteur, le Martiniquais Aimé Césaire, comme l'un des siens :

> Sans autre repère, dans les remous d'une végétation forcenée, que la grande fleur énigmatique du balisier qui est un triple cœur pantelant au bout d'une lance.

traîneux, n. m.

Québec ; personnages. Personne qui laisse traîner ses affaires.

Qui laisse traîner ses affaires çà et là a droit au titre de ***traîneux,*** non de *traîneur*, le *r* final ayant eu tendance à disparaître depuis le XVIIe siècle dans nombre de nos parlers, ce dont le Québec et certaines campagnes de chez nous gardent la trace ; les affaires et menues babioles qui traînent de-ci de-là reçoivent quant à elles au Québec le nom de ***traîneries*** : « Ramasse don tes traîneries, on s'y r'trouve plus ! »

traiteur, n. m.

Zaïre ; personnages. Homme sans scrupules qui vit d'expédients et de combines.

Quand ***traiter*** peut vouloir dire, comme c'est le cas au Zaïre, « trafiquer de diverses marchandises », voire « corrompre », il n'est pas surprenant de voir dériver ***traiteur*** vers un sens peu honnête. Du même coup, ***traitement*** prend dans ce registre le sens de « corruption » et de « procédé malhonnête ».

trâlée, n. f.

Canada... ; quantité. Multitude.

Trâlée s'emploie dans le sens d'une multitude de choses : une *trâlée* d'enfants, une *trâlée* d'monde, d'embarras ou d'ennuis.

Que le mot soit attesté largement au Canada, en Nouvelle-Angleterre, en Louisiane, en Suisse, et dans une moindre mesure dans l'Ouest de la France et ailleurs, sous la forme parfois de ***trôlée***, indique qu'il a bien voyagé : à coup sûr parce que son usage, sans doute très populaire comme l'indique la sonorité du mot, devait être autrefois très répandu.

tranchant, adj.

Cameroun ; amours. Se dit d'un homme qui court les jupons.

Est ***tranchant*** qui ne laisse pas passer une femme sans y exercer ses capacités viriles, bref qui va droit au but en fendant les corps et les cœurs.

transféré, n. m.

Sénégal ; travail. Personne obligée de déménager avec sa famille en raison du déplacement de l'entreprise ou de l'administration qui l'emploie.

Qui est soumis à une mesure de transfert est un ***transféré*** : « La déconcentration des services à Saint-Louis va faire quelques transférés pas contents ! »

traversier, n. m.

Québec ; navigation. Navire spécialement conçu pour la traversée de passagers et de véhicules d'une rive à l'autre d'un fleuve, d'une rivière, d'un lac ou d'un bras de mer.

Ce beau ***traversier*** resurgit du cœur de notre XVIIe siècle, évoquant les petites embarcations — parfois nommées aussi *barques traversières* — qui effectuaient à cette époque de courtes traversées. Les navires qui joignent aujourd'hui les rives du Saint-Laurent n'ont pas d'autre nom, mais sont devenus de haut-bord, ne serait-ce que pour passer sans difficulté au large des ébats amoureux des baleines blanches.
Pour échapper lui aussi à l'anglais *car ferry* ou *ferry boat*, le français de France a gardé *bac* pour les traversées en eau protégée, et choisi le plus mat *trans-*

bordeur pour les trajets en haute mer : ***traversier*** eût en effet semé le doute, car en droit maritime le traversier est un navire qui coupe la route à un autre... Quant à la Belgique, les nuances qu'elle apporte ne sont pas moins nombreuses : ***nacelle*** pour la traversée d'une rivière, ***bac*** pour celle d'un fleuve, et ***malle*** pour affronter la mer ; cette dernière, l'ancienne appellation française du navire qui acheminait le courrier, se retrouve dans maints romans de notre littérature, dont *La Malle des Indes* de Jules Verne.

tremblette, n. f.

Suisse ; action. Tremblote.

Avoir la tremblote se dit plutôt en Suisse ***avoir la tremblette*** ; mais c'est surtout en cuisine que la ***tremblette*** reçoit l'usage le plus savoureux, sous la forme du ***pouding tremblette*** : ce délicieux gâteau doit son nom, on le devine, à sa consistance gélatineuse qui fait qu'il tremble quand on y touche.

tresseuse, n. f.

Bénin... ; coiffure. Coiffeuse spécialisée dans la confection de tresses.

Au ***salon de tresse*** la ***tresseuse*** peut proposer à sa cliente différents modèles de tresse : si celle-ci désire avoir la raie au milieu, « *Je suis libre* » ou « *Prenez-moi vite* » sont des modèles possibles, mais ils sont difficiles à porter parce que jugés un peu provocateurs. Elle peut préférer des modèles moins affriolants comme « *Je suis occupée* » (même si elle ne l'est pas) au sens de « mon cœur est pris », avec alors la raie sur le côté. A moins qu'elle n'opte pour d'autres sujets, « *Victoire* », modèle en forme de V qui marque qu'on fête un succès, « *Éventail* », « *Carrelage* », « *Banque centrale* » (!), ou bien encore « *Lionne* », qui peuvent se faire tous avec des mèches naturelles ou synthétiques.

trottoire, n. f.

Congo... ; amours. Prostituée.

La prostituée faisant le trottoir, de l'objet à la personne il n'y a qu'un saut.

trouver porte de bois, loc. verbale.

Belgique ; réunion. Trouver porte close.

Pour « ne trouver personne au logis » le Belge dira facilement ***trouver porte de bois***, expression dans laquelle dut fusionner celle, courante, de *trouver porte close* et cette autre, de quelques-unes de nos campagnes : *trouver visage de bois*.

typesse, n. f.

Togo... ; personnages. Femme de peu d'intérêt.

Notre argot connaît aussi *typesse*, le féminin de *type* ; et comme souvent en ces sortes d'affaire, le féminin d'un masculin déjà péjoratif l'est encore plus, au Togo particulièrement.

une fois, loc.

Belgique ; conversation. Expression servant de soutien à une affirmation, une interrogation, etc.

Cet ***une fois*** belge, qui ne s'entend généralement qu'à Bruxelles, est légendaire et fait souvent ironiser. Cela n'empêche qu'il puisse être manié avec humour, et grand sens du pastiche :

Dis une fois où dans quel pays
Est mi Katoen, la belle bozinne
Floorke n'avec ses eull' tout gris,
Siska qu'aviont n'si grosse poitrine ;
La grande Agath', la p'tit Jujtine,
Maria qui pleuriont tout le temps,
Félicitei, cette salle gamine !
Mo où sont les crotjes d'avant...

Bazoef, *Ballade des crotjes du temps jadis.*

vacher, v.

Québec ; action. Paresser.

La vache symbolisant souvent la paresse, il était normal qu'elle trouvât à cette occasion son verbe : ***vacher.***

vadrouille, n. f.

Canada ; ménage. Balai fait pour nettoyer à sec, dont la brosse, montée sur une plaque mobile, est formée de gros fils.

Changer son balai pour une ***vadrouille*** n'équivaut pas nécessairement, au Canada, à déserter les tâches ménagères pour le grand air, la promenade ou la liberté.

Car une telle décision peut ne revenir qu'à troquer son classique balai pour un autre, fait celui-là de gros fils ; troc qui n'est surprenant qu'en apparence puisque le sens de « promenade à l'aventure » qui nous est usuel pour ***vadrouille*** vient précisément de ce balai destiné à l'origine à nettoyer le pont des navires. En conservant à ***vadrouille*** ces deux sens le Canada a donc le mérite de rendre sensible le parcours qui mène de l'un à l'autre.

vaguer, v.

Tchad ; voyage. Aller à l'aventure sans but précis.

On laisse *vaguer* ses pensées, mais on ne *vague* habituellement pas soi-même. Au Tchad si, même si *vagabonder* y est aussi employé, et *errer* connu mais rare.

valise diplomatique, n. f.

Zaïre... ; objets. Valisette mince et plate destinée à porter des documents.

Il faut reconnaître dans la ***valise diplomatique*** zaïroise non la correspondance confidentielle qui s'échange entre un État et ses postes à l'étranger, mais notre mi-français mi-anglais *attaché-case* ; français puisque *attaché* renvoie à un fonctionnaire, l'*attaché d'ambassade*, tandis que *case* est le mot anglais pour valise. Ce qui confère du bon sens à l'usage zaïrois (sans doute non dénué d'ironie) qui, délaissant le franglais, donne aux porteurs souvent austères d'*attaché-case,* ambassadeurs ou non, un éclat protocolaire inattendu.

Vaval, n. m.

Martinique... ; fête. Désignation courante du Carnaval.

Passé le jour de l'An, ***Vaval*** — la période du carnaval, mais aussi le mannequin qui personnifie la fête — est dans tous les esprits. Les scènes de liesse, les ***vidés*** comme on les appelle aux Antilles, se multiplient jusqu'au déchaînement final du Mardi gras ou, en

Martinique, du mercredi des Cendres. Si par mésaventure, il pleuvait pendant le carême, ce serait ***Carême vert,*** mais rien n'arrêterait bals, danses, improvisations et réjouissances à perdre la tête jusqu'à l'apothéose de Carême Prenant marqué de déguisements, défilés et bandes carnavalesques encore plus endiablés. Enfin, pour la mort de ***Vaval***, le mercredi des Cendres, chaque femme, de noir et de blanc vêtue, se fait ***diablesse*** ou ***guiblesse*** (autre prononciation de *diablesse*), lancée à travers les rues sur des rythmes effrénés.

veau de mars, n. m.

Belgique ; climat. Giboulée d'avril.

Ne pas croire avec ce ***veau de mars*** à quelque recette culinaire.

véhiculé, n. m.

Burkina Faso... ; transport. Personne qui dispose d'un moyen de transport.

Être véhiculé se conçoit encore assez facilement en France ; moins ***être un véhiculé*** qu'on entend parfois au Mali ou dans le même sens ***être voituré***, relevé également au Tchad et en Centrafrique : « J'suis un véhiculé, j'vous ramène si vous voulez. »

vélo poum-poum, n. m.

Mali ; transport. Vélomoteur.

Le ***vélo poum-poum*** rappelle qu'à la différence du vélocipède, le vélomoteur dispose d'un moteur qui fait, précisément, poum-poum.

ventre-madame, n. m.

Togo ; physique. Partie de l'abdomen où sont situés les organes génitaux de la femme.

« Où t'as mal ? ***Ventre-madame*** ou ***ventre-tout-le-monde*** ? »

verrée, n. f.

Suisse ; boisson. Moment d'une réunion où l'on offre à boire.

Se retrouver autour d'un verre est naturellement une ***verrée***, moins formelle que l'ennuyeux *cocktail*, même porté, sous la forme *coquetel*, sur les ailes d'un coq (français sans doute) imaginaire.

verser, v.

Côte-d'Ivoire ; route. Déposer quelqu'un en voiture.

En Côte-d'Ivoire, ***verser*** a au moins deux sens qui nous sont inconnus : « déposer quelqu'un en voiture » : « Versez-moi au prochain croisement. » Et dans un tout autre ordre d'idée, « éjaculer ».

vestiairiste, n.

Belgique ; personnages. Personne chargée du vestiaire.

Notre *dame du vestiaire* (et que doit-on dire lorsque c'est un homme ?) est plus habilement nommée en Belgique, ***vestiairiste.***

vibreur, n. m.

Sénégal ; personnages. Noceur.

Le noceur est naturellement un être qui *vibre* et va de place en place virer et tourner : d'où ses deux surnoms sénégalais bien sentis : le ***vibreur*** ou le ***tourneur*** : « On n'est pas à la hauteur, y a qu' des vibreurs et des ***tourneurs d'aventures*** dans cette boîte. »

vice-primature, n. f.

Gabon ; administration. Département ministériel associé au Premier ministre.

La ***primature*** représente au Gabon, comme encore récemment au Sénégal, les services du Premier ministre, le siège de ces services, la fonction et le mandat de Premier ministre. Mais c'est une fonction qui semble pour le moins collégiale, puisque existent auprès d'elle quatre ***vice-primatures*** : la première est dirigée par le ***premier vice-Premier ministre*** qui a sous ses attributions les transports, les eaux, les forêts et la communication sociale ; la ***deuxième vice-primature*** couvre les mines et les hydrocarbures, sur lesquels veille le ***deuxième vice-Premier ministre*** ; la troisième est assumée par le ***troisième vice-Premier ministre***, qui a la charge de la fonction publique et la réforme administrative ; enfin la ***quatrième vice-primature*** relève du ***quatrième vice-Premier ministre***, responsable quant à lui de l'habitat, de l'urbanisme et du logement. De quoi faire pâlir d'envie nos si nombreux prétendants à la ***primature***, qui n'ont pas la consolation de pouvoir jouir au moins, à défaut de ce poste convoité, d'une ***vice-primature.***

vidange, n. f.

Rwanda... ; objets. Bouteille vide, consignée ou non.

Que ***vidange*** se retrouve simultanément au Rwanda et au Zaïre, anciennes colonies belges, est déjà l'indice qu'il pourrait ne pas être seulement africain.

De fait on trouve aussi ***vidange*** en Belgique, bien antérieurement à son implantation en Afrique : avec néanmoins seulement le sens de verre consigné : « Je vous ai rapporté des vidanges. »

vidangeur, n. m. ; **vidangeuse**, n. f.

Canada ; travail. Éboueur.

Pour nous, le *vidangeur* est la personne qui vide les fosses d'aisance ou débouche les puisards engorgés, non l'agent de voirie qui enlève les ordures ménagères, et que nous nommerions généralement *éboueur.* Le Canada a sur ce chapitre le mérite du parallélisme puisque à son ***vidangeur*** — celui qui enlève les ordures ménagères — il joint ***vidanges***, équivalent canadien usuel pour *ordures ménagères* : « J'peux pas reprendre la poubelle, les vidangeurs sont pas passés ! »

vieux cahier, n. m.

Cameroun ; école. Redoublant.

Redoubler, c'est bien reprendre ses vieux cahiers.

vieux jeune homme, n. m.

Belgique ; âge. Homme vieillissant resté célibataire.

On peut, comme les sociologues, définir ainsi l'individu vieux : « personne qui a vécu plus longtemps que la plupart de celles qui l'entourent et à qui il reste moins de temps à vivre que celui qu'elle a déjà vécu. » Et faire la distinction entre les *jeunes vieux* âgés de soixante à quatre-vingts ans, et les *vieux vieux* qui ont, eux, dépassé ce seuil. Mais pour ce ***vieux jeune homme*** belge (qui se retrouve dans le Nord de la France), il n'est peut-être pas nécessaire d'entrer dans tout ce détail, puisqu'il n'est autre que notre *vieux garçon* ; de même pour la ***vieille jeune fille*** qui n'est, quant à elle, que l'équivalent belge de notre *vieille fille* : « Elle est mariée ? — Non, elle est restée vieille jeune fille. »

vigiler, v.

Zaïre ; action. Surveiller, prendre garde, veiller sur.

Vigilance et vigile n'avaient pas leur verbe : ***vigiler*** comble cette lacune en empiétant sur les verbes alentour : surveiller, veiller, examiner, etc. « Vigile bien ma ***valise diplomatique***, je reviens. »
Cette vigilance pouvant également s'exercer à l'endroit des opposants au régime politique, ***vigiler*** s'applique alors aussi à la surveillance et à la dénonciation des actes subversifs qu'on est amené à leur supposer : « On vient de les vigiler, ils sont au poste. »
Enfin, sans complément, ***vigiler*** s'entendra aussi dans le sens de « monter la garde ».

vire-capot, n.

Québec ; personnages. Personne qui change d'allégeance politique ou religieuse.

Le ***capot*** dont il est ici question est un manteau de drap ou de fourrure pour homme : sens que connurent nos classiques et dont le dérivé le plus usuel est aujourd'hui *capote*. Quant à *virer*, c'est un équivalent ancien, et assez constant, de *tourner* ; on dit d'ailleurs au Québec aussi bien ***virer*** que ***tourner capot*** là où nous n'avons que *tourner sa veste.* Mais c'est ***virer capot*** qui, jouant d'opportunisme, l'a finalement emporté, consacrant ainsi ce ***vire-capot*** québécois.

virer son pantalon, loc. verbale.

Réunion ; caractère. Retourner sa veste.

En politique ou en tout autre chose, *retourner sa veste* se dit, à la Réunion, ***virer son pantalon*** : version réunionnaise d'une pratique répandue, à en croire le nombre de tournures qu'elle revêt, dont au Québec celle de ***virer capot***, assortie, bien sûr, du personnage qui en naît : le ***vire-capot***.

ne pas être vite sur ses patins, loc. verbale.

Québec ; caractère. Être dur à la détente, avoir la comprenette difficile.

Comment deviner que ***ne pas être vite sur ses patins*** est du Québec ? En observant que ***vite*** peut là-bas s'employer comme adjectif (au sens de « rapide »), et que pour un Québécois, des ***patins*** ce sont toujours des ***patins à glace*** : privé de ses ***patins*** — érigés quasiment en emblème national — il n'est en effet plus tout à fait ni québécois ni canadien (car on ne peut faire du hockey sans ***patins***). D'où la nuance mi-amusée, mi-désobligeante contenue dans l'expression ***ne pas être vite sur ses patins*** : « Nada a dû ***passer la nuit sur la corde à linge***, elle est pas vite sur ses patins ***à matin***. »

vivoir, n. m.

Canada ; maisons. Salle de séjour.

Créé au Québec, ***vivoir*** est né sous la pression de l'anglais *living-room*, « la pièce où l'on vit ». Le Corbusier, paraît-il, l'aurait patronné auprès des architectes français à une époque où notre *salle de séjour* ou *séjour* avait de son côté bien de la peine à s'imposer face à la toute puissance du mot anglais.

volée de camarades, n. f.

Suisse ; personnages. Ensemble des personnes qui sont d'une même promotion ou qui sont allées en classe ensemble.

Volée désigne d'abord l'espace que parcourt un oiseau sans s'arrêter ; puis, la troupe d'oiseaux qui volent ensemble. Le français classique connaissait en outre un sens bien proche de la ***volée*** suisse, puisque le mot y désignait un ensemble de personnes de même âge, de même profession, ou condition. Boileau y a recours et Voltaire en use souvent :

> On sait que, dans ce temps-là même, une volée de philosophes revenait du cercle polaire, sous lequel ils avaient été faire des observations dont personne ne s'était avisé jusqu'alors.
>
> *Micromégas.*

Sainte-Beuve quant à lui le mentionne comme du temps passé :

> Il en vint sans trop d'effort, au bout d'un an, à être le premier de sa volée, comme on disait autrefois.
>
> *Nouveaux lundis.*

On ne doit donc voir dans la ***volée de camarades*** qu'un surgeon de classicisme dont la Suisse nous fait une fois de plus le legs précieux.

voler la route, loc. verbale.

Rwanda ; route. Conduire vite et dangereusement sans tenir compte du code de la route.

Voler la route signifie « couper la route », ou encore « faire des queues de poisson », mais indique aussi plus généralement une manière de conduire pour le moins abusive : « Je ne monte plus avec lui, il vole tout l'temps la route. » Les Rwandais ne semblent pas seuls en cause, à considérer l'expression rwandaise synonyme de ***voler la route*** : ***marcher à la zaïroise***.

vol nolisé, n. m.

Canada ; transport. Vol effectué sur un appareil affrété par une compagnie.

Le Canada appelle ***vol nolisé*** ce que nous nommons couramment *vol charter* en dépit de la normalisation française qui a repris l'expression canadienne. Outre l'usage répandu et ancien de *nolisé* dans le domaine

GRR

maritime au sens d'« affrété », on peut également relever que le mot est d'une antique ascendance : il repose en effet sur la racine indo-européenne du bateau, *nau*, que l'on retrouve dans *nautique*. Face à l'anglais *charter*, le Canada a ainsi emprunté au vocabulaire de la mer en transférant *nolisé* au domaine aérien. Mouvement des plus logiques qu'a finement analysé le néologue français Louis Guilbert en faisant remarquer que le vocabulaire de l'aviation s'est constamment inspiré de celui de la marine : ce qu'illustre à merveille l'association de l'un à l'autre dans *aéronautique*.

von, n. m.

Bénin ; route. Rue de terre, généralement incurvée.

Le ***von*** vient du ***fon***, langue parlée notamment au sud du Bénin. Ce ***von*** est bien utile lorsqu'il permet d'indiquer le chemin à suivre dans un pays où les rues n'ont pas toujours de nom ; ce qui n'est pas des plus commodes pour le facteur, ou le chauffeur de taxi à qui il faut expliquer sa destination : « Quand tu arrives devant le Centre culturel soviétique, tu prends la route de la polyclinique, tu vas alors le plus loin possible que tu peux, tu comptes un von, et c'est le second von après l'ambassade du Ghana, c'est la première maison, y a un poteau électrique. »

votation, n. f.

Suisse ; politique. Vote intervenant par initiative populaire ou référendum.

Un des droits fondamentaux de la constitution helvétique est le ***droit d'initiative*** qui permet de déclencher, à partir de la collecte d'un nombre déterminé de signatures, une procédure permettant d'amender les lois existantes ou d'en proposer d'autres : c'est l'***initiative populaire.***

Quant au ***référendum***, il est un droit que conserve le peuple de demander que soient soumises à ***votation*** les lois avant leur entrée en vigueur. Celle-ci porte ainsi plutôt sur des choses, à la différence de l'*élection* qui porte sur des hommes. Cette distinction stricte n'exclut cependant pas que, même pour une *élection*, on trouve en ville des panneaux rappelant aux électeurs, par la mention « Attention aujourd'hui votation », qu'ils doivent se rendre aux urnes. Dans ce cas, ***votation*** est pris dans le sens plus large de consultation électorale.

voyoucratie, n. f.

Tchad... ; comportement. État de désœuvrement qui prédispose à la délinquance.

Être voyou et faire régner sa loi c'est vivre en ***voyoucratie***. Le mot entre par ailleurs dans certains expressions, comme au Niger et au Burkina Faso, où être oisif et se comporter en voyou se disent ***faire la voyoucratie*** : « Sitôt qu'il a été un peu grand, il s'est mis à faire la voyoucratie comme les autres. »

zézère, n. m.

Réunion ; amours. Amoureux.

Le ***zézère*** fait l'effet d'une douce caresse. Le poète réunionnais Azéma le chante mélodieusement :

> Quand sous son chapeau de vétyver
> courait au vent d'amour mon zézère
>
> *Olographe.*

On peut cependant lui substituer cet autre petit nom réunionnais de l'amoureux : le ***gâté***, heureux homme qu'on cajole et qu'on gâte.

zhabitan, n. m.

Réunion ; agriculture. Personne qui réside dans une exploitation agricole, cultivateur.

Un ***zhabitan*** se dit en créole réunionnais pour *habitant*, personne qui réside dans une ***bitasion*** (une habitation) ; comme c'est le cas souvent pour l'homme de la campagne, ***zhabitan*** peut également avoir la valeur péjorative de « demeuré ».

zin, n. m.

Haïti ; conversation. Petite histoire.

Zin est un mot fréquent en Haïti ; il désigne une petite histoire, un ragot qu'on se prête à colporter : « J'vais t'conter un ti zin ! »

zognon, n. m.

Centrafrique ; légumes. Oignon.

Zognon fait plus drôle qu'oignon : « Donne-moi un zognon. »

zondomiser, v.

Zaïre ; politique. Éliminer un rival de façon musclée.

Zondomiser, proche de *sodomiser,* résonne comme un viol ou une jouissance perverse. Construit sur *Zondomio*, nom d'un président de l'assemblée nationale zaïroise, il est d'autant plus évocateur de violence que la disparition de ce personnage, due officiellement à une crise cardiaque, fut interprétée par la rumeur comme un empoisonnement. De là, l'appropriation du nom par la langue populaire qui, de la vie politique, l'a fait passer, comme souvent, à la vie en général — on peut par exemple ***zondomiser*** son rival en amour — créant même sur lui ***zondomisation, zondement***, etc. Variations qui mêlent à la vie de la langue les soupçons de l'histoire.

zoreil, adj. ou n.

Réunion... ; personnages. Métropolitain.

Dans ***zoreil*** (ou ***zoreille***), mot créole, c'est bien *oreille* qu'on entend. Nomme-t-on, dans les îles de l'océan Indien ou aux Antilles, les Métropolitains ***zoreils*** parce que, comme on l'a prétendu, les Blancs coupaient jadis les oreilles des esclaves ? Le mot n'étant pas péjoratif, on peut bien plutôt imaginer que les Métropolitains, ne comprenant pas les parlers locaux, ont tendance à tendre l'oreille quand on leur parle : « Êtes-vous zoreil ? — Euh, oui. Je suis zoreil. »

Zoreillerie, n. f.

Nouvelle Calédonie ; administration. Métropole.

Si l'on veut se moquer des ***zoreils***, de quel pays doit-on dire qu'ils viennent ? de ***Zoreillerie***, comme en fait état, durement, ce journal de Nouvelle Calédonie : « En avons-nous connu de ces prétentieux sous-fifres exilés de Zoreillerie jouant les roitelets en Calédonie ! »

zozo, n. m.

Centrafrique ; faune. Appellation vernaculaire du rat de Gambie.

Muridé de grande taille, le ***zozo*** se dit aussi, plus scientifiquement, *Cricetomus gambianus.*

Index général

A

B

C

D

E

F

G

H

I

J

K

L

M

N

O

Q

R

S

U

V

Y

Z

Liste des termes par pays

Les mots ou expressions en caractères romains figurent en entrée dans le corps de l'ouvrage. Tous les mots de cette liste figurent dans l'index général, p. 325.

ALGÉRIE

faire la chaîne
pénuriste
taxieur

BELGIQUE

agace
agacin
année académique
aronde
assez
assiette profonde
athénée
aubette
avant-midi
avant-plan
avoir une brette avec quelqu'un
avoir une fourche
avoir une heure de fourche
bac
barquettes
bassin de natation
battre le beurre
bloque
bloquer
bourgmestre
brette
bretteur
brosseur
bureau de milice
candidature
carte-vue
ça va
certificat de milice
chantoir
chicon
clé sur porte
commune à facilités
conseil communal
contraire
copion
costume de bain
coup de coin
courerie
cramique
décauser
déloger
détournement
se divorcer
dix heures
doublant
doubler
doubleur
drache
dracher
drap de maison
drap de main
drap de vaisselle
drève
ducasse
échevin
endive
entièreté
être fourchu
évitement
fagne
faire le chat
faire longue table
filet américain
fourche
fourcher
frotte-manche
frotteur de manche
gosette
grenailles errantes
guindaille
guindailler
guindailleur
guindailleuse
humaniste
journal de classe
légumier
légumière
lettre de mort
lichette
loque à poussière
loque à reloqueter
maïeur
majorat
malle
manche à balles
mayeur
mêle-tout
mettre quelqu'un en bouteille
milicien
minerval
mingue
mofleur
mot à soixante-quinze
nacelle
navetteur
navetteuse
obligation de milice
pelle à balayures
pensionné
pistolet
pomme pétée
préfet
prendre les poussières
prendre sa pension
quart d'heure académique
quartier
raccusette
ramasse-poussière
ramassette
réciproquer
salle académique
savoir
savonnée
séance académique
s'il vous plaît
sortir de l'humanité
soutien
taiseux
taudisard
tirer son plan
se torcher le pied
trouver porte de bois
une fois
valves
vassingue
veau de mars
verdurier
verdurière
vestiairiste
vieille jeune fille
vieux jeune homme

BÉNIN

abolo
amadam-toto
amender
avoir la bouche sucrée
avoir un ventre
Béninoise
bonjour-bonsoir
bonne arrivée
bonne assise
cabiner
cinquième bureau
deuxième bureau
digaule
entrer-coucher
être de nuit
être sapé à mort
faire la galanterie
faire le galant
fon
gagner l'enceinte
gagner petit
gagner son mil
galanterie
gongon
gongonner
gongonneur
grande maladie
grossir
infliger une somme
jaguar
jugement supplétif
La Béninoise
madame salon
marché
mémé
ménager
ménagerie
mourir dans les cheveux noirs
nouille
oreille d'éléphant
pervenche de Madagascar
piétiner
pompidou
prendre son pied la route
protocole
quatrième bureau
recueillir
redouter
refouler
Rio
salon de tresse
sous-marin
stratif
supplé
taxi-brousse
taxi de brousse
se toiletter
ton pied mon pied
tresseuse
troisième bureau
vermicelle
vidange
von

BURKINA FASO

afro
aller aux besoins
alphabète
alphabétiseur
à plus
à toute
bâchée
beau
beaux
becqueter
béguer
berceuse
se bigrer
bilan
bilaner
bilaneur
bisser
bomber
botter
bourreur
boyesse
bras long
cirer
concourant
court
douroudourouni
dourouni
être bien situé
être en afro
être un véhiculé
être regretté
être voituré
examiner
faire la voyoucratie
se faire un afro
faux bilaneur
fille
grand
grand quelqu'un
grand type
gros cul
homo
javeur
javeuse
koutoucou
koutoucoutou
limer
liqueur
loguer
long
marcheur
mater
nounou
planton
promotionnaire
recueillir
redouter
refouler
regretté
rétroactes
siester
taper
taxi-bâché
tire-éclair
tirette
véhiculé
vin de palme
yoper

BURUNDI

chef tambourinaire
ndagala
sangala

CAMEROUN

alaska
amourer
anti
beaucoup-connaît
cahier de roulement
caillasse
casser un examen
chichard
cirer les airs
cireur
compter les nattes
coucher une femme
être couranté
être derrière
do
doser
être dedans
faire la taille
faire le boum-boum
faire le sport
faire les physiques
gentil car
glisser

grassir
histoire queue de chat
ivoirien
jouer cocobianco
long-crayon
longtemps
nobscuriter
ntchass
sans-payer
saper
sapeur
sportif
stationner
tranchant
vieux cahier

CANADA
(voir aussi
**NOUVEAU-BRUNSWICK
et QUÉBEC)**

achigan
à frais virés
amérindianisme
babillard
barguignage
barguigner
barguigneur
bas-culotte
blanchon
bleuet
bleuetière
bleuetterie
boucan
boucane
breuvage
broche
cadran
canoé
canot
canotable
canoter
canoteur
chalandage
chefferie
chef de bande
comté
confiture de bleuet
cul de sac
débarbouillette
débarbouilloir(e)
demeurer sur la clôture
dîner
dollar
douillette
été des Amérindiens
été des Indiens
été des Sauvages
être dans l'eau bouillante
faire du canotage
faire du chalandage
faire du magasinage
foresterie
frasil
frette
froserie
glaciel
gomme
loup-marin
magasinage
magasiner
maringouin
maskinongé
mettre sur la tablette
mouvée
municipalité régionale de comté
nuage
ouananiche
ouaouaron
parler à travers son chapeau
Provinces maritimes
renard argenté
renardière
rêver aux ours
salle de quilles
salon de quilles
siphonneux
soccer
sou
souper
sous-ministre
suisse
tabagie
tablettage
tablette
tabletté(e)
tabletter
téléphoniste
touage
tour du chapeau
trâlée
trôlée
vadrouille
vidanges
vidangeur
vidangeuse
vin de bleuet
visonnière
vivoir
vol nolisé

MANITOBA

placoter

ONTARIO

Baie-Pantagruel
Cap-Gargantua
Côte-Grandgousier

TERRE-NEUVE

banqué
banquier

**CANTON
DU JURA**
(voir aussi
SUISSE)

beuiller
dédevenir
fend-l'air
fion
ordurière
piolet
plumon

CENTRAFRIQUE

abbé
avoir la bouche qui marche beaucoup
avoir parcouru
balambo
banane douce
banane plantain
banane sucrée
chanvreur
circoncier
court
être voituré
faire sankara
faire sans-cas
longame
longueur
père
petite banane
piroguier
reliquat
sans-cas
zognon
zozo

COMORES

grand mariage
poutou-poutou

CONGO

A.T.Z.
au félé
guembo
ofélé
sampant
siquidilatif
trottoire
zoungueur

COTE-D'IVOIRE

s'absenter
accélérateur
aller au bord
aller en brousse
aller jusqu'àaaa
aloco
alocodrome
aloko
ambianceur
araignon
arriérer
à plus
à toute
avoir un ventre
babi
bouffement
bouffer l'argent
bûchette
cabiner
cacaba
café cerise
café en cerise
caïman
caïmantage
caïmanteur
camisole
carencer
cerise
coco taillé
compétir
compressé
compresser
conjoncture
conjoncturé
coup de démarreur
culotte
démarabouter
démarreur sexuel
en attendant
enceinter
être conjoncturé
faire boucan
faire boutique cul
faire boutique mon cul
faire caïman
faire coco taillé
faire faraud
faire le gros dos
faire le ronron
faire le solo
faire le vent
faire son ronron
fleur de mariage
fourrer
frapper la main
frigolo
gagner son bouffement
gardien de voiture
génitaux
individu
jouer contre
kankankan
mama-Benz
maniveler
mari-capable
marabouter
mon mari sort, je sors
nana-Benz
nouille
œil de ma rivale
pagne
poulet bicyclette
recueillir
redouter
regonfleur de pneus
refouler
Rio
S.A.P.E.
saper
sapeur
toutou
vermicelle
verser
yeux voient bouche parle pas

DJIBOUTI

boutre
port aux boutres

DOMINIQUE

jacquot
sisserou

ÉGYPTE

garçon
madame
merci

FRANCE
Guadeloupe

ajoupa
anoli
bailler
bain de chance
bain démarré
bamboula
bélè
Béké
biguine
blouse
bo
bombe
bombé serré
cabaret
cabrouet
cacado
caloge
capre
capresse
carbet
case
caye
Chabin, Chabine
collé collé
collé serré
démarré
démarrer
doudou
écrevisse
grand-bras
haute taille
lélé
Maman d'l'eau
marrer
mazouk
mazurka
Métropolitain
mordant
Mulâtre, Mulâtresse
ouassou
protègement
queue-rouge
ti punch
zhabitant
Zoreil
zouk
zouker

Guyane

arbre-caca
arbre-cathédrale
bistouri
canot
maman-saut

saut
touloulou

Martinique

anneau créole
argent braguette
assiette fond
bête-longue
bonbon-fesses
Carême vert
chaîne forçat
changement d'air
collier-chou
collier-grain d'or
combat de coqs
commère
compère
couleuvre
coresse
créole
da
diablesse
Dien-Bien-Phu
forçat
guiblesse
habiter contigu (à quelqu'un)
herbe à coresse
madras
mangot
matoutou
matoutou-crabe
morne
nanou
pêcher à Miquelon
pit
ti-bois
trace
Vaval
vidé
zhabitant

Nouvelle-Calédonie

colonnaire
kagou
notou
Zoreillerie

Polynésie

marié marié

Réunion

argent z'enfants
avoir le coco dur
barreau
bitasion
bourré comme un trou
boursac
cafre
caponner
cardinal
carreau
casser
casser un contour
coco de tête
commandeur
contour
couillonnisse
créole
cuiteur
culottes grandes manches
décollage
dehors
endormi
espérer
être bourré comme un trou
être dans la brise
être rond comme une boule carrée
farine
fariner
fichant
foutant
garantie
garde-corps
gâté
gazé
goûter
graîner
Grand Blanc
gros cœur
gros doigt
les bas
les hauts
Malabar
mariage derrière la cuisine
Métropolitain
mettre l'air dans la parole
monde
morale
ouvrir le linge
pays
Petit Blanc
piton
population
rhum arrangé
rhum charrette
rhumé
rond comme une boule carrée
sans finition
soiffeur
soulaison
taper
tapeur
tempérament
tortue-bon-Dieu
virer son pantalon
Zarab
zézère
zhabitant
zoreil(le)

Saint-Pierre-et-Miquelon

après-quatre-heures
avoir le black
banquais
boutiquette
clavé
collation
collationner
crème molle
doris
maillou
maillouse
mailloucratie
Terre-Neuvas
tomber des bérets basques

GABON

azobé
bilinga
bois de fer
deuxième vice-Premier ministre
deuxième vice-primature
douka
haute altitude neigeuse
héron goliath
iroko
moabi
okoumé
padouk
premier vice-Premier ministre
primature
quatrième vice-Premier ministre

quatrième vice-primature
sipo
troisième vice-Premier ministre
vice-primature

GUADELOUPE (voir FRANCE)

GUINÉE

car brousse
crapaud accoucheur
daba
griot
griotte
mille-kilo
s'en fout la mort

GUINÉE BISSAU

en heures CFA

GUINÉE ÉQUATORIALE

manyang

GUYANE (voir France)

HAITI

aller à la commode
assesseur
aune
avant-jour
avant-nuit
avoir un coup de soleil pour quelqu'un
bacoulou
bande de raras
bande rara
bêtiser
carreau
charge
chèqueur
chérant
déchouquage
déchouqueur
déchouker
dodine
envoyer de l'eau sans mouiller personne
être comme lait ac citron
être sérieux comme un pain rassis
farandoleur
fréquent
gagner une patate
gai comme un pipirit
gourde
habillé comme un paon
insolenceté
ivre comme un macaque
Jean-Philippe Nestor
laid comme un frisé
macoute
magistrat communal
marmite
se mélancoliser
patate
pied
placé
se placer à, avec
rara
soir
tap-tap
taratater
télébouche
télédjol
télégueule
téléguiol
tonton-macoute
Tonton macoute
zin

LAOS

boun
cour d'amour
fête des pirogues
khêne

LIBAN

ligne verte

LOUISIANE

affreux
s'amarrer
avalasse
bal de maison
bayou
berçante
berce
berceuse
boîte à portraits
Cadien
Cadjin, Cadjine
Cadjun
char à passagers
chique de gomme
chocatif
clos
clos de riz
clos d'huile
cocodrie
cocodrille
colonne
commis de la barre
coup de temps
crocodile
éloise
éventail
fais-dodo
grands chars
grenouille buffle
huile
îlet
lâcher la patate
mauvais monde
mèche
mettre dessus
monde de l'huile
mouchenez
musique à bouche
musique à bras
nom d'une charrette
oreille à cochon
oreille de porc
ouaouaron
pacane
pacanier
pacanière
patate jaune
patateric
piquette du jour
platin
prédication du temps
puits d'huile
se ramarrer
rincer ses yeux
temps bleu
tenir son boute
tourbillon
vent de carême
yam

LUXEMBOURG

académicien
blâmage
se blâmer

Grands-Ducaux
luxembourgisme
numéro
procession dansante

MADAGASCAR

bozaka
foudi
kapaoka
soubique

MALI

asso
avoir l'argent
avoir les balles
avoir l'oreille dure
avoir une mémoire de poule
babi
bandicon
bœuf à bosse
bordel
bordelle
border
caillasse
capitaine
capoter
chaîne
conventionnaire
copiétaire
copistateur
copiste
cora
coriste
couloir
cousin à plaisanterie
cousin de plaisanterie
débrouillé
descendre
descente
deux doigts
éponge
être en état
être un véhiculé
faire
se faire capoter
faire couloir
faire coup d'État
faire de l'amour commercial
faire l'amour commercial
faire le deux-doigts
faire les couloirs
faire son fais-chier
fais-chier
faux rendez-vous
fermeture
fille bordel(le)
garcerie
gazelle à front roux
gazelle corinne
gombo
gonfler
grande femme
gratter
hier nuit
hivernage
homo
indiennat
individu
kora
koriste
loi
madame-bagages
mettre en grossesse
moins
montée
monter
monter la grandeur à quelqu'un
monter solo
natte
ouverture
parent à plaisanterie
peigne afro
pet-pet
petite femme
piétonne
pikafro
place indienne
plus
prendre à sans
rôtisserie
rôtisseur
saison-pluie
sentimental
soupe
taper à pied
tapette
tomber en état
touter
vélo poum-poum

MAROC

aller au cabanon
bled
blédard
cabanon
chameau
djinn
fantasia
fellah
iris de Tanger
souk
soukier

MARTINIQUE (voir FRANCE)

MAURICE

âge cochon
aller en ville
balance
bazar
bazardier
bonhomme
bonne femme
bureau de deuil
cash
casser le contour
casser le paquet
casser le record
cocasse
contour
cuscute
cuscuter
doux
faire coustiques
faire la bouche doux
faire l'honneur
faire piécoco
Flic-en-Flac
fondre comme mantègue au soleil
glissade
hisser-pousser
jouer canettes
jouer couque
jouer couque caché
jouer couque maillé
mantègue
pié
piquer un soleil
roupie
sou

MAURITANIE

hivernage
tamourt

MONACO

mignonnette

NIGER

aller au garage
aller par train onze
aller train onze
autogare
avoir une grande bouche
badaud
bénéficier
bonbon glacé
boule
cabiner
caillasse
casser
casser un examen
ceintré
court
croquer
croqueur
faire la voyoucratie
fermer les yeux
gardinier
se garer
gavroche
gourde
graisser la bouche
graisseur
long
macas
mettre en grossesse
mille-kilo
noix de cola
occasion
pamplemousse
pamplemoussier
prendre le train onze
salon
scandaleuse
s'en fout la mort
s'en fout la peur
tamtamier
taxi-brousse
train onze
voyager par occasion
voyager salon

NOUVEAU-BRUNSWICK (voir aussi **CANADA)**

abominer
acadianité
Acadie
Acadien, Acadienne
amarrer
dérangement
doré
embarquer
s'émoyer
Grand dérangement
se gréer
hardes
de Latour
sur le serein

NOUVELLE-CALÉDONIE (voir FRANCE)

NOUVELLE-ANGLETERRE

Franco
Petit Canada

ONTARIO (voir CANADA)

POLYNÉSIE (voir FRANCE)

QUÉBEC (voir aussi CANADA et NOUVEAU-BRUNSWICK)

accoté, accotée
accrocher ses patins
achalage
achalant
achalanterie
achaler
achalerie
affile-crayon
agace-pissette
âge d'or
aiguise-crayon
aiguisoir
aîné
Akulivimiuq
Akuliviq
aller sur une brosse
annonceur
A.P.S.
d'arrache-poil
à tantôt
au plus sacrant
autobus
avoir dans les mains la patate chaude
avoir de la grande visite
avoir de la jasette
avoir de la misère
avoir de la visite rare
avoir du front tout l'tour de la tête
avoir la baboune
avoir la picote
avoir les bleus
avoir les deux pieds dans la même bottine
avoir les pieds ronds
avoir son voyage
avoir vu passer les gros chars
babillard électronique
babine de velours
babiner
baboune
babouner
babouneux
bac de nuit
bâdrant
baise-la-piasse
Baptinse
barrer
barrière
basse ville
bâton
Beauchasseur
bébite
bébite à patate
beigne
beignerie
Bellechasseresse
berçante
berce
berceuse
bête à patate
bienvenue
bibite à patate
blanchon
blé d'Inde
blonde
blouson de ski
boère
bœuf mariné
boîte à chanson
bolé
Bonaventure
Bonaventurier
Bonaventurière
bonjour
bordée de neige
bordée des corneilles

botte
bottine de neige
bottine de ski
bouffon
boule à mites
se bouquer
bout-à-bouter
bouteur
brassière
broche
broche à linge
broche piquante
brosse
Buckinois
cacassements
cache-pinotte
Câliffe
câliffer
câlisser
calvinette
camelote alimentaire
canot
caoutchouc
Cap-Chat
Cap-Chatien
Cap-Chatienne
capot
carte d'âge d'or
casse-croûte
catiche
cavagner
c'est l'fun
c'est pas pire
chaleureux
chaloupe
chambrer
chambreur
chanceux
chandail
char
charrue
charrue à neige
chef de bande
chefferie
chez nous
chien chaud
chum
claque
collant
Contrecœur
Contrecœurois
Contrecœuroise
contremaîtresse
coq
courailler
coureur de bois
couvre-chaussure
Criffe
Crisse
crisser
se croire
croissant
cuisine plébéienne
décarcadère
débusqueuse
décrochage
décrocher
décrocheur
décrocheuse
déjeuner
dépanneur
dépareillé
se désâmer
dindoune
dîner
dispendieux
donner une jambette
doré
s'écarter
écœurant
écœuranterie
efface
en criant ciseau
enfarger
en maudit
ennuyant
en titi
épingle
éplucher les vieux légumes
épluchette
être fier comme un pet
être dans les patates
être dans une soulade
être en brosse
être sur la brosse
fâchant
faire du mémérage
faire un mémériing
faire du piquetage
faire du pouce
faire du voyagement
faire la baboune
faire la jasette
se faire passer une épinette
se faire passer un Québec
faire patate
faire une jambette
faire un tour de lit avec quelqu'un
fêter
feu sauvage
fève
fier-pet
film scabreux
fin
fin de semaine
Forestois
fou comme un balai
fournaise
à frais virés
Gazette officielle du Québec
glacial
gomme
gomme à mâcher
Grand-Mère
Grand-Mérois
Grand-Méroise
gras comme un suisse
gratte
gros chars
hambourgeois
heure des travaillants
hiver des corneilles
jambette
jasant
jaser
jobine
jotté comme un suisse
joual
jurement
kangiqsujuaq
kangiqsujuarmiuq
liche-la-piasse
lumière
machine à boule
maganer
maïs soufflé
manquer le bateau
mémérage
mémérer
méméreux
mener une vie maganante
se mettre sur le bœuf
mitaine
motoneige
mononeigisme
motoneigiste
mouche à feu
mouvée
nettoyeur
niaisage
niaiser
niaiseuse
niaiseuse de manières

RÉUNION
(voir **FRANCE**)

RWANDA

SAINTE-LUCIE

SAINT-PIERRE-ET-MIQUELON
(voir **FRANCE**)

SÉNÉGAL

calebassée
camembérer
caravanier
carriériste
cartouchard
cartoucharde
cartoucher
causeur
chaloupe
chéri-coco
chérie-coco
clando
cogner
commissionner
compétir
con carré
conférencier
confiturer
coucher quelqu'un
couillon carré
coule
couloirdeuse
coup de coin
cow-boy
cracheur
cul blanc
cul vert
dallasser
déconnard
déficitaire
démerdeur
descendre au fleuve
diallo
dibiterie
dibiteur
dibitier
échangère
essencerie
essencier
et pati et pata
être en état
faire boutique mon cul
faire carrière
faire le golo
faire ses besoins
fusiller
gargote
gargotier
gargotière
goalier
golo
gossette
gouvernance
gouverneur
gouvernorat
graisser
gréver
haut les mains
heure africaine
hors-jeu
irrégulier
J.P.
lampion
librairie par terre
librairie-trottoir
maîtrisard
maîtrisard chômeur
marchand de table
marchand tablier
pain chargé
phosphore
point rond
portier
primature
quatre fois cinq
sabar
séminariste
sénégalaisement
sept centimètres
serruté
slipé
tabala
tableau
tableau d'arrêt
tableau de limitation de vitesse
tablettes de chocolat
tablier
tâcheron
tâcheronnat
tama
tambour
tamtameur
tôle ondulée
tomber en état
tourner
tourneur
transféré
vibrer
vibreur
vin de palme
vipère
voiture d'occasion

SEYCHELLES

coco de mer
coco fesse
faire des roupies
regarder les cocos tomber
roupie
sauter p'tit coup

SUISSE (voir aussi CANTON DU JURA)

abbaye
abbé-président
adodoler
Alémanique
à l'ouïe de
avoir la tremblette
avoir la va-va
avoir le va-va
bacchanal
baiser
bordier
bordiers autorisés
borgnette
bourgeois
bourgeoisie
brosse
caborgnon
cachemaille
caluger
canne de ski
canton
case postale
châble
chancellerie
charrette
chenit
confédéré
confédérée
Conseil d'État
Conseil fédéral
conseiller fédéral
conseillère fédérale
couenne
CP
crousille
cuissettes
cuite fédérale
dévaloir
droit d'initiative
écolage
épingle double
époux
épouse
fédérale
femme
Grand Conseil
grenette
grimpion
grimpionner
gymnase
halle de gymnastique
homme
huitante

imperdable
initiative
lavette
linge
linge de bain
linge de toilette
se luger
mayen
mener le diable
minçolet
neigeoter
neiger de rage
nonante
ordré
panosse
panosser
péclot
pécloter
pelle à chenit
pellette
pendu
pilier public
pintocher
pintocheur
pintoiller
pintoilleur
piquer une gueulée
pouding tremblette
propre en ordre
prune
pruneau
quequeuiller
ramassoire
référendum
régent
régente
repourvoir
repourvue
Romand
se royaumer
Sacrécrénom de nom
salée
salée au fromage
salée au sucre
salée de Corcelles
samaritain
samaritaine
septante
sommelière
sous-tasse
suspente
tip top
tonneau
tôt-fait
toupine
tremblette
verrée
volée de camarades
votation

TCHAD

s'aligner
amoureux
beloter
besoin
bouche à bouche
cadeauter
cadonner
caisse-popote
chaîne
charbon
charbonner
cintré
corrigeateur
couiller
couteauner
coutoner
coutoyer
cuveur, cuveuse
demande de main
se déplacer
diverger
être voituré
faire la beauté
faire la causerie
faire la ligne
faire la voyoucratie
faire le rang
faire ses besoins
flanquée
heure de Paris
homo
injecter
injection
locataire
locateur
monter
magot
magoter
maternels
mettre en grossesse
omo
parcourir
paternels
pinailler
piqûre
potopoteux
potopoto
sardine
vaguer
voyoucratie

TERRE-NEUVE (voir CANADA)

TOGO

amadam-toto
apatam
apatamer
balle perdue
boubou
cabiner
cerise de café
chercher la femme
cigaretter
crevaison
demander la route
démerdage
démerder
discute
chercher le marché
enceinter
enceintrer
faire la galanterie
faire le galant
fonctionner
gagner l'enceinte
gagner son mil
génitaux
indicateur
jaguar
jeu de lumière
maisonnier
maisonnière
mémé
mettre en grossesse
oiseau cafard
parentisme
payer
piac-piac
pie africaine
piétiner
rebelle
recueillir
redouter
saucissonnier
stratif
typesse
ventre-madame
ventre-tout-le-monde
zorro

TUNISIE

babouche
babouchier
café maure
chameau

dinandier
ksar *(ksour)*
médina
méharée
méhari

VAL D'AOSTE

aller au paradis avec ses souliers
barlette
campanilisme
chosette
comprendre à grosses tranches
enfant de fortune
être comme une pierre dans un mur
se faire prénoter
faire chambette
faire une passade
fontine
friponette
gant de Paris
géline
heurette
laver les chemises de quelqu'un
mayen
minestrine
minette
montagnette
monter dans la lune
polente
prémaman
prénoter
privatiste
soupette
toquette
tout à la douce
tout à la simple

VIETNAM

crue balayeuse
cyclopousse
éléphante-appât

ZAIRE

abacos
affairé
ambassade
ambassadeur
année académique
appliquer l'article quinze
apollo
article quinze
assainir
avocat
avoir le ventre
Bas-Zaïre
bière
boule
boule de pâte
boumer
boumeur
bureau
campusard, campusarde
céfé
chameau
chameauser
chamelier
chaos
chic choc chèque
citoyen, citoyenne
cométat
commissaire
commissaire d'État
commissaire du peuple
commissaire politique
commissaire régional
commissaire sous-régional
commissaire urbain
coopérer
costume cravaté
démerder
se démerder
désarmement
désarmer
déserteur
déserteuse
détourner
doumba
double gong
être dedans
faire le pied
femme savante
fiançailles académiques
foufou
frousser
gong unique
gros mot
honorable
humaniste
jazz
jazzeur
lancer un chameau
lancer un chameau à deux bosses
londonienne
loukou
madame
mama
manger la boule et la sauce
matabiche
mézhabit
mogando
monsieur
MPR
mwana nsousou
nvaoundou
PAM
pâte
payer un avocat
Pays-Bas
petite banane
petit poussin
piétiner
pili-pili
pilipilisé
piment enragé
porte
potopoteux
pousse-pousseur
premier bureau
Premier Commissaire d'État
prendre la ligne onze
prendre le train onze
radio-trottoir
retrousso-manchisme
sac de ciment
sales paroles
SIDA
tais-toi
tirer son plan
tireur
tireur de pousse
tireur de pousse-pousse
tourner une aventure
tourneur d'aventure
traitement
traiter
traiteur
valise diplomatique
vigiler
zondement
zondomisation
zondomiser

Liste des termes par domaines

Action

absenter
adodoler
s'aligner
arriérer
article quinze
avoir la tremblette
avoir dans les mains la patate chaude
avoir les bras longs
bailler
barrer
bisser
bomber
botter
bout-à-bouter
cadeauter
cadonner
camembérer
casser le paquet
cavagner
cirer
coureries
couteauner
coutoner
coutoyer
cuscuter
déchouker
déchouquage
déchouquer
déchouqueur
déloger
démerdage
se démerder
se désâmer
donner une jambette
s'écarter
s'enfarger
être dans les patates
faire chambette
faire le deux doigts
se faire passer une épinette
se faire passer un Québec
se faire passer un sapin
faire patate
faire une jambette
faire une passade
grimpionner
haut les mains
indexer
jambette
limer
maganer
marrer
mater
mener le diable
mener une vie maganante
passer tout droit
pogner
poigner
poigner à brasse-corps
poigner au dépourvu
recueillir
refouler
rincer ses yeux
se royaumer
sauter p'tit coup
savoir
siester
taper
tapeur
tenir son boute
tirer son plan
tirer une flèche
se torcher le pied
traitement
tremblette
vacher
vigiler
vite
yoper

Administration

amender
assesseur
bourgeois
bourgeoisie
bourgmestre
canton
Chancellerie
clando
commune à facilités
comté
confédéré
Conseil communal
Conseil d'État
Conseil fédéral
conseiller fédéral
conseillère fédérale
conventionnaire
deuxième vice-Premier ministre
échevin
Gazette officielle du Québec
gouvernance
gouvernorat
gouverneur
Grand Conseil
jugement supplétif
loi
magistrat communal
maïeur
mayeur
mayorat
municipalité régionale de comté
Office de la langue française
population
poste à repourvoir
premier vice-Premier ministre
primature
quatrième vice-Premier ministre
repourvoir
repourvue
sous-ministre
stratif
supplé
troisième vice-Premier ministre
vice-primature
Zoreillerie

Age

âge cochon
âge d'or

longtemps
vieille jeune fille
vieux jeune homme

Agriculture

bitasion
blé d'inde
bleuetterie
café-cerise
café en cerise
caloge
cerise
cerise de café
châble
clos de riz
daba
dévaloir
fellah
foresterie
renardière
tondeuse automobile
visonnière
zhabitan

Alimentation

abolo
alaska
babi
banane douce
banane plantain
banane sucrée
beigne
bœuf mariné
bonbon glacé
bouffement
boule
boule de neige
boule de pâte
camelote alimentaire
chique de gomme
confiture de bleuet
confiturer
couenne
crème molle
croquer
cuisine plébéienne
faire la chaîne
foufou
frigolo
gomme
gomme à mâcher
hambourgeois
loukou
macas
mangot
maïs soufflé
manger la boule et la sauce
nouille
pain chargé
pâte
pénuriste
petite banane
pilipilé
pilipili
pilipilisé
piment enragé
poulet bicyclette
Rio
vermicelle

Amours

accélérateur
accoté, accotée
agace-pissette
s'amarrer
ambassade
amourer
amoureux
année académique
avoir le ventre
avoir parcouru
avoir un ventre
balle perdue
blonde
bo
bordel
bordelle
border
bureau
cahier de roulement
chercher la femme
chercher le marché
chéri-coco, chérie-coco
chic choc chèque
chum
cinquième bureau
coucher une femme
couiller
coup de démarreur
courailler
cour d'amour
cow-boy
demande de main
désarmement
désarmer
déserteur, déserteuse
détourner
deuxième bureau
diverger
se divorcer
donner l'avance
doser
doudou
doumba
enceinter
enceintrer
enfant de fortune
être de nuit
être en état
faire
faire boutique cul
faire boutique mon cul
faire coup d'État
faire de l'amour commercial
faire l'amour commercial
faire l'avance
faire le sport
faire les physiques
faire un tour de lit avec quelqu'un
fiançailles académiques
fusiller
gagner l'enceinte
gagner petit
galanterie
gant de Paris
garcerie
se garer
gâté
génitaux
glisser
gonfler
gossette
grande femme
grossir
hors-jeu
kankankan
londonienne
mama
mariage derrière la cuisine
mettre en grossesse
mogando
monter
mwana nsousou
natte
nobscuriter
nvaoundou
parcouru
petite femme
petit poussin
pinailler

placé
se placer avec
porte
premier bureau
quatrième bureau
rebelle
s'être absenté
sortir pour affaires
soupe
sous-marin
sportif
tomber en amour
tomber en état
ton pied mon pied
tourneur d'aventures
toutou
tranchant
troisième bureau
trottoire
verser
zézère
zorro

Argent

amender
argent-braguette
argent-z'enfants
au félé
avocat
avoir-l'argent
avoir les balles
baise-la-piasse
bière
bouffer l'argent
cachemaille
cash
chichard
déficitaire
dispendieux
dollar canadien
faire des roupies
gourde
graisser
graisser la bouche
infliger une somme
liche-la-piasse
magot
magoter
matabiche
payer un avocat
piasse
piastre
reliquat
roupie
sac de ciment
serre-la-piasse
sou
suce-la-piasse

Armée

bureau de milice
certificat de milice
milicien
obligations de milice

Boisson

Béninoise
breuvage
café maure
koutoucou
koutoucoutou
lélé
liqueur
marcheur
quatre fois cinq
rhum arrangé
rhum charrette
ti punch
verrée
vin de bleuet
vin de palme

Caractère

avoir du front tout l'tour de la tête
avoir la baboune
avoir le coco dur
avoir les deux pieds dans la même bottine
avoir l'oreille dure
avoir une mémoire de poule
baboune
babouner
babouneux
bolé
campanilisme
chaleureux
chanceux
chocatif
cirer les airs
cireur
contraire
couillonnisse
se croire
dépareillé
écœurant
écœuranterie
être comme une pierre dans un mur
être fier comme un pet
être gai comme un pipirit
être sérieux comme un pain rassis
faire boucan
faire la baboune
faire faraud
faire le gros dos
faire le ronron
faire le solo
faire le vent
faire niaiser quelqu'un
farandoleur
fier pet
fin
fou comme un balai
fréquent
friponnette
gros-cœur
gros-doigt
morale
niaisage
niaiser
niaiseuse
niaiseuse de manière
niaiseux
se prendre pour un autre
quioute
rapide comme un suisse
rase
tempérament
taiseux
toquette
tourner capot
virer capot
virer son pantalon
vite comme un suisse
ne pas être vite sur ses patins

Climat

avalasse
bordée de corneilles
charrue
charrue à neige
colonne
coup de temps
crue balayeuse
drache
dracher
éloise

été des Amérindiens
été des Indiens
été des Sauvages
farine
fariner
frasil
frette
glaciel
grainer
gratte
hiver des corneilles
neigeoter
neiger de rage
prédication du temps
tamourt
tempête des corneilles
temps bleu
tomber des bérets basques
tourbillon
veau de mars
vent de carême

Coiffure

afro
se faire un afro
pikafro
salon de tresse
tresseuse

Commerce

affairé
alocodrome
balle
banabana
banabanisme
barguigner
barguignage
barguigneur
bazar
bazardier
beignerie
bénéficier
boutiquette
casse-croûte
chalandage
chérant
clé sur porte
conjoncture
dehors
dépanneur
dibiterie
dibiteur
dibitier
être conjoncturé
faire du chalandage
faire du magasinage
gargote
grenette
hisser-pousser
librairie-trottoir
magasinage
magasiner
marchand de table
marchand-tablier
minque
nettoyeur
payer
pays
souk
soukier
tabaconiste
tabagie
tablier

Comportement

avoir le va-va
baisser les pieds
blaser
dallasser
faire la voyoucratie
fermer les yeux
voyoucratie

Convenances

blâmage

Conversation

avoir la route
à l'ouïe de
à plus
à tantôt
à toute
aller jusqu'àaaa
assez
avoir la jasette
avoir la bouche sucrée
avoir une grande bouche
babiner
Baptinse
battre le beurre
béguer
bêtiser
bienvenue
Boère
bonjour
bonne arrivée
bonne assise
bouche à bouche
cacassements
Câliffe
câliffer
câlisser
Calvinette
causeur
ça va
c'est pas pire
chameau
chameauser
chamelier
Charrette
citoyen, citoyenne
comprendre à grosses tranches
conférencier
Criffe
criffer
Crisse
crisser
da
décauser
discute
s'enfarger
envoyer de l'eau sans mouiller personne
éplucher les vieux légumes
et pati et pata
faire du méméring
faire la causerie
fion
garçon
gros mot
histoire queue de chat
s'il vous plaît
jasant
jaser
lancer un chameau
lancer un chameau à deux bosses
laver les chemises de quelqu'un
madame
mémérer
méméreux
merci
mettre quelqu'un en bouteille
monsieur
mot à soixante-quinze
Nom d'une charrette
parler à travers son chapeau

patron
piquer une jase
piquer une jasette
place
placoter
quequeuiller
réciproquer
rencontrer les arguments de quelqu'un
sacrage
sacrant
sacrécrénom de nom
sacrer
sacrer comme un bûcheron
Sainte-à-Paupière
Saint Simotton
Salistole
Sale parole
séminariste
s'il vous plaît
Tabarsloune
Tabnac
Tonneau
tout à la douce
tout à la simple
une fois
zin

Cuisine

aloco
aloko
amadam-toto
baiser
blaff
cramique
doux
faire la bouche doux
filet américain
fontine
gombo
gosette
mantègue
mignonnette
pistolet
polente
pomme pétée
pouding tremblette
poutou-poutou
salée
salée au sucre
salée de Corcelles
soupette
tôt-fait
toupine

École

alphabète
année académique
avoir une fourche
beaucoup-connaît
bloque
bloquer
brosseur
cahier de roulement
caïmantage
caïmanteur
campusard, campusarde
candidature
cartouchard
cartoucharde
casser
céfé
concourant
copiétaire
copion
copistateur
copiste
couloir
décrochage
décrocher
décrocheur
décrocheuse
démerdeur
doublant
doubler
doubleur
écolage
élève-couloir
être fourchu
examiner
faire caïman
faire le chat
femme savante
fermeture
fourche
fourcher
gymnase
humaniste
journal de classe
loguer
long-crayon
maîtrisard
maîtrisard-chômeur
manche à balles
minerval
numéro
ouverture
pompidou
préfet
privatiste
raccusette
régent
régente
solutionnaire
sortir de l'humanité
vieux cahier

Éléments

boucane

Énergie

charbon
charbonner
charbonnier
clos d'huile
diallo
huile
monde de l'huile
puits d'huile

Ennui

achalage
achalant
achalanterie
achalement
achaler
achalerie
bâdrant
collant
ennuyant
fâchant

Famille

beau
beaux
bonne femme
bonhomme
commère
compère
cousin à plaisanterie
cousin de plaisanterie
épouse
époux
femme
homme
marié marié
maternels
parent à plaisanterie
paternels
pendu
prémaman

Faune

achigan
agace
anolis
araignon
aronde
bébite à patate
bête à patate
bête longue
bibite à patate
biche cochon
blanchon
bœuf à bosse
bourgmestre
cacado
caïman
canard farouche
capitaine
chabin
chameau
chapeau
cocodrie
cocodrille
colonnaire
couleuvre
couresse
cracheur
crapaud accoucheur
écrevisse
éléphante-appât
endormi
foudi
gazelle corinne
géline
grand bras
grenouille buffle
habitant
héron goliath
indicateur
jacquot
kagou
loup marin
maringouin
maskinongé
matoutou
matoutou-crabe
méhari
mordant
mouche à feu
mouvée
ndagala
notou
oiseau cafard
ouananiche
ouaouaron
ouassou
piac-piac
queue rouge
renard argenté
sangala
sardine
sisserou
suisse
tortue-bon-Dieu
vipère
zozo

Fête

ambiance
ambiancer
ambianceur
bal de maison
bande de raras
bande rara
biguine
boîte à chanson
boumer
boumeur
boun
carême vert
diablesse
ducasse
épluchette
faire l'honneur
faire longue table
fais-dodo
fantasia
fêter
grand mariage
guiblesse
guindaille
guindailler
guindailleur
guindailleuse
indiennat
java
javer
javeur
javeuse
jeu de lumière
mauvais monde
passer la nuit sur la corde à linge
procession dansante
rara
Vaval
vidé
vibreur

Flore

arbre-caca
arbre-cathédrale
azobé
bilinga
bleuet
bois de fer
bonjour-bonsoir
bozaka
brousse
coco de mer
coco fesse
douka
fleur farouche
herbe à couresse
iris de Tanger
iroko
moabi
okoumé
oreille d'éléphant
pacane
pacanier
pacanière
padouk
pamplemoussier
pervenche de Madagascar
saucissonnier
sipo

Fruits

pruneau

Habillement

abacos
babi
babouche
bas-culotte
bottine de ski
braillé
brassière
camisole
capot
chaîne
chandail
claque
costume cravaté
costume de bain
cuissettes
culotte
culotte grandes manches
en attendant
éponge
être dedans
être habillé comme un paon
être sapé à mort
faire la galanterie

faire le galant
fleur de mariage
fourrer
jaguar
jazz
jazzeur
J.P.
lichette
machine
madras
mari-capable
mézhabit
mon mari sort je sors
nuage
œil de ma rivale
pagne
pagneuse
pet-pet
robeuse
S.A.P.E.
saper
sapeur
sentimental
slipé
soutien
suspente
tapette
tip top
tire-éclair
tirette
yeux voient bouche parle pas

Humeur

attraper le black
avoir la colère
avoir les bleus
avoir son voyage
avoir une brette avec quelqu'un
becqueter
se bouquer
brette
calculer quelqu'un
être comme lait et citron
fichant
foutant
piquer une gueulée
prendre une savonnée
recevoir une savonnée
sénégalaisement

Imaginaire

compter les nattes
rêver aux ours
rêver en couleurs

Information

babillard
babillard électronique
boîte à portraits
carte-vue
case postale
être couranté
CP
être derrière
être derrière comme les fesses
film scabreux
à frais virés
gongon
gongonner
gongonneur
pilier public
programmerie
radio-trottoir
stationner
télébouche
télédjol
télégueule
téléguiole
téléphoniste

Intensité

affreux
d'arrache-poil

Ivresse

aller sur une brosse
avoir les pieds ronds
boire sans finition
bourré comme un trou
brosse
canoter
cuite fédérale
cuveur
cuveuse
décollage
être dans une soulade
être en brosse
être ivre comme un macaque
être sur la brosse fédérale
gazé
monter dans la lune
partir sur la baloune
pintocher
pintocheur
pintoiller
pintoilleur
prendre une brosse
rhumé
rond comme une boule carrée
soulaison

Jeu

balance
beloter
capoter
se faire capoter
faire coustique
faire piécoco
glissade
jouer canettes
jouer contre
jouer couque
jouer couque caché
jouer couque maillé
jouer simple
machine à boule
mailler
pit
prendre à sans
touter

Langues

amérindianisme
débrouillé
fon
joual
luxembourgisme
mettre l'air dans la parole

Légumes

chicon
légumier
oreille à cochon
oreille de porc
patate douce
patate jaune
yam
zognon

Maison

ajoupa
apatamer
borgnette

cabanon
caborgnon
carbet
case
caye
chambrer
chambreur
changement d'air
chez nous
dévaloir
entrer-coucher
frapper la main
habiter contigu
îlet
locataire
locateur
maisonnier
maisonnière
mayen
montagnette
pataterie
potopoteux
potopoto
quartier
serruté
taudisard
vivoir

Ménage

assiette fond
assiette profonde
boule à mites
brin
brin d'allumette
broche à linge
brosse
bûchette
bûchette d'allumette
cabaret
caisse-popote
calebasse
carreau
chenit
commissionner
couloir
couverte
débarbouillette
débarbouilloir(e)
douillette
drap de main
drap de maison
drap de vaisselle
épingle double
épingle à linge
éventail
flèche
fournaise
imperdable
lavette
linge
linge de bain
linge de toilette
loque à poussière
loque à reloqueter
ménager
ménagerie
ordurière
ouvrir le linge
panosse
panosser
pelle à balayures
pelle à chenit
pellette
phosphore
plumon
porte-ordures
porte-poussière
prendre les poussières
ramasse-poussière
ramassette
ramassoire
savonnée
serviette
sous-tasse
se toiletter
vadrouille
vassingue
vidanges

Merveilleux

bain de chance
bain démarré
démarabouter
démarré
démarrer
djinn
Maman d'l'eau
marabouter
protègement

Métiers

annonceur
babouchier
commis de la barre
contremaîtresse
coureur de bois
démarreur sexuel
dinandier
gardien de voiture
gardinier
graisseur
légumier, légumière
madame-bagages
regonfleur de pneus
sommelière
verdurier

Mobilier

berçante
berce
berceuse
bois de cul
dodine
éventail

Mort

aller au paradis avec ses souliers
avoir déjà
coco taillé
être regretté
lettre de mort
mourir dans les cheveux noirs
mourir sans ti-bois ni trompette
regretté, regrettée

Musique

chef tambourinaire
cora
coriste
khênes
kora
koriste
manyang
musique à bouche
musique à bras
ruine-babine
sabar
tabala
tama
tambour
tamtam
tamtameur
tamtameuse
tamtamier
taratater
ti-bois

Nature

aller à la commode
aller aux besoins
aller au bord

aller au fleuve
aller au marigot
aller en brousse
besoin
cabiner
descendre au fleuve

Navigation

bac
banquais
banqué
banquier
barachois
boutre
canoé
canoé canadien
canot
canotable
canoter
canoteur
chaloupe
clavé
Dien-Bien-Phu
doré
doris
faire du canotage
malle
nacelle
pêcher à Miquelon
traversier

Noms de famille

Anne-Marie Claude
Antoine Dieujuste
Antoine Titus
Arnold Démosthène
Henri-Robert Octavius
Jacques-Joseph Camille
Jean-Claude Armand
Jean-Jaunasse Élysée
Jean-Marcellus Paul
Jean-Marie Jean
Jean-Philippe Auguste
Jean-Philippe Nestor
Jean-Robert Bernard
Julio Zéphirin
de Latour
Marie-Alice Neptune
Marc-Antoine Chrysostome
Marie-Maud Guerrier
Olive Saint-Louis
Pierre-Richard Ambroise
Raymond Pompée

Noms d'habitants

Akulivimiuq
Beauchasseur
Bellechasseresse
Béninoise
Bonaventurien
Bonaventurienne
Buckinois
Cap-Chatien
Cap-Chatienne
Contrecœurois
Contrecœuroise
Forestois
Grands-Ducaux
Grand-Mérois, Grand-Méroise
Kangiqsujuarmiuq
Pointelier, Pointelière

Noms de lieux

Cap-Gargantua
Flic-en-Flac
Gros-Ilet

Objets

affile-crayon
aiguise-crayon
aiguisoir
anneaux créoles
balambo
barlette
barreau
boursac
broche
broche piquante
canne de ski
chaîne forçat
chosette
collier-chou
collier-grain d'or
créoles
efface
forçat
garantie
garde-corps
macoute
mouchenez
piolet
piroguier
soubique
traîneries
valise diplomatique
vidange

Ordre

ordré
propre en ordre

Personnages

académicien
asso
babine de velours
bacoulou
badaud
bandicon
bastos
bilaneur
blédard
bordel
bordelle
bordier
bouffon
bras long
broussard, broussarde
cacaba
caravanier
carriériste
catiche
commandeur
con carré
couillon carré
coule
couloirdeuse
cuscute
déconnard
deux doigts
dindoune
échangère
faire le golo
fais-chier
fend-l'air
fille-bordelle
frotte-manche
frotteur de manche
gavroche
golo
gourde
grand
grand quelqu'un
grand type
grimpion
griot
griotte
gros cul
haute altitude neigeuse

homo
individu
madame-salon
maillou
mailloucratie
maillouse
mama-Benz
mêle-tout
nana-Benz
nanou
omo
pamplemousse
personne exceptionnelle
piétonne
pousse-pousseur
promotionnaire
raccusette
samaritain
samaritaine
sans-cas
sans-dessein
scandaleuse
s'en fout la mort
s'en fout la peur
siphonneux
tireur
tireur de pousse
tireur de pousse-pousse
tonton-macoute
touloulou
tourneur
traineux
traiteur
typesse
vestiairiste
vibreur
vieux capable
vire-capot
volée de camarades
zoreil(le)
zoungueur

Peuples

Acadien, Acadienne
Alémanique
Béké
Cadien
Cadjin, Cadjine
Cafre
Capre, Capresse
Chabin, Chabine
Créole
Franco
Franco-américain
Grand Blanc
Grand Dérangement
Malabar
Métropolitain
Mulâtre
Petit Blanc
Petit Canada
Romand
Zarab
Zoreil

Physique

barquettes
cintré
cocasse
coco de tête
court
digaule
être laid comme un frisé
faire la beauté
faire la taille
flanquée
gras comme un suisse
grassir
jotté comme un suisse
joufflu comme un suisse
long
long homme
longueur
mémé
minçolet
minette
plein comme un suisse
ventre-madame
ventre-tout-le-monde

Politique

assainir
chef de bande
chefferie
chêqueur
cométat
commissaire
commissaire d'État
commissaire du peuple
commissaire politique
commissaire régional
commissaire sous-régional
commissaire urbain
coopérer
demeurer sur la clôture
droit d'initiative
être dans l'eau bouillante
faire couloir
faire les couloirs
honorable
initiative populaire
ligne verte
mettre sur la tablette
MRP
parentisme
PAM
Parti Québécois
P.Q.
Premier Commissaire d'État
référendum
votation
zondement
zondomisation
zondomiser

Quantité

aune
calebassée
carreau
charge
entièreté
en titi
huitante
kapaoka
macoute
marmite
monde
nonante
pied
septante
trâlée
trôlée

Relief

avant-plan
bayou
bistouri
chantoir
fagne
les bas
les hauts
maman-saut
morne
piton
saut

Religion
abbé
circoncier
ministre
père
rongeur de balustre

Repas
collation
déjeuner
dîner
dix-heures
goûter
souper

Réunion
abbaye
abbé-président
s'absenter
avoir de la grande visite
avoir de la visite rare
se faire prénoter
faux rendez-vous
prénoter
trouver porte de bois

Route
casser un contour
contour
crevaison
croissant
cul-de-sac
débarcadère
détour
détournement
drève
évitement
grenailles errantes
marcher à la zaïroise
point rond
tablettes de chocolat
tôle ondulée
trace
verser la route
voler
von
zone de touage

Santé
apollo
bonbon-fesses
chaos
dédevenir
feu sauvage
grande maladie
injecter
injection
péclot
pécloter
piqûre
rempironner
renmieuter
SIDA

Sentiment
abominer
avoir un coup de soleil pour quelqu'un
caponner
dérespecter
insolenceté
s'émoyer
faire Sankara
faire sans-cas
frousser
en heures CFA
se mélancoliser
monter la grandeur à quelqu'un
monter solo
piquer un soleil
redouter
sampant
sampante
siquilidatif

Son
bacchanal

Sport
aller aux oranges
anti
bassin de natation
bâton
cabiner le ballon
cache-pinotte
casser le record
compétir
coq
coup de coin
faire le boum-boum
goalier
halle de gymnastique
ivoirien
jouer cocobionco
patin
portier
rondelle
salle de quilles
salon de quilles
surtemps
tour du chapeau
trottine

Tabac
boire une cigarette
chanvreur
cigaretter
rouleuse
sept centimètres
taponner
taponneuse

Temps
après quatre heures
A.P.S.
au plus sacrant
avant-jour
avant-nuit
avant-midi
cadran
en criant ciseau
espérer
fin de semaine
fondre comme mantègue au soleil
heure africaine
heure de Paris
heurette
hier nuit
hivernage
marché
moins
piquette du jour
quart d'heure académique
saison-pluie
séance académique
serein
soir
sur le serein

Transport
aubette
autogare
avoir vu passer les gros chars
babi
bac de nuit

bâché
bâchée
barrière
bombe
bordiers autorisés
bouteur
cabrouet
caluger
car-brousse
casser le contour
char
char à passagers
cogner
cul blanc
cul vert
cyclopousse
débusqueuse
se déplacer
espace
essencerie
essencier
être un véhiculé
être voituré
gentil car
gros chars
lampion
se luger
méharée
se mettre sur le bœuf
mille-kilo
motoneige
motoneigisme
motoneigiste
navetteur, navetteuse
passer la renverse
salon
sans-payer
tableau
tableau d'arrêt
tableau de limitation de vitesse
tap-tap
taxi-brousse
taxieur
véhiculé
vélo poum-poum
voituré
vol nolisé

Travail

accrocher ses patins
acter
aller à la grève
aller en grève
berceuse
boyesse
compresser
descendre
descente
double gong
être bien situé
faire du piquetage
faire ses besoins
fille
fonctionner
gagner son mil
gagner une patate
gong unique
gréver
heure des travaillants
jobine
lâcher la patate
mettre sur la tablette
montée
monter
nounou
pensionné
piquetage
piqueteur
piqueteuse
planton
prendre sa pension
protocole
rétroactes
retrousso-manchisme
salle académique
surtemps
tablettage
tablette
tabletté
tablettée
tabletter
tâcheron
tâcheronnat
transféré
vidangeur, vidangeuse

Ville

ksar
ksour
médina

Voyage

aller en ville
aller par train onze
aller train onze
faire du pouce
faire le pied
gratter
occasion
partir en pouce
piétiner
pouce
prendre la ligne onze
prendre le train onze
prendre son pied la route
salle de passage
taper à pied
train onze
trouver un pouce
vaguer
voiture d'occasion
voyager en pouce
voyager par occasion

Index des mots étrangers cités

Index des noms savants cités

Quelques faits grammaticaux notables des mots de la francophonie

Abréviation (mot résultant de l'abrègement d'un ou plusieurs éléments) : *Franco, macas, soutien, stratif...*

Antonomase (nom propre passé à un nom commun) : *gavroche, golo...*

Argot (code institué au sein d'une langue par une communauté restreinte, notamment à des fins cryptiques) : *garce, poigner, rincer ses yeux, se saper, typesse...*

Banalisation (résultat de la perte de certaines connotations) : *se démerder...*

Composition (mot issu de l'association d'un ou plusieurs autres mots) ; *hisser-pousser, mouchenez, radio-trottoir, tire-éclair, ton pied mon pied, vélo poum-poum...*

Calque (mot ou expression traduit de manière littérale d'une langue étrangère) : *avoir les bleus, bourgmestre, chien chaud, crème molle, éventail, fin de semaine, gant de Paris, huile, magasinage, marcheur, nuage, numéro, parler à travers son chapeau, passer la renverse, prénoter, privatiste, tomber en amour, tour du chapeau...*

Créolisme (mot ou expression issu du créole ou conservé par lui) : *bailler, casser, s'entendre comme lait ac citron, être sérieux comme un pain rassis, fondre comme mantègue au soleil, bo, lélé, sauter, pié, ti punch...*

Déconnotation (disparition dans un mot d'une connotation, particulière) : *faire ses besoins, gargote, se démerder...*

Dérivation morphologique (création au moyen d'un préfixe ou d'un suffixe) : *cabiner, cadeauter, camembérer, chambrer, chéqueur, chocatif, chosette, cigaretter, compétir, couloirdeuse, couteauner, cuveur, dallasser, débrouillé, débusqueuse, décauser, déconnard, démerdage, essencerie, foresterie, frousser, garcerie, gossette, gréver, loguer, maisonnier, maîtrisard, mémérer, minçolet, navetteur, neigeotter, nettoyeur, niaiseux, ordré, ordurière, pataterie, promotionnaire, réciproquer, renardière, sapeur, saucissonier, sénégalaisement, siester, slipé, sommelière, soupette, tamtameur, taudisard, touter, trottoire, typesse, vaguer, véhiculer, vestiairiste, vibreur, vigiler, voyoucratie...*

Dérivation sémantique (création d'un sens nouveau dans un mot d'usage courant) : *académicien, affairé, affreux, s'amarrer, ambassade, ambiance, assainir, aubette, avocat, badaud, balle perdue, cerise, chameau charrue, cocasse, collation, commandeur, composer, conjoncture, couenne, crevaison, débarcadère, décollage, déficitaire, déloger, dépanneur, dépareiller, désarmer, descente, déserteur, détournement, dispendieux, fermer les yeux, fonctionner, fournaise, goûter, graisser, dispendieux, fermer les yeux, fonctionner, fournaise, goûter, graisser, gros mot, humaniste, individu, lampion, liqueur, londonienne, lumière, magot, ménagerie, milicien, morale, pamplemousse, parcourir, piolet, planton, porte, portier, protocole, reliquat, salon, samaritaine, savonnée, sentimental, tabagie, taper, verser, vidange...*

Désacralisation (passage d'un sens religieux à un sens profane) : *abbaye, ducasse...*

Dialectalisme (mot ayant un usage dans une aire linguistique restreinte) : *agace, aronde, chicon, espérer, loque à reloqueter, mêle-tout, mignonnette...*

Distributivité (aptitude d'un mot à désigner des objets de façon individualisée) : *monde...*

Emprunt (mot étranger circulant dans une langue donnée) : *anolis, dada, foudi, sangala, sisserou, tamourt...*

Euphémisation (fait d'atténuer par l'expression une réalité jugée brutale) : *âge d'or, grande maladie, personne exceptionnelle, regretté...*

Epicénie (forme qui reste identique au féminin et au masculin) : *contremaîtresse.*

Féminisation (création d'une forme féminine) : *conseillère fédérale, contremaîtresse...*

Francophonisme (mot ou expression utilisé par une ou plusieurs communautés francophones) : *garçon, mignonnette...* (voir aussi l'avant-propos).

Franglicisme (mot ou expression formé de français et d'anglais) : *attraper le black, avoir les blues, c'est l'fun...*

Gentilé (nom d'habitant) : *Cap-Chatien...*

Homonyme (mot qui se prononce de la même façon qu'un autre, mais d'orthographe et de sens différents) : *quatre fois cinq...*

Juron (mot ou expression à portée blasphématoire) : *sacrer comme un bûcheron, Tonneau...*

Litote (figure d'atténuation qui consiste à faire entendre le plus en disant le moins) : *c'est pas pire...*

Métathèse (inversion d'une lettre ou d'une syllabe dans un mot) : *placoter...*

Métonymie (figure par laquelle un ensemble est désigné par l'une de ses caractéristiques ou parties : *ambiance, piroguier, sept-centimètres, soupe...*

Mot-valise (mot fait par troncation et association d'autres mots) : *abacos, boursac, cadonner, discute, gardinier, retrousso-manchisme...*

Patronyme (nom de famille) : *de Latour, Jean-Philippe Nestor...*

Petit d'animal : *blanchon...*

Réactivation (fait de redonner à un mot un sens ancien ou le sens exact de tous les éléments qui le composent) : *citoyen, redouter...*

Sigle (mot qui se compose de la première lettre de chacun des mots d'un syntagme) : *A.P.S., A.T.Z., J.P.* ...

Survivance (mot qui subsiste dans une ou plusieurs zones géographiques restreintes) : *bailler, balle, barguigner, brette, breuvage, cachemaille, caponner, carreau, chaleureux, claque, compère, couverture, géline, huitante, régent...*

Terme technique (mot employé particulièrement dans un contexte technique) : *aronde...*

Troncation (mot résultant de la disparition et de la déformation d'un ou plusieurs de ses éléments) ; *afro, clando...*

Verbe du premier groupe (verbe en -er) : *arriérer, circoncier, enceinter...*

Xénisme (mot étranger qui s'est peu à peu acclimaté dans une langue) : *ksar...*

Indications bibliographiques
(monographies lexicales)

A.E.L.I.A., *Inventaire des particularités lexicales du français au Mali*, C.N.R.S., Nice, 1982, 271 pages.

Bergeron (Léandre), *Dictionnaire de la langue québécoise,* V.L.B. éditeur, Montréal, 1981, 168 pages.

Bondé (Jacques), Dumont (Pierre), Gontier (Dominique), *Lexique du français du Sénégal,* Les nouvelles éditions africaines, Dakar, 1979, 160 pages.

Boulanger (Jean-Claude), Dubuc (Robert), *Régionalismes québécois usuels,* Conseil international de la langue française, Paris, 1983, 227 pages.

Carayol (Michel), *Particularités lexicales du français réunionnais,* Nathan, Paris, 1985, 389 pages.

Chaudenson (Robert), *Les créoles français,* Nathan, Paris, 1979, 272 pages.

Dagenais (Gérard), *Dictionnaire des difficultés de la langue française au Canada,* Les éditions françaises, Boucherville, 1984, 540 pages.

Derible (Marc), *Mots et expressions de Saint-Pierre-et-Miquelon,* Imprimerie administrative, 1986, 111 pages.

Desruisseaux (Pierre), *Le livre des expressions québécoises,* Hurtubise H.M.H., Ville Lassale, 1979, 278 pages.

Doppagne (Albert), *Belgicismes de bon aloi,* Office du bon langage, Bruxelles, 1979, 192 pages. *Les régionalismes du français,* Duculot, Paris-Gembloux, 1978, 96 pages.

Dugas (Jean-Yves), *Répertoire de gentilés du Québec,* Québec, 1981, 58 pages.

Équipe I.F.A., *Inventaire des particularités lexicales du français en Afrique Noire,* Aupelf-Acct, Paris, 1983, 550 pages ; 2e édition Edicef-Aupelf, Paris, 1988, 444 p.

Germain (Robert), *Grammaire créole,* L'Harmattan, Paris, 1980, 303 pages.

Griolet (Patrick), *Cadjins et Créoles en Louisiane,* Payot, Paris, 1986, 387 pages. *Mots de Louisiane,* Acta Universitatis Gothoburgensis, L'Harmattan diffusion, Paris, 1986, 396 pages.

Hanse (Joseph), Doppagne (Albert), Gielen (Hélène), *Chasse aux belgicismes,* Fondation Charles Plisnier, Bruxelles, 1971, 166 pages. *Nouvelle chasse aux belgicismes,* Bruxelles, 1974, 193 pages.

Martin (Jean-Pierre), *Description lexicale du français parlé en Vallée d'Aoste,* Musumeci Éditeur, Mons, 1984, 203 pages.

Naaman (Abdallah), *Le français au Liban,* Éditions Naaman, Paris-Beyrouth, 1979, 278 p.

Office de la Langue Française du Québec, *Répertoire des avis linguistiques et terminologiques,* Gouvernement du Québec, Québec, 1986, 179 pages.

Paquot (Annette), *Les Québécois et leurs mots,* Conseil de la langue française, Les Presses de l'Université Laval, Québec, 1988, 127 pages.

Pidoux (Edmond), *Le langage des Romands,* Ensemble, Lausanne, 1984, 173 pages.

Poirier (Pascal), *Glossaire acadien,* Université de Moncton, 1977, 466 pages. *Dictionnaire du français québécois,* Les presses de l'Université Laval, Sainte-Foy, 1985, 167 pages.

Pompilius (Pradel), *La langue française en Haïti,* Université de Paris, Paris, 1961, 278 pages.

Trésor de la langue française au Québec, *Dictionnaire du français québécois,* Les presses de l'Université Laval, Sainte-Foy, 1985.

Valdman (Albert), *Le créole : structure, statut et origine,* Klincksieck, Paris, 1978, 403 pages.

Valdman (Albert) (sous la direction de), *Le français hors de France,* Champion, Paris, 1979, 688 pages.

ANNEXES
SUR LA FRANCOPHONIE
DANS LE MONDE

Situation de la langue française dans les pays, provinces ou communautés évoqués dans ce livre

Belgique (Royaume de —; 10 millions d'habitants)

Des révisions constitutionnelles et des dispositions légales échelonnées au cours des vingt-cinq dernières années ont institutionnalisé la répartition territoriale des langues en Belgique : néerlandais en zone flamande, français en Wallonie, allemand dans les cantons de l'Est, et bilinguisme officiel franco-néerlandais dans la zone de Bruxelles capitale, avec régime de protection pour les minorités dans quelques zones limitrophes.

Bénin (République populaire du —; 4,3 millions d'habitants)

La langue officielle du Bénin, ancien Dahomey, est le français. Six langues africaines y ont en outre une extension importante ; le fon, le goun, l'adja, le yorouba, le dendi et le bariba. La politique linguistique est élaborée par le Centre béninois des langues étrangères.

Burkina Faso (Burkina Faso ; 7,3 millions d'habitants)

Le français est langue officielle. La langue la plus parlée est le moré (70 % de la population) ; viennent ensuite le peul et le dioula.

Burundi (République du —; 5 millions d'habitants)

Les langues officielles sont au Burundi le français et le kirundi ; celui-ci est parlé par la majorité de la population et le français est principalement utilisé dans l'administration et dans l'enseignement.

Cameroun (République du —; 11 millions d'habitants)

Le français et l'anglais, langues des puissances coloniales qui ont administré le Cameroun, sont langues officielles. Plus d'une centaine de langues vernaculaires sont parlées sur le territoire.

Canada (Confédération canadienne ; 23 millions d'habitants)

Les deux langues officielles du Canada sont le français et l'anglais. Leur usage respectif est cependant réglementé par tout un ensemble de textes, dont la loi constitutionnelle de 1867, la loi sur les langues officielles, la Charte des droits et des libertés, etc., assorties des lois ou règlements particuliers aux dix provinces, comme la loi 101 sur l'usage de la langue française du * Québec. A l'exception de ce dernier où les Francophones sont majoritaires, du * Nouveau-Brunswick et de l'Ontario où la communauté francophone est assez importante, le Canada est à une forte majorité anglophone.

Canton du Jura (République et canton du Jura ; 70 000 habitants)

Le Jura suisse, rattaché naguère au canton de Berne, est devenu canton à part entière de la Confédération helvétique le 20 mars 1977. A cette date en effet sa constitution fut soumise à un vote populaire, et approuvée ; celle-ci stipule en son article 3 : « le français est la langue nationale et officielle de la République et canton du Jura ».

Cap-Vert (310 000 habitants)

Le portugais est langue officielle. La langue la plus utilisée est un créole formé sur une base portugaise semblable à celui parlé en Guinée Bissau.

Centrafrique (République centrafricaine ; 2,8 millions d'habitants)

Le français est langue officielle. Le sango, langue nationale, est largement répandu, ainsi que le gbaya et le banda.

Comores (République islamique des —; 380 000 habitants)

Le français est la langue officielle des Comores, avec l'arabe, deuxième langue. Le comorien, dérivé du swahili, est langue nationale.

Congo (République populaire du —; 2,1 millions d'habitants)

Le français est la langue officielle du Congo, mais la langue la plus répandue est le kikongo, parlé par plus de 500 000 habitants. Le groupe des langues bantoues y est bien représenté, notamment par le kikongo et par le lingala, également parlés au * Zaïre.

Côte-d'Ivoire (République de —; 10,8 millions d'habitants)

Le Français est langue officielle. Plus de soixante langues africaines sont parlées en Côte-d'Ivoire, notamment le baoulé, et le dioula, proche du bambara du Mali.

Djibouti (République de —; 380 000 habitants)

Les langues officielles sont le français et l'arabe, le français étant la langue de l'administration. La population parle essentiellement l'assar et le somali.

Dominique (La —; 80 000 habitants)

L'anglais est la langue officielle de cette île des Antilles. La langue véhiculaire est cependant le créole, proche de celui qui est parlé à la Martinique, mais plus anglicisé. Le français est essentiellement langue d'enseignement.

Égypte (République arabe d'—; 40 millions d'habitants)

L'arabe est la langue officielle de l'Égypte. Le français y est surtout langue de culture, ce qui est notamment dû au fait qu'il est deuxième langue obligatoire à l'école secondaire (16-19 ans), et qu'il a une place importante dans l'enseignement supérieur.

États-Unis (240 millions d'habitants)

L'anglais a été officiellement institué langue de certains États en raison de la poussée de l'espagnol. D'après le Conseil de la langue française du Québec et l'Institut de recherche sur l'avenir du français, plus de 2 millions d'Américains sont de langue maternelle française, 300 000 le conservant comme langue principale d'usage, et 900 000 l'utilisant souvent en milieu familial.

France (République française ; 57 millions d'habitants)

Le français est la langue officielle en France comme l'énonce la loi du 31 décembre 1975. Un certain nombre de langues régionales — basque, breton, catalan, corse, etc. — ou d'immigration — arabe, espagnol, portugais, etc. — jouissent de statuts particuliers ; elles sont représentées au sein du Conseil national des langues et cultures de France.

Guadeloupe (Département de la —; 328 000 habitants)

Le français est la langue officielle de la Guadeloupe comme celle de chacun des départements français. Le créole est aussi largement employé. La première Secrétaire d'État à la francophonie, originaire de ce département, s'exprime aussi bien en français qu'en créole.

Guyane (Département de la —; 73 000 habitants)

Créole et français sont les deux langues les plus couramment utilisées. Cependant chaque ethnie amérindienne possède sa propre langue maternelle (galibi, arawak, wayana, etc.).

Martinique (Département de la —; 328 000 habitants)

Le créole et le français sont couramment employés. On note comme dans les autres départements des Antilles, une utilisation très large du créole dans les campagnes, et un usage simultané des deux langues en milieu urbain.

Réunion (Département de la —; 515 000 habitants)

Français et créole sont les deux langues les plus courantes à la Réunion. Une assez grande proportion d'analphabètes contribue à un unilinguisme créole assez répandu.

Saint-Pierre-et-Miquelon (Département de — ; 6 000 habitants)

La langue française est seule utilisée dans l'archipel.

Nouvelle-Calédonie (Territoire de la —; 135 000 habitants))

La langue française est la langue véhiculaire de cette île qui compte une trentaine de langues diversifiées elles-mêmes en une cinquantaine de variétés régionales. Cette diversité linguistique, eu égard au nombre de locuteurs, est une situation assez exceptionnelle.

Polynésie française (Territoire de la —; 140 000 habitants)

La langue tahïtienne est très largement employée en Polynésie française aux côtés du français ; elle est enseignée à l'école maternelle et dans le primaire, et devient ensuite, dans le second degré, une matière à option. Sur décision de l'assemblée territoriale, elle peut être remplacée dans certaines écoles maternelles ou primaires par l'une des autres langues polynésiennes.

Gabon (République du —; 1,3 million d'habitants)

Aux côtés du français, langue officielle, existent au Gabon près de trente langues africaines du groupe bantou (mpongwé à Libreville, yipounou aux alentours de Franceville, etc.). Depuis octobre 1988 fonctionne au sein du ministère de la Culture, des arts et de la communication, un service des affaires francophones.

Guinée (République de —; 6,4 millions d'habitants)

Le français est langue officielle. Les langues les plus utilisées sont le pular, le malinké et le soussou. L'Académie des langues nationales, instaurée en 1972, est chargée de veiller au développement des langues parlées sur le territoire.

Guinée Bissau (République de —; 600 000 habitants)

Le portugais est la langue officielle de la Guinée Bissau, pays qui comprend une trentaine de groupes ethniques ayant chacun sa langue. Un créole portugais est très largement répandu dans ce pays où le français est surtout langue de culture.

Guinée équatoriale (293 000 habitants)

La langue officielle est l'espagnol. Plusieurs langues africaines sont également parlées, notamment le fang. Le français devient de plus en plus utilisé, notamment dans les relations internationales.

Haïti (République d'—; 5,4 millions d'habitants)

Le créole est venu rejoindre le français comme langue officielle de la République d'Haïti. La constitution de mars 1987 précise en effet que « tous les Haïtiens sont unis par une langue commune : le créole » et son article 5 stipule explicitement le statut officiel des deux langues. Le créole demeure le seul moyen de communication pour près de 90 % de la population.

Laos (République démocratique du —; 3,5 millions d'habitants)

La langue officielle est le laotien (lao). Le français, enseigné comme langue vivante dès la sixième, est surtout utilisé dans les relations internationales.

Liban (République libanaise ; 3 millions d'habitants)

Le statut des langues n'a pas été clairement tranché dans la constitution libanaise issue de l'indépendance. Les langues les plus parlées sont l'arabe et, dans une moindre mesure, le français et l'anglais.

Louisiane (État de —; 4,2 millions d'habitants)

Depuis 1968, le bilinguisme de la Louisiane est reconnu par un acte voté par le parlement et la chambre des représentants, reconnaissant le statut du français. L'État est doté d'un organisme officiel, le CODOFIL (Conseil pour le développement du français en Louisiane), rattaché au département de l'éducation ; il est composé de cinquante membres nommés par le gouverneur de la Louisiane.

Luxembourg (Grand Duché de —; 370 000 habitants)

Le français est la langue officielle du Luxembourg, qui rédige ses lois et ses textes administratifs en cette langue et l'emploie couramment sur la scène internationale. Mais le français n'y est que très rarement langue maternelle, comme l'est le luxembourgeois consacré langue nationale par une loi de 1984 ; c'est en effet en luxembourgeois que se déroule l'essentiel de la vie quotidienne. L'allemand tient également une grande place au côté du luxembourgeois, notamment dans l'enseignement.

Madagascar (République malgache ; 10 millions d'habitants)

Le malgache est la langue officielle de Madagascar ; après une période de malgachisation intensive, le français recommence à occuper une place relativement importante à l'école et dans les échanges avec l'étranger.

Mali (République du —; 840 000 habitants)

Aux côtés du français, langue officielle au Mali, quatre langues ont le statut de langues nationales : le bambara, le peul, le songhay et le tamachec. La radio diffuse cependant des émissions et des informations en de nombreuses autres langues ou dialectes parlés au Mali, tels le wolof, le bobo, le maure, etc.

Maroc (Royaume du —; 24,4 millions d'habitants)

La langue officielle est l'arabe. La grande majorité de la population parle un arabe dialectal et la minorité a conservé le berbère pour langue maternelle. Le français, très largement parlé par les couches instruites de la population, a une grande importance dans les relations avec l'étranger.

Maurice (Ile —; 1 million d'habitants)

L'anglais est la langue officielle de l'Ile Maurice ; la langue de la vie courante est cependant le créole, assez proche de celui qui est parlé à la Réunion. Entre le créole et l'anglais, le français, enseigné dès la petite école, reste une langue de prestige assez largement utilisée.

Mauritanie (République islamique de —; 2 millions d'habitants)

L'arabe et le français sont les deux langues officielles de la Mauritanie. Y sont également parlés des dialectes arabes, dont l'hassanya, et des langues du groupe peul.

Monaco (Principauté de —; 30 000 habitants)

Le français est la langue officielle. Une loi promulguée en 1987 par le Conseil national de la Principauté de Monaco impose en outre l'utilisation du français dans les entreprises, la rédaction des contrats et les circulaires commerciales. Le monégasque, assez couramment parlé, est enseigné dans les établissements scolaires comme matière à option.

Niger (République du —; 7,25 millions d'habitants)

La langue officielle est le français. Le haoussa et le djerma sont les deux langues les plus parlées ; le tamasheq, le kanouri et le peul sont également très répandus.

Nouveau-Brunswick (Province du —; 710 000 habitants)

Le Nouveau-Brumswick constitue avec le * Québec le plus important foyer francophone en Amérique du Nord. Dans cette province dont le territoire recouvre en partie l'ancienne province d'Acadie, fondée en 1604, le français jouit depuis 1982 d'un statut d'égalité avec l'anglais ; cette reconnaissance est consacrée par la Charte des droits et des libertés.

Nouvelle-Angleterre (New England ; 12 millions d'habitants)

Cette entité regroupe six États américains correspondant aux colonies anglaises qui furent fondées sur la côte atlantique : Maine, New Hampshire, Vermont, Massachussetts, Rhode Island, et Connecticut. La langue majoritairement parlée est l'angloaméricain, avec certaines enclaves bilingues. Près d'un million de personnes sont de souche française ou franco-canadienne.

Québec (Province du —; 5,2 millions d'habitants)

Le français est la langue officielle du Québec ; il est aussi bien langue du travail, langue de l'école que langue de la vie quotidienne. Son utilisation est garantie par la loi 101 promulguée en 1977, et par la Charte de la langue française qui créé trois organismes : Office de la langue française (applications terminologiques), Conseil de la langue française (aménagement linguistique) et Commission de protection de la langue française (défense de l'usager). Le Québec a de plus été reconnu par la Constitution canadienne en 1987 comme société distincte au sein de la Confédération.

Rwanda (République rwandaise ; 6,8 millions d'habitants)

Le Rwanda est l'un des rares pays d'Afrique officiellement monolingue : le kinyarwanda est en effet langue nationale et langue officielle (article 4 de la Constitution) ; il est utilisé par l'ensemble de la population. Aux côtés du kinyarwanda, le français, également langue officielle, est surtout employé dans l'enseignement et dans les transferts technologiques.

Sainte-Lucie (Saint-Lucia ; 110 000 habitants)

La langue officielle est l'anglais. Le français y est compris et souvent parlé. La langue courante est cependant un créole proche de celui de la Martinique, mais formé davantage à base d'anglais.

Sénégal (République du —; 7,1 millions d'habitants)

Le français est la langue officielle. Plus de vingt langues africaines sont parlées sur tout le territoire, parmi lesquelles six ont été décrétées langues nationales : le wolof, très largement parlé, le peul, le diola, le sérère, le malinké et le soninké. Des textes complémentaires règlent l'orthographe et le découpage des mots de certaines de ces langues dans leur transcription en alphabet latin.

Seychelles (République des —; 75 000 habitants)

Les langues officielles sont l'anglais et, depuis 1976, le français. Le créole, à base lexicale française, est la langue la plus couramment parlée.

Suisse (Confédération helvétique ; 6,6 millions d'habitants)

La Suisse a trois langues officielles : le français, l'allemand, l'italien ; et quatre langues nationales : le français, l'allemand, l'italien, et une langue rhétoromane, le romanche. Ce statut implique que les textes officiels émis par l'État fédéral soient traduits dans les trois langues officielles, mais non nécessairement en romanche. Les cantons émettent eux aussi des textes, mais dans des langues privilégiées : français dans la République et canton du Jura, dans le canton de Vaud de Neuchâtel, de Genève, français et allemand dans le canton de Berne, allemand à Zurich, etc. Dans l'enseignement, la règle générale est que les écoliers doivent apprendre obligatoirement une autre langue officielle que celle qu'ils ont comme langue maternelle. La répartition des locuteurs de langue maternelle est de 18 % pour le français, 65 % pour l'allemand, 10 % pour l'italien, et 1 % pour le romanche.

Tchad (République du —; 5,2 millions d'habitants)

Le français et l'arabe sont langues officielles au Tchad. Leur statut est stipulé dans l'Acte fondamental (la Constitution) de 1982.

Togo (République togolaise ; 3,5 millions d'habitants)

Le français est la langue officielle. A ses côtés figurent deux langues nationales : l'éwé et le kabré. Celles-ci sont langue d'enseignement dans le primaire pour l'éwé dans le sud, et pour le kabré dans le nord ; dans le secondaire, c'est le contraire : l'éwé est langue d'enseignement dans le nord, et le kabré dans le sud.

Tunisie (République de —; 7,6 millions d'habitants)

La langue officielle est l'arabe. Le français est cependant très répandu, et couramment utilisé dans l'administration, l'école, les tractations commerciales et les échanges internationaux.

Val d'Aoste (Région autonome de la Vallée d'Aoste ; 100 000 habitants)

La Vallée d'Aoste a le statut de région autonome de la République italienne. L'italien et le français y sont reconnus langues officielles par une loi de l'État (Loi constitutionnelle du 26 février 1948) ; mais en fait, c'est un trilinguisme italien-français-dialecte franco-provençal qui prévaut. Un Office de la langue française a été créé récemment à la Présidence du gouvernement.

Viet-nam (République socialiste du —; 56 millions d'habitants)

La langue officielle est le vietnamien, auprès duquel existent de nombreux dialectes. Le français est essentiellement une langue d'enseignement, aux côtés du chinois, du russe et de l'anglais.

Zaïre (République du —; 32 millions d'habitants)

Le français est la langue officielle. Quatre langues ont en outre été déclarées langues nationales : le kikongo, le lingala, le tchiboula et le swahili.

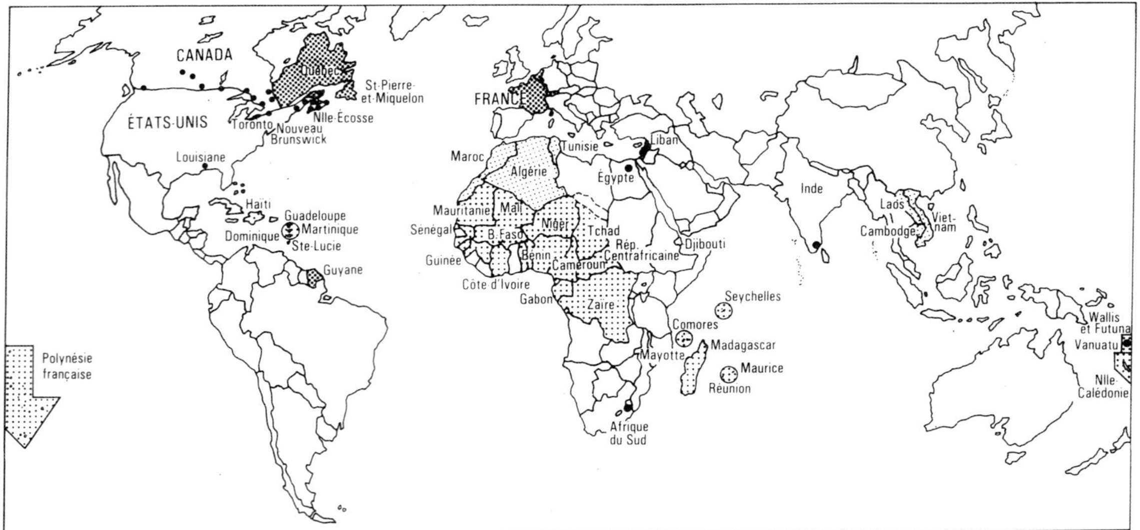

LES PAYS DE LANGUE FRANÇAISE

- Pays ou régions où le français est langue officielle ou maternelle.
- Pays ou régions où le français est langue officielle, administrative ou d'enseignement.
- Pays ou régions où le français est langue d'enseignement.
- ● Minorités francophones.

Estimation du nombre de francophones dans le monde (1)

Afrique

PAYS ou RÉGIONS	Francophones – langue maternelle –	Francophones – langue seconde –	Francophones – total –
AFRIQUE	991 000	26 488 000	27 479 000
au sud du Sahara	633 000	13 585 000	14 218 000
Bénin	20 000	600 000	620 000
Burkina Faso	10 000	400 000	410 000
Burundi	10 000	300 000	310 000
Cameroun	60 000	1 400 000	1 460 000
Centrafrique	10 000	300 000	310 000
Comores	3 000	20 000	23 000
Congo	25 000	500 000	525 000
Côte-d'Ivoire	150 000	2 500 000	2 650 000
Djibouti	15 000	20 000	35 000
Gabon	35 000	300 000	335 000
Guinée	15 000	500 000	515 000
Madagascar	30 000	1 000 000	1 030 000
Mali	10 000	600 000	610 000
Maurice	40 000	300 000	340 000
Mauritanie	8 000	100 000	108 000
Niger	15 000	300 000	315 000
Rwanda	10 000	400 000	410 000
Sénégal	60 000	700 000	760 000
Seychelles	2 000	10 000	12 000
Tchad	10 000	300 000	310 000
Togo	15 000	500 000	515 000
Zaïre	60 000	2 500 000	2 560 000
Angola, Mozambique, Cap-Vert, Guinée-Bissau, Saint Thomas et du Prince, Guinée Équatoriale	1 000	20 000	21 000
République Sud-Africaine	9 000	5 000	14 000
Autres États au Sud du Sahara	10 000	10 000	20 000
Maghreb	350 000	12 700 000	13 050 000
Algérie	150 000	6 500 000	6 650 000
Maroc	130 000	4 000 000	4 130 000
Tunisie	70 000	2 200 000	2 270 000
Afrique du Nord-Est	8 000	203 000	211 000
Égypte	5 000	200 000	205 000
Libye	3 000	3 000	6 000

Estimation du nombre de francophones dans le monde (2)

Amérique et Asie

PAYS ou RÉGIONS	Francophones – langue maternelle –	Francophones – langue seconde –	Francophones – total –
AMÉRIQUE	8 490 000	2 100 000	10 590 000
du Nord	8 300 000	750 000	9 050 000
Canada	6 000 000	350 000	6 350 000
– Québec	(5 000 000)		
– Nouveau-Brunswick	(250 000)	(30 000)	(280 000)
– Ontario	(500 000)	(50 000)	(550 000)
– Manitoba	(60 000)		
États-Unis	1 300 000	400 000	1 700 000
Louisiane	(200 000)	(50 000)	(250 000)
Nouvelle-Angleterre	(500 000)	–	(500 000)
Latine et Caraïbes	190 000	1 350 000	1 540 000
Haïti	50 000	700 000	750 000
Dominique, Grenade, Sainte-Lucie, Saint-Vincent, Trinité et Tobago	10 000	–	10 000
Brésil	50 000	200 000	250 000
Mexique	10 000	50 000	60 000
Autres pays de l'Amérique latine	70 000	400 000	470 000

ASIE	260 000	1 445 000	1 705 000
Proche et Moyen-Orient	197 000	795 000	992 000
Liban	25 000	600 000	625 000
Iran	–	100 000	100 000
Israël	150 000	50 000	200 000
Syrie	5 000	10 000	15 000
Turquie	2 000	30 000	32 000
Autres pays moyen-orientaux	15 000	5 000	20 000
Extrême-Orient	63 000	650 000	713 000
Pondichéry (Inde)	20 000	50 000	70 000
Cambodge	5 000	50 000	55 000
Laos	3 000	20 000	23 000
Viêtnam	10 000	500 000	510 000
Autres pays de l'Extrême-Orient	25 000	30 000	55 000

Estimation du nombre de francophones dans le monde (3)

Europe et Océanie

PAYS ou RÉGIONS	Francophones – langue maternelle –	Francophones – langue seconde –	Francophones – total –
EUROPE	57 594 000	8 415 000	66 009 000
Europe occidentale	57 578 000	7 865 000	65 443 000
Andorre	3 000	10 000	13 000
Belgique	4 150 000	1 300 000	5 450 000
France (avec DOM-TOM)	51 500 000	4 500 000	56 000 000
Espagne	70 000	100 000	170 000
Val d'Aran	(1 000)	–	(1 000)
Grande-Bretagne	10 000	50 000	150 000
Jersey	(5 000)		(5 000)
Italie	80 000	150 000	230 000
Val d'Aoste	(10 000)		(10 000)
Vallées Vaudoises	(2 000)		(2 000)
Luxembourg	50 000	250 000	300 000
Monaco	25 000	5 000	30 000
Suisse	1 300 000	1 200 000	2 500 000
Autres pays d'Europe occidentale	300 000	300 000	600 000
Europe de l'Est	16 000	550 000	566 000
Pologne	2 000	50 000	52 000
Roumanie	1 000	200 000	201 000
Union soviétique	3 000	100 000	103 000
Autres pays de l'Europe de l'Est	10 000	200 000	210 000
OCÉANIE	26 000	80 000	106 000
Vanuatu	1 000	30 000	31 000
Autres pays de l'Océanie	25 000	50 000	75 000
Monde	67 361 000	38 528 000	105 889 000

N.B. – Les expatriés francophones – langue maternelle ou seconde – sont décomptés dans leur pays de résidence.

Sources : Nous avons dû consulter de multiples sources nationales et internationales et procéder par recoupements et projections, dans l'espace et dans le temps. Nos principales sources comprennent les réponses des postes diplomatiques français au questionnaire global d'enquête, les travaux de l'Institut de recherche sur l'avenir du français, la thèse d'Albert Salon sur l'*action culturelle de la France dans le monde,* mars 1981 et, bien sûr, les divers annuaires statistiques, notamment ceux de l'ONU et de l'UNESCO.

Extrait de : *État de la francophonie dans le monde,* Haut Conseil de la francophonie rapport 1985, p. 19-21.

Principaux organismes de la francophonie
(au 15 janvier 1990)

Agence de coopération culturelle et technique (ACCT)
13 quai André-Citroën, 75015 Paris
Tél. 45.75.62.41

Commissariat général de la langue française
32 rue de Babylone, 75700 Paris
Tél. 42.75.80.00

Conférence des ministres de l'éducation nationale des pays d'expression française (CONFEMEN)
BP 4025 Dakar (Sénégal)

Conseil de la langue française

800 place d'Youville, 13e	1410 rue Stanley, 7e
Québec GIR 3P4 (Canada)	Montréal H3A AP8
Tél. (418) 643-2740 et 643-2742	Tél. (514) 873-7029

Conseil de la langue française/Service de la langue française
4-28, Galerie Ravenstein, 1000 Bruxelles (Belgique)
Tél. 513.94.40

Conseil international de la langue française
103 rue de Lille, 75007 Paris
Tél. 47.05.07.93

Conseil supérieur de la langue française
32 rue de Babylone, 75007 Paris
Tél. 42.75.80.00

Délégation générale à la langue française
32 rue de Babylone, 75007 Paris
Tél. 42.75.89.04

Haut Conseil de la francophonie
72 rue de Varenne, 75700 Paris
Tél. 42.75.80.66

Office de la langue française
Tour de la Bourse, case postale 316
800 place Victoria, Montréal H4Z IG8 (Canada)
Tél. (514) 873-4460

Organisation commune africaine et mauricienne (OCAM)
BP 965 Bangui (République Centrafricaine)
Tél. 61.48.31 et 61.33.23

Radio France Internationale (RFI)
116 avenue du Président-Kennedy, 75016 Paris
Tél. 42.30.30.71

Ministère délégué auprès du ministre des Affaires étrangères
7 rue de Talleyrand, 75700 Paris
Tél. 45.56.13.13

Liste des chefs d'État, des chefs de gouvernement et des chefs de Délégation ayant participé aux sommets francophones

Deuxième sommet : Québec, septembre 1987

Belgique, S.E. M. Wilfried Martens, Premier ministre.

Belgique (Bruxelles), S.E. M. Philippe Monfils, ministre-président de la communauté française de Belgique.

Bénin, S.E. M. le général Mathieu Kérékou, Président.

Burkina Faso, S.E. M. Djibrina Barry, ambassadeur en France.

Burundi, S.E. M. le colonel Jean-Baptiste Bagaza, Président.

Canada, S.E. M. Brian Mulroney, Premier ministre.

Canada-Québec, S.E. M. Robert Bourassa, Premier ministre.

Canada-Nouveau Brunswick, S.E. M. Richard Hatfield, Premier ministre.

Centrafrique, S.E. M. Jean-Louis Psimhis, ministre des Affaires étrangères.

Comores, S.E. M. Ahmed Abdallah Abderrahmane, Président.

Congo, S.E. M. Antoine N'Dingaoba, ministre des Affaires extérieures.

Côte d'Ivoire, S.E. M. Siméon Aké, ministre des Affaires étrangères.

Djibouti, S.E. M. Hassan Gouled Aptidon, Président.

Dominique, S.E. Mme Marie-Eugénie Charles, Premier ministre.

Égypte, S.E. M. Boutros-Ghali, ministre d'État aux Affaires étrangères.

France, S.E. M. François Mitterrand, Président, et M. Jacques Chirac, Premier ministre.

Gabon, S.E. M. Omar Bongo, Président.

Guinée-Bissau, S.E. M. Joao Bernardo Vieira, Président.

Haïti, S.E. M. Luc Hector, membre du Conseil national.

Laos (observateur), S.E. M. Lithong Vong Say, ambassadeur auprès des Nations Unies.

Liban, S.E. M. Amine Gemayel, Président.

Luxembourg, S.E. M. Jacques Santer, Président du gouvernement.

Madagascar, S.E. M. le général Moussa Traore, Président.

Maroc, S.E. M. Abdellatif Filali, ministre des Affaires étrangères.

Maurice, S.E. M. Chitmamsing Jesse Ram Sing, haut commissaire mauricien au Canada.

Mauritanie, S.E. M. le colonel Moaouya Ould Sid-Ahmed Taya, Président.

Monaco, S.E. M. Jean Ausseil, ministre d'État, chef de Gouvernement.

Niger, S.E. M. Hamid Algabid, Premier ministre.

Rwanda, S.E. M. le général Juvenal Habyarimana, Président.

Sainte-Lucie, S.E. M. John Compton, Premier ministre.

Sénégal, S.E. M. Abdou Diouf, Président.

Seychelles, S.E. Mme Danielle de Saint-Jovre, secrétaire d'État au Plan et aux Relations extérieures.

Suisse (observateur), S.E. M. Édouard Brunner, secrétaire d'État aux Affaires étrangères.

Tchad, S.E. M. Djibrine Hissein Gunky, ministre de la Culture, de la Jeunesse et des Sports.

Togo, S.E. M. le général Gnassingbe Eyadema, Président.

Tunisie, S.E. M. Hedi Mabrouk, ministre des Affaires étrangères.

Viêtnam, S.E. M. Nguyen Huu Tho, vice-président du Conseil d'État.

Zaïre, S.E. M. le maréchal Mobutu Sese Seko, Président.

Communautés de langue française ayant participé en qualité d'invité spécial aux séances solennelles

Louisiane (États-Unis), S.E. Mme Noëlle Leblanc, secrétaire d'État à la Culture et au Tourisme.

Nouvelle Angleterre (États-Unis), S.E. M. John Sumunu, Gouverneur du New-Hampsire.

Val d'Aoste (Italie), S.E. M. Augusto Rollandin, Président du gouvernement régional.

Troisième sommet : Dakar, mai 1989

Belgique, S.E. M. Wilfried Maertens, Premier ministre.

Belgique, (Communauté française de), S.E. M. Valmy Feaux, ministre président de l'Exécutif de la Communauté française de Belgique.

Bénin, S.E. M. le général Mathieu Kérékou, Président.

Burkina Faso, S.E. M. le capitaine Blaise Compaoré, Président du Front Populaire.

Burundi, S.E. M. Pierre Bouyoya, Président.

Canada, S.E. M. Brian Mulroney, Premier ministre.

Canada-Québec, S.E. M. Robert Bourassa, Premier ministre.

Canada-Nouveau Brunswick, S.E. M. Frank McKenna, Premier ministre.

Cap-Vert, S.E. M. David H. Almada, ministre de la Formation, de la Culture et des Sports.

Centrafrique, S.E. M. Jean-Louis Psimhis, ministre des Affaires étrangères.

Comores, S.E. M. Ahmed A. Abderemane, Président.

Congo, S.E. M. Jean-Baptiste Tati-Loutard, ministre de la Culture et des Arts, chargé du Tourisme.

Côte d'Ivoire, S.E. M. Félix Houphouët-Boigny, Président.

Djibouti, S.E. M. H. Hassan Gouled, Président.

Dominique, S.E. Madame Marie-Eugénie Charles, Premier Ministre.

Égypte, S.E. M. le docteur Boutros Ghali, ministre d'État aux Affaires étrangères.

France, S.E. M. François Mitterrand, Président.

Guinée-Bissau, S.E. M. le général Joab Vieira, Président du Conseil d'État.

Guinée-Équatoriale, S.E. M. Obiang Nguema Mbansogo, Président.

Haïti, S.E. M. Yvon Perrier, ministre des Affaires étrangères.

Laos, Soubanh Srithirath, vice-ministre des Affaires étrangères.

Liban, S.E. M. Adel Ismaïl, ambassadeur du Liban auprès de l'Unesco.

Luxembourg, S.E. M. Robert Krieps, ministre des Affaires culturelles, de la Justice et de l'Environnement.

Madagascar, S.E. M. Jean Bemananjara, ministre des Affaires étrangères.

Mali, S.E. M. Moussa Traoré, Président.

Maroc, S.E. M. Azzedine Laraki, Premier ministre.

Maurice, S.E. M. Satcam Boolell, vice-Premier ministre, ministre de la Justice, des Affaires étrangères et de l'Émigration.

Monaco, S.E. M. Jean Ausseil, ministre d'État.

Niger, S.E. M. Ali Saibou, Président.

Rwanda, S.E. M. Juvenal Habyarimana, Président.

Sénégal, S.E. M. Ibrahime Fall, ministre des Affaires Étrangères.

Seychelles, S.E. Madame Danielle de St-Jorre, Secrétaire d'État aux Relations extérieures.

Suisse, S.E. M. Klaw Jacobi, Secrétaire d'État aux Affaires Étrangères.

Tchad, S.E. M. Ibn Oumar Acheik, ministre des Relations extérieures.

Togo, S.E. M. le général Ngassingbe Eyadema, Président.

Tunisie, S.E. M. Hedi Baccouche, Premier ministre.

Viêt-nam, S.E. M. Nguyen Huu Tho, vice-président du Comité d'État des Sciences et des Techniques.

Zaïre, S.E. M. le maréchal Mobutu Sésé Séko, Président.

Observateur :

Cameroun, S.E. M. Luc Ayang, Président du Conseil économique et social.

Délégations

Délégation franco-américaine, Gilbert Real, Président de l'association nationale.

Nouvelle-Angleterre (États-Unis), S.E. M. Gilbert Real.

Val d'Aoste (Italie), S.E. M. Augusto Rollandin, Président du gouvernement autonome de la Vallée d'Aoste.